500대 기업 문서에서 추출한

비즈니스
절대영단어
1000

500대 기업 문서에서 추출한 비즈니스 절대 영단어 1000

1판 4쇄 발행 2024년 2월 1일 **글** 김무현 **펴낸이** 최향금 **펴낸곳** 작은서재
등록 제2013-29호 **주소** 서울시 도봉구 노해로 70길 54 **전화** 02-6061-0124 **팩스** 02-6003-0025
이메일 library100@naver.com **ISBN** 979-11-87831-06-8 13740

500대 기업 문서에서 추출한

비즈니스
절대영단어
1000

작은서재

"막상 회사 들어와보니 영어 공부를 좀 더 해야겠다 싶은데,
토익 책을 다시 봐야 할까요?"

취준생 신분을 청산하고 높은 경쟁률을 뚫고 회사에 들어온 영업팀 후배가 제게 물었습니다. 회사 생활 10년 차에 특별한 결산을 해보고자 시도한 끝에 《해외영업 11년차가 알려주는 영어 이메일 상황별 패턴 100》이라는 책을 펴냈더니 저를 영어 전문가라고 생각했는지 주변에서 영어에 대한 문의를 종종 받던 차였습니다.

회사에서 맞닥뜨리며 배웠던 경험을 원천으로 저 역시 미국에 계신 영어 전문가에게 교정을 받아가며 발간한 책이었건만, 지인들에게는 종로 인기 강사쯤 되어보였나 봅니다. 누군가의 기대를 저버려서 미안하지만 저는 영어 능력 평가 만점자도 아니고 영문학 전공자도 아니며 학교를 영어권 국가에서 다니지도 않았습니다. 그런 제가 전 세계 다양한 인종이 섞여 있는 두바이에서 외국인들과 함께 일할 수 있는 이유는, 사회 생활을 시작한 이래로 비즈니스를 위한 영어 습득에 집중하였던 덕분이라 생각합니다.

시험에서 좋은 점수를 받기 위해 공부하는 영어는 사회에서 사용하는 영어와 다릅니다. 특히나 한국에서는 학원가를 중심으로 점수를 잘 받기 위

한 공부법을 가르쳐주는 곳이 많고, 실제로 많은 사람들이 입사를 위한 스펙을 쌓을 목적으로 영어 공부를 하기 때문에 회사에 들어와서는 다시 어려움을 겪곤 합니다. 이는 회화, 독해, 작문 모두에 해당하는 현상입니다.

공인시험에서 선호하는 영어 텍스트는 회사에서 사용하는 텍스트와 분명 차이가 있습니다. 실제로 기업에서 많이 쓰는 단어들을 정리한 후 토익 시험에 자주 나오는 단어들과 비교해보니 꽤 다르다는 점을 발견할 수 있었습니다. 토익 성적 900점 이상의 고득점자이건만 외국인 바이어와의 미팅에서 의사소통이 잘 안 돼 답답했다는 하소연도 종종 듣습니다.

학교 영어나 생활 영어 또한 비즈니스 영어와 차이점이 있습니다. 재미있는 사실은, 영어로 두꺼운 보고서를 작성하고 쏟아지는 영어 메일을 처리하는 데 아무 문제가 없는 영어 베테랑들도 영어 소설책은 읽기 어려울 수 있다는 점입니다. 저처럼 업무용 영어에 특화된 사람들이 겪는 해프닝입니다.

'거시 경제 지표 분석을 바탕으로 한 신규 사업 제안'은 영어로 보고서 작성은 물론 프레젠테이션도 능숙하게 할 수 있지만, 《해리포터와 죽음의 성물》은 쉽게 진도가 나가지 않아 지루했던 기억이 있습니다. 제겐 그 책에 나오는 단어가 무척 까다로웠습니다. 성물, 음유시인, 켄타우로스 같은 말을 회사에서 사용하지는 않으니까요.

이번 프로젝트는 "토익 책을 다시 봐야 할까요?"라고 물었던 후배의 질문에서 시작되었습니다. 후배에게 교과서 중심으로 열심히 공부하라는 농담 같은 답을 줄 수는 없었기에 최선의 방안을 찾아주고 싶었습니다. 회사에 다니는 일만으로도 바쁘고 정신없을 직장 초년생이 개인 시간을 쪼개 영어 실력을 키워야겠다고 결심했다는 것이 얼마나 큰 각오인지 알기 때문이었습니다.

공부하는 학생이 아닌 월급 받는 사람이 제게 쑥스러움을 무릅쓰고 부족함을 털어놓았습니다. 그에게서 다른 것도 아닌 영어 때문에 망신 당해서는 안 된다는 단호함도 읽혀졌습니다.

직장인들은 영어를 어떻게 뽀개야 할까요? **많고 많은 학습법 중에서 하나를 선택해야 한다면 어휘(Vocabulary)가 되어야 한다는 생각입니다.** 이미 초등학교 때부터 들어왔던 원칙이기도 하고, 그만큼 수많은 영어 교육자들이 강조하는 왕도이기도 합니다. 영어뿐만 아니라 모든 언어 공부의 시작이자 가장 중요한 기본은 '단어 많이 알기'겠지요.

그런데 여기서 다시 문제가 발생합니다. 어휘가 중요한 건 알겠고, 단어 공부부터 시작하기로 마음을 먹어도, 제 후배와 같은 고민을 품는 직딩들에게 추천할 만한 선택지가 마땅하지 않았습니다. 어쩔 수 없이 토익·텝스용으로 나온 기출 단어집을 꺼내듭니다. 훌륭한 학습서이니만큼 분명히 도움이 되겠지만, 당장 업무를 하는 데 확실하고 적극적인 도움을 받기에는 아쉬움이 남습니다. 수험서는 시험에서 점수 잘 받기가 목표이기 때문에 업무에 영어가 필요한 사람들이 직접적인 효과를 기대하기 어렵습니다.

그럼 직장인에게는 어떤 영어 단어가 제일 중요할까요? 업무할 때 제일 많이 쓰는 단어를 어떻게 알 수 있을까요? 문제의 해결책은 어렵지 않게 정의할 수 있습니다. **실제로 쓰는 텍스트를 가져다놓고 통계를 뽑아보면 알 수 있습니다.** 텝스에서 많이 나오는 단어는 텝스 기출 문제를 분석해 찾아내듯이, 회사에서 빈번하게 쓰이는 단어는 회사에서 나오는 문서를 분석하면 찾아낼 수 있습니다.

큰 줄기가 되는 로직을 세우고 몇 번의 지엽적인 오류를 수정하며 최종 통계 결과가 나오기까지 거쳤던 프로세스는 다음과 같습니다.

회사에서 자주 쓰는 우선순위 영단어가 도출된 프로세스

제조·화학, IT·통신, 전기·전자, FMCG, 인사, 판매·유통, 은행·금융, 서비스, 건설·엔지니어링, 마케팅·미디어

대표적인 10개 산업군(업종)을 선별하고, 각 산업별 국내외 주요 기업 리스트 선정
• 미국 경제지 〈포브스〉 500대 기업 순위 반영

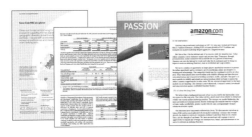

실제 각 기업에서 사용하는 문서 자료 확보
• 각종 보고서(실적, 연례보고서, 기업 PR 등)
• 회사 소개(카탈로그, 브로슈어 등)
• 대내 소통 자료(매뉴얼, 법규집, 인사규정 등)
• 홈페이지 텍스트 페이지
• 이메일, 서신

The team felt this could be a compelling solution for the people in South America.

the	team	felt	this	could
be	a	compelling	solution	for
the	people	in	South	America

문장을 해체하여 낱개 단위로 추출
최다 빈도순으로 랭킹 통계를 내기 위한 데이터베이스 구성

우선순위	영단어	빈도
1	company	291,317
2	business	253,786
3	report	251,693
4	use	217,022
5	risk	216,567
6	which	209,066
7	financial	202,241
8	include	194,467
9	management	187,837

단어를 원형으로 치환해 빈도와 우선순위 도출
• 치환 원칙 : 복수형 → 단수형, 동사 과거/진행형 → 원형, 부사 → 형용사
• 우선순위에서 제외 : 관사, 대명사(I, You 등), be동사(am, is 등)

이 작업을 하면서 가장 집중해서 많은 시간을 쏟은 단계는 제일 먼저 대상 기업, 조직을 선정하는 일이고, 그다음에는 각 조직에서 실제로 사용하는 자료를 확보하는 일이었습니다. 어느 한 업종이나 국적에 치우치지 않게 대상을 선정했고, 최대한 인지도가 높은 기업을 우선했습니다. 인지도의 객관적 기준은 미국 경제지 〈포브스(Forbes)〉 기업 순위를 참고했습니다. 다양성을 위해 기업에 그치지 않고 학교, 정부기관, 각종 협회도 대상에 넣었습니다. 기업에서 일하는 분들만 영어를 쓰는 건 아니니까요.

산업군 또는 업종뿐만 아니라 직무도 고르게 반영될 수 있도록 신경 썼습니다. 영업, 회계, 인사, 총무, 교육 등 같은 기업이라 해도 다른 직무의 소스를 찾았습니다. 그리고 그들이 생산하는 문서를 수집해 실제로 어떤 말을 쓰는지 확인하고자 했습니다. 보고서, 카탈로그, 법규집, 홈페이지 등 일하는 사람들이 만들고 사용하는 텍스트를 추가했습니다. 인터넷 서치로는 한계가 있기 때문에, 주변 지인들을 총동원하여 외부로 발표되는 자료 외에 접근할 수 있는 여러 자료들을 소개받았습니다.

대신 뉴스 텍스트는 제외했습니다. 접근과 확보가 가장 쉬운 소스지만 정치·사회 등의 주제가 많아 상업적인 활동과 거리가 있고, 보도 형식의 기사에서 사용하는 표현 역시 기업 문서와 거리가 있기 때문입니다.

이러한 방법으로 일종의 텍스트 뱅크를 만들면서 우선순위 통계 결과가 최대한 특정 업종이나 문서 유형에 치우치지 않도록 했습니다. 그렇게 정리된 단어들을 원형으로 치환하고 대명사 등을 제외하고 나서야, 제가 알고 싶었던 각종 문서에서 많이 사용된 단어의 랭킹 리스트인 우선순위 영어 단어를 정의할 수 있었습니다.

프로젝트의 산출물인 우선순위 단어들을 1번부터 훑어나가다 보면, 순위가 뒤로 갈수록 몰랐던 단어가 보이기 시작하겠지만 초반에는 쉽다는 느낌이 들기 마련입니다. 당연한 반응입니다. 결국 일상 업무에서 쓰는 단어들은 우리가 오랫동안 공부했던 범위를 크게 벗어나지 않습니다. 많이 쓰는 표현일수록 더 그렇습니다. 다만 이를 충분히 활용할 수 있는 능력은 개인마다 다릅니다.

알고 있는 것과 쓸 수 있는 것은 다른 차원입니다. 예를 들어 available 이라는 단어를 알고 있다 해도 어떤 상황에 사용되는지 정확히 이해하고 있어야 합니다. efficient와 effective의 차이를 알고 제대로 쓸 줄 알아야 합니다. drive는 '운전'보다 '추진'의 뜻이 먼저 떠올라야 합니다.

통계로 선정한 단어를 예문으로 확인하기 위해, 우선순위 단어를 추출한 문서들에서 예문을 뽑아냈습니다. 현업에서 직접 쓰는 텍스트에서 발췌한 문장과 표현이기 때문에 해당 단어가 문장에서 어떻게 적용되어 쓰이는지 현장감 있게 확인할 수 있습니다. 이 책에서 제시한, 업무에서 가장 많이 쓰는 순서로, 즉 1번 단어부터 보길 권장합니다. 익숙하고 쉬운 단어일지라도 그동안 놓치고 있었던 단어는 없는지, 비슷한 단어와 활용되는 형태를 살펴보고, 예문을 통해 문장 속에서 변형되고 적용되는 쓰임새도 확인하기 바랍니다. '알고 있다'는 암기의 수준을 넘어 자유자재로 써먹을 수 있는 수준으로 레벨업하다 보면, 일하는 곳에서 자신감을 갖게 될 겁니다. 그런 능수능란함을 우리는 바로 영어 실력이라고 부릅니다.

★★★

저는 현장의 고민을 때로는 깊이 있는 통찰을 담아, 때로는 진부한 하소연을 공유하며 블로그를 운영하고 있습니다. 저와 소통을 원하시면 제 블로그(hisdrama.blog.me)를 방문해주세요. 답변할 수 있는 최대의 범위에서 최선의 피드백을 드리겠습니다.

We also leverage our network of key influencer to reach a wider audience

Lifestyle sends out "The Little Black Box" quarterly to a list of 100 top media, influencers and bloggers in UAE and KSA. The Little Black Box by Lifestyle also gives an opportunity to our brands to participate by sponsoring a product and showcase/highlight their products, new launches.

❶ also 우선순위 29
❷ network 우선순위 301
❸ key 우선순위 188
❹ reach 우선순위 597
❺ wide 우선순위 587
❻ audience 우선순위 827
❼ send 우선순위 681
❽ quarter 우선순위 395
❾ list 우선순위 336
❿ top 우선순위 474
⓫ media 우선순위 503
⓬ give 우선순위 231
⓭ opportunity 우선순위 227
⓮ brand 우선순위 200
⓯ product 우선순위 14
⓰ highlight 우선순위 999
⓱ new 우선순위 21
⓲ launch 우선순위 501

비즈니스에서 사용하는 영어는

1000단어가 전체의 75%를 커버한다.

(고유명사, 관사, Be동사, 대명사, 전치사 제외)

당신의 직장에서 가장 많이 쓰는 단어를 확인해보자.

여기 있는 단어를 모른다면

당장 학습을 시작해야 한다!

1. 업종별 우선순위 1~50위

제조·화학, IT·통신, FMCG, 전기·전자, 인사

순위	제조·화학	IT·통신	FMCG	전기·전자	인사
1	report	user	company	business	employee
2	risk	use	risk	use	work
3	company	data	report	management	leave
4	business	information	business	product	staff
5	which	company	financial	data	time
6	management	page	share	report	university
7	use	account	group	service	member
8	include	provide	include	supplier	policy
9	value	application	product	employee	information
10	employee	service	committee	include	service
11	million	request	board	system	pay
12	product	share	value	click	employment
13	financial	business	director	electronic	day
14	share	include	market	sale	department
15	performance	result	management	create	use
16	total	contact	plan	company	provide
17	work	financial	million	total	company
18	service	group	performance	program	include
19	provide	content	annual	result	resource
20	through	browse	statement	through	personal
21	energy	report	total	information	benefit
22	group	friend	sale	process	require
23	new	value	tax	customer	associate
24	plan	test	employee	work	human
25	system	access	asset	provide	position

순위	제조·화학	IT·통신	FMCG	전기·전자	인사
26	asset	customer	result	flow	hour
27	loss	process	net	change	report
28	result	people	use	market	business
29	operation	management	executive	base	job
30	increase	website	review	value	take
31	rate	rate	provide	water	people
32	cost	log	increase	technology	follow
33	market	operation	cost	financial	period
34	operate	follow	program	plan	program
35	material	note	rate	standard	state
36	global	cost	change	operation	health
37	sale	market	operate	rate	plan
38	process	delete	customer	million	month
39	customer	policy	work	revenue	individual
40	technology	base	impact	model	office
41	statement	number	make	table	action
42	change	site	income	figure	request
43	oil	security	shareholder	operate	conduct
44	support	set	service	design	right
45	program	network	base	global	group
46	safety	time	stock	select	procedure
47	information	employee	information	risk	performance
48	tax	income	relate	net	law
49	base	electric	continue	level	section
50	review	operate	support	time	manager

2. 업종별 우선순위 1~50위

판매·유통, 은행·금융, 서비스, 건설·엔지니어링, 마케팅·미디어

순위	판매·유통	은행·금융	서비스	건설·엔지니어링	마케팅·미디어
1	group	bank	company	project	business
2	financial	financial	business	management	company
3	customer	asset	use	plan	tax
4	share	loan	customer	work	market
5	value	value	service	manager	use
6	store	risk	program	construction	research
7	company	management	market	use	service
8	product	security	product	risk	make
9	shop	loss	report	team	economy
10	report	market	strategy	include	range
11	business	credit	information	report	claim
12	asset	include	change	cost	information
13	service	income	time	activity	consumer
14	include	service	people	employee	value
15	statement	investment	need	business	customer
16	use	report	work	change	data
17	ltd	account	include	develop	product
18	sale	interest	plan	process	store
19	unite	total	organization	level	time
20	management	business	group	total	work
21	make	company	management	system	provide
22	cost	rate	employee	company	include
23	market	use	provide	information	rate
24	total	fair	process	provide	report
25	merchandise	net	performance	build	process

순위	판매·유통	은행·금융	서비스	건설·엔지니어링	마케팅·미디어
26	loss	tax	cost	meet	financial
27	import	million	decision	schedule	system
28	good	change	communication	program	supply
29	cash	customer	value	time	high
30	department	provide	create	guide	sale
31	information	liability	help	green	open
32	country	fund	data	owner	require
33	director	capital	health	review	income
34	rate	equity	industry	need	good
35	tax	order	example	quality	law
36	risk	share	strategic	hour	foreign
37	item	amount	result	resource	right
38	employee	billion	way	task	case
39	million	product	take	sustainability	firm
40	income	group	number	make	growth
41	profit	cost	research	energy	follow
42	net	cash	like	scope	credit
43	ordinary	statement	many	performance	investment
44	state	balance	increase	development	pay
45	provide	increase	material	city	sector
46	follow	price	page	identify	note
47	committee	pay	system	area	experience
48	change	information	focus	complete	view
49	price	employee	review	number	area
50	trade	end	base	unit	chain

해당 단어가
중요하게 쓰이는 업종

026 제조·화학 | FMCG | 은행·금융 | 전기·전자 | 판매·유통

million [míljən] **n.** 100만, 수백만 **adj.** 백만의, 다수의, 무수한
각종 실적 데이터에서 단위(unit)로 많이 쓰인다.

품사의 나열 순서는
사용 빈도가 높은 순

We helped 5 million disadvantaged young people acquire skills.
우리는 약 500만 명의 불우한 청소년들이 기술을 습득하도록 도왔습니다.

The latest commercial video clip received over one million clicks.
최신 광고 동영상이 100만 번의 클릭을 받았습니다.

품사 기호:
n. 명사 v. 동사 adj. 형용사 adv. 부사 pre. 전치사

068 IT·통신 | 건설·엔지니어링 | 서비스 | 판매·유통 | 전기·전자

number [nʌmbər] **n.** 숫자, 번호 **v.** 번호 매기다, 계산하다
a number of(많은, 다수의) / 파생어 numerical(수의, 숫자상의)

We have used the system measuring energy reductions for a number of years.
우리는 수년간 에너지 절감을 측정하는 시스템을 사용해왔습니다.

Some detail numbers may not sum exactly to total number due to rounding.
일부 세부 숫자는 반올림으로 인해 총계와 정확히 일치하지 않을 수 있습니다.

주요 tip,
파생어/유의어/반의어에
대해 설명한다.

권역에 따라 발음은 다를 수 있다.

216 전기·전자 | 은행·금융 | FMCG | 판매·유통 | IT·통신

option [ápʃən, ɔ́p-] **n.** 선택(지), 대안, 옵션
유의어 choice(선택), alternative(대안)

This identifies the different options available to achieve the objective.
이것은 목표 달성에 사용할 수 있는 다양한 옵션을 식별합니다.

This program provides the customer with an excellent option.
이 프로그램은 고객에게 훌륭한 옵션을 제공합니다.

221 서비스 | 제조·화학 | FMCG | 판매·유통 | 마케팅·미디어

lead [li:d] **v.** 앞서다, 인도하자, 지휘하다, 앞지르다 **n.** 선두, 앞서기, 지시
leader★491; leadership★510

★과 번호는 우선순위로 뽑힌 단어의
순위를 의미. 해당 단어와 함께 찾아
보며 풍부하게 학습하자.

We're leading industry efforts to tackle the issue of automation.
우리는 자동화 문제를 해결하려는 업계의 노력을 선도하고 있습니다.

This often leads to inflammation and to the destruction of normal tissue.
이것은 종종 염증과 정상 조직의 파괴로 이어집니다.

PART 1

통계에서 증명한 최다 빈도 핵심어휘

우선순위 1~200위

company

[kʌmpəni] **n.** 회사, 출자자, 집단 **v.** 따르다

기업 문서를 통계자료로 한정한 결과 company의 빈도가 가장 높았다.

Our company has played a defining role in shaping the future of media.
우리 회사는 미디어의 미래를 형성하는 데 중요한 역할을 담당해왔습니다.

The company has begun testing immersive ads that feature full-screen video.
회사는 풀 스크린 비디오 기능을 갖춘 몰입형 광고를 테스트하기 시작했습니다.

business

[bíznis] **n.** 기업, 사업, 경영, 산업

영리·비영리조직 모두에서 사용 빈도가 높은 단어다. / businesslike(사무적인),
businessman & businesswoman(사업가)

We're passionate about advancing opportunities for diverse businesses.
우리는 다양한 비즈니스를 위한 기회를 발전시키는 데 열정적입니다.

Our largest international business performed well in Thailand.
우리의 가장 큰 세계적인 사업은 태국에서 좋은 성과를 냈습니다.

report

[ripɔ́ːrt] **n.** 보고, 보고서 **v.** 발표하다, 알리다

보고, 보고서의 용도로 쓰인다.

This report analyzed our business across all of the functions.
이 보고서는 모든 기능에 걸쳐서 우리의 사업을 분석했습니다.

We have refreshed the process to report principal risks and uncertainties.
우리는 주요한 위험과 불확실성을 보고하는 프로세스를 새로 고쳐왔습니다.

use

[juːz] **v.** 이용하다, 사용하다, 쓰다 **n.** 사용, 사용법, 효용

동사, 명사 모두 사용 빈도가 높다. / user★23, used(사용된, 중고품의),
useful(유용한), usage(사용, 용법)

The initial investment will be used to reduce visitors' food waste.
초기 투자는 방문자의 음식 낭비를 줄이기 위해 사용될 것입니다.

This included the use of independent third-party valuations.
여기에는 독립적인 제3자 평가가 포함되었습니다.

risk

[risk] **n. 위험, 리스크, 위기, 우려 v. 모험하다**
기업 연례 보고서, 재무 보고서 등에 많이 사용된다.

Our committees consider financial risks to our Internet-based business.
우리 위원회는 인터넷 기반 사업에 대한 재정적 위험을 고려합니다.

Our risk management process is operated throughout the Group.
우리의 리스크 관리 프로세스는 그룹 전체를 거쳐 운영됩니다.

which

[hwitʃ] **pn. 어떤, 어느**
관계대명사 중 which의 빈도가 가장 높다.

We launched an exclusive new food brand which is available only at T mall.
우리는 T몰에서만 이용할 수 있는 독점적인 새로운 식품 브랜드를 출시했습니다.

We have made a number of changes which aim to help African users.
우리는 아프리카 사용자들을 돕기 위한 많은 변화를 만들어왔습니다.

financial

[finǽnʃəl, fai-] **adj. 금융의, 재정상의, 재무의**
명사형 finance★**214**보다 financial의 빈도가 높다.

We will achieve a stronger financial position.
우리는 보다 강력한 재무 상태를 달성할 것입니다.

Annual Report and Financial Statements.
연례 보고서 및 재무제표

include

[inklúːd] **v. 포함하다, 함유하다, 포괄하다**
범위, 대상을 포함하는 의미 / 반의어 exclude★**577**

Core benefits include car benefits, driver and life assurance.
핵심 혜택은 자동차 혜택, 운전자, 생명보험을 포함합니다.

Full details will be included in the notice of meeting sent to all participants.
전체 세부 사항은 모든 참석자에게 보내는 회의 공지에 포함될 것입니다.

건설·엔지니어링 | 전기·전자 | 제조·화학 | 은행·은행·금융 | FMCG

management [mǽnidʒmənt] **n. 관리, 경영, 운영, 경영진**
경영의 정의가 business management인 만큼, 기업 경영의 광범위한 활동을
지칭한다. / 동사형 manage ★225

A single management team will provide greater clarity.
단일 관리 팀이 보다 탁월한 명확함을 제공할 것입니다.

Please reflect management's view of the performance of the group.
그룹의 성과에 대한 경영진의 관점을 반영해주세요.

은행·금융 | 판매·유통 | 제조·화학 | FMCG | 마케팅·미디어

value [vǽlju:] **n. 가치, 평가, 가격 v. 평가하다**
일반적인 '가치'의 의미와 재무 영역에서의 '가치'의 의미가 있다.

The actions will result in the creation of long-term value for Linux developers.
이러한 조치를 통해 리눅스 개발자는 장기적인 가치를 창출할 수 있습니다.

The book value of the property assets is lower than tax value.
부동산 자산의 장부 가치는 세금 가액보다 낮습니다.

전기·전자 | 서비스 | 마케팅·미디어 | IT·통신 | 판매·유통

service [sə́ːrvis] **n. 서비스, 용역, 봉사, 근무**
실물이 없는 거의 대부분의 활동을 의미한다. / 동사형 serve ★445

Our ambition now is to deliver excellent customer service.
이제 우리의 목표는 탁월한 고객 서비스를 제공하는 것입니다.

Mr. Jack, the Executive Director has eight years of continuous service.
전무이사인 Jack은 8년 연속으로 근무했습니다.

인사 | 전기·전자 | 제조·화학 | 건설·엔지니어링 | FMCG

employee [implɔ́ii:, èmplɔíː] **n. 직원, 직장인, 근로자, 종업원, 고용인**
어딘가에 고용된 사람 / 반의어 employer(고용주)

This goes for our all employees as well as the factory workers.
이것은 우리 공장 근로자뿐만 아니라 모든 직원들에게도 해당됩니다.

The service has already been used by over 400 employees.
이 서비스는 이미 400명이 넘는 직원이 사용해왔습니다.

share

[ʃɛər] **v.** 공유하다, 나누다, 점유하다 **n.** 주식, 지분

나눗셈의 나누기보다 생각과 물건 등을 공유하는 의미로 주로 쓰인다.

Failure to listen to our customers leads to a loss of market share.

고객에게 귀 기울이지 않으면 시장 점유율이 떨어집니다.

This alternative is only effective with a shared perspective on the next goal.

이 대안은 다음 목표에 대해 공유된 인식을 가질 때에만 효과적입니다.

product

[prάdʌkt] **n.** 제품, 상품, 생산물, 물건, 결과물

기업이 돈을 받고 판매하는 거의 대부분의 대상이다. / product & service (재화와 용역)

The innovation focuses not on price competition but on new product value.

혁신은 가격 경쟁이 아니라 새로운 제품 가치에 중점을 둡니다.

We have reduced the total number of product lines by 18%.

우리는 총제품 라인 수를 18퍼센트 줄였습니다.

all

[ɔːl] **adj.** 모든, 전체의, 전부의 **pn.** 모두, 일체, 만사 **adv.** 완전히, 전적으로

단독으로 명사 역할도 하지만 형용사, 부사로 다른 명사나 전치사와 결합해서 많이 쓰인다.

The company saved all of the documents in an integrated server.

회사는 모든 문서를 통합 서버에 저장했습니다.

All employees shared future visions and core strategies.

전 임직원은 미래 비전과 핵심 전략을 공유했습니다.

group

[gruːp] **n.** 단체, 집단, 무리 **v.** 불러모으다, 무리로 만들다, 분류하다

크고 작은 단위의 그룹으로 묶을 필요가 많다.

We need to revise targets in connection with group strategy.

우리는 그룹 전략과 관련하여 목표를 수정해야 합니다.

Soojin has designed five target customer groups by ages and incomes.

수진 씨는 연령과 소득에 따라 다섯 개의 목표 고객 그룹을 설계했습니다.

market

[mάːrkit] **n.** 시장, 마켓, 상가 **v.** 거래하다, 팔다

영업의 대상이 되는 기본 단위로 사용된다. / marketing(마케팅), marketer (마케터, 매매인)

We undertake activities in selected other markets across the world.
우리는 전 세계의 선택된 시장에서 활동을 수행합니다.

We are expanding our business presence into major global markets.
우리는 주요 글로벌 시장으로 사업 영역을 확대하고 있습니다.

information

[ìnfərméiʃən] **n.** 정보, 자료, 뉴스, 통지, 전달

정보의 의미와 함께 IT(정보 산업)업계에서 넓게 쓰인다.

To strengthen its information security, L Store introduced the ECM system.
정보 보안을 강화하기 위해 L Store는 ECM 시스템을 도입했습니다.

The focus of this strategic report is on making information accessible.
이 전략 보고서의 초점은 정보에 대한 접근성을 높이는 데 있습니다.

provide

[prəváid] **v.** 제공하다, 공급하다, 지급하다, 준비하다, 고려하다

유의어 supply ★213

Our company provides differentiated customer service.
우리 회사는 차별화된 고객 서비스를 제공합니다.

This book provides detail on the performance of our four core businesses.
이 책은 우리의 4대 핵심 사업의 성과에 대한 세부 내용을 제공합니다.

customer

[kʌstəmər] **n.** 고객, 소비자

기업 활동의 중심이자 최종 대상은 customer다. / 유의어 consumer, user, client, buyer, shopper

We serve millions of customers every week in our stores and online.
우리는 매주 매장과 온라인에서 수백만 명의 고객에게 서비스를 제공합니다.

The company is enhancing customer satisfaction.
회사는 고객 만족도를 높이고 있습니다.

new

[nu:] **adj. 새로운, 최근의**

news(뉴스), newness(새로움, 신기함)

J Store continued to grow by opening new branches at home and abroad.

J 스토어는 국내외에서 새로운 지점을 개설함으로써 지속적으로 성장했습니다.

We have put in place an efficient new banking experience in counters.

우리는 카운터에서 효율적인 새로운 은행 경험을 제공하고 있습니다.

asset

[ǽset] **n. 자산, 재산, 장점, 이점, 유산**

기업 재무상태를 보여주는 대표적인 요소는 asset, liability, capital이다.

I regard the personal information of all of the customers as invaluable assets.

모든 고객의 개인 정보를 소중한 자산으로 간주합니다.

Credit impairment charges increased 8% due to asset growth.

자산의 증가로 신용 자산 충당 비용은 8퍼센트 증가했습니다.

user

[júːzər] **n. 사용자, 가입자**

customer가 제품에 돈을 내는 사람이라면, 실제 제품을 쓰는 사람은 user가 된다. / use ★4

With respect to a total customer of 30 million smartphone users,

총 3,000만 명의 스마트폰 사용자 고객에 대해,

North American farmers are the primary end users of our products.

북아메리카의 농민들이 우리 제품의 주요 최종 사용자입니다.

plan

[plæn] **n. 계획, 방법 v. 계획하다, 작정이다**

'계획(명사), 계획하다(동사)' 모두 많이 쓰인다.

We developed emergency plans in close coordination with the finance team.

우리는 재무팀과 긴밀한 협조하에 비상 계획을 수립했습니다.

The assurance work has been planned in accordance with internal guidelines.

검증 작업은 내부 지침에 따라 계획되었습니다.

work

[wə:rk] **n.** 일, 작업, 과업, 작품, 직장, 공사 **v.** 일하다, 공부하다, 작동하다
비즈니스에서는 '통하다, 작동하다'는 의미도 적지 않게 쓰인다.

The company saved data to accumulate a history of the work process.
회사는 업무 프로세스의 이력을 축적하기 위해 데이터를 저장했습니다.

He has introduced service certification for employees working at stores.
그는 매장에서 근무하는 직원을 대상으로 서비스 인증제를 도입했습니다.

million

[míljən] **n.** 100만, 수백만 **adj.** 백만의, 다수의, 무수한
각종 실적 데이터에서 단위(unit)로 많이 쓰인다.

We helped 5 million disadvantaged young people acquire skills.
우리는 약 500만 명의 불우한 청소년들이 기술을 습득하도록 도왔습니다.

The latest commercial video clip received over one million clicks.
최신 광고 동영상이 100만 번이 넘는 클릭을 받았습니다.

total

[tóutl] **n.** 합계, 총합 **adj.** 전부의, 완전한
수치 자료에서 '합계'를 의미하는 'total, sub total'로 많이 쓰이며, 일상문에서
도 자주 사용된다.

We are on track with a cumulative total of 1,734 customers.
우리는 1,734명의 누적 고객을 확보하고 있습니다.

The finance team has supported a total of 41 billion dollars.
재무팀은 총 410억 달러를 지원했습니다.

more

[mɔ:r] **adj.** 더, 더 많은, 더욱 **adj.** 더 많은 양, 많은 수, 더 중요한 것
언제나 이전보다 더 나아져야 하기 때문에 '더욱(more)'이 중요하다.

Bravo is a supply-chain logistics company operating in more than 60 countries.
Bravo는 60개 이상의 국가에서 운영 중인 공급망 물류 회사입니다.

For more information on employee duty, please refer to 18 pages.
직원 의무에 대한 자세한 내용은 18페이지를 참조하십시오.

also

[ɔ́ːlsou]　**adv. 또한, 역시, 뿐만 아니라, 게다가**

비즈니스 문장에서는 '역시'라는 같은 뜻을 가진 'too'보다 'also'가 많이 쓰인다.

We also address our direct and indirect environmental impacts.
우리는 또한 직접 및 간접적 환경 영향을 다룹니다.

We're also working with local government.
우리는 또한 지방 정부와 협력하고 있습니다.

performance

[pərfɔ́ːrməns]　**n. 성능, 성과, 효과, 공연, 수행, 경기, 행동, 절차**

perform★330 / 유의어 achievement, outcome

We are constantly monitoring branches' performance.
우리는 지점의 성과를 모니터링하고 있습니다.

Cash flow is a key indicator of real business performance.
현금 흐름은 실제 비즈니스 성과의 핵심 지표입니다.

change

[tʃeindʒ]　**v. 바꾸다, 달라지다, 전환하다　n. 변화, 변경**

'변화'하지 않는 기업은 살아남을 수 없기에 항상 'change'가 일어난다.

Outline the significant changes in your local market.
현지 시장의 중요한 변화를 요약하십시오.

A culture of innovation is a powerful force for growth and change.
혁신 문화는 성장과 변화를 위한 강력한 힘입니다.

rate

[reit]　**n. 속도, 비율, 요금, 가격　v. 평가되다**

명사와 동사 모두 빈도가 높다.

The credit card industry faced challenges from lower interest rates.
신용카드 산업은 금리 하락으로 어려움을 겪었습니다.

This was largely due to a high rate of growth in online shopping.
이는 주로 온라인 쇼핑의 높은 성장률 때문이었습니다.

result

[rizʌlt] **n.** 결과, 성과, 결정, 결말 **v.** 일어나다, 유래하다

과정보다 결과가 중요하다. / as a result(그 결과), in the result(결국)

Collaboration between the employees resulted in new ideas last year.
지난해 직원들 간의 협업이 새로운 아이디어를 창출해냈습니다.

As a result, K-Shopping has become the country's number one retailer.
그 결과, K-Shopping은 국내 최고의 소매 업체가 되었습니다.

any

[əni, éni] **adj.** 어느, 어떤, 무엇이나, 약간의, 누구든

'원칙적으로' 의문문·부정문·조건문에서 any를, 긍정문에서는 some을 쓴다.
some★206 보다 빈도가 높게 나왔다.

Customers can pick up products at any offline stores across the country.
고객들은 전국 어느 오프라인 매장에서나 제품을 수령할 수 있습니다.

We saw more reports related to productivity than any other category.
우리는 다른 어떤 카테고리보다 생산성에 관한 보고서를 많이 보았습니다.

cost

[kɔːst] **v.** 가격이 ~다, 비용이 들다 **n.** 가격, 값, 비용

유의어 payment, value, charge

CCD began offering a Wifi router at no additional cost.
CCD는 추가 비용 없이 와이파이 라우터를 제공하기 시작했습니다.

We developed a number of cost-effective products.
우리는 많은 비용 효율적인 제품을 개발했습니다.

data

[déitə, dǽtə, dɑ́ːtə] **n.** 정보, 데이터

data processing(데이터 처리), data analysis(자료 분석), data security(데이터 보안)

Related tourism businesses can mine valuable data when a guest registers.
투숙객이 등록하면 관련된 관광 사업체들이 귀중한 자료를 얻을 수 있습니다.

Our big data service recommends the most suitable products.
우리의 빅데이터 서비스는 가장 적합한 제품을 추천합니다.

tax

[tæks] **n.** 세금, 과세, 징수, 조세 **v.** 과세하다, 징수하다

income tax(소득세), corporate tax(법인세), tax code(세법)

Current tax and deferred tax are recognized in profit or loss.

당기 법인세와 이연 법인세는 손익으로 인식하고 있습니다.

Recycle system contributed 3% of pre-tax profits to Spain corporations.

재활용 시스템은 스페인 기업들의 세전이익의 3퍼센트에 기여했습니다.

time

[taim] **n.** 시간, 시각, 기간, 당시, 횟수 **v.** 재다, 측정하다

overtime(초과 근무), timing(시기, 시간), timely(적시의)

You can send email on multiple devices at the same time.

귀하는 동시에 여러 장치로 이메일을 보낼 수 있습니다.

A company takes the time to understand the young generation culture.

회사는 젊은 세대 문화를 이해하는 데 시간이 걸립니다.

such

[sətʃ, sʌtʃ] **adj.** 그런, 유사한, 그 정도의

such as(예를 들어 ~와 같은)

Little things can make a big difference, such as maintaining charity services.

작은 것들이 큰 차이를 만들 수 있습니다. 자선 서비스를 유지하는 것과 같은 것 말입니다.

Such advertisements are called sponsored links or sponsored ads.

이러한 광고를 스폰서 링크 또는 스폰서 광고라고 합니다.

program

[próugræm] **n.** 프로그램, 계획표, 일정표

education program(교육 프로그램), physical training program(신체 훈련 프로그램)

The company held a program of training for career-interrupted women.

회사는 경력이 단절된 여성들을 위한 훈련 프로그램을 열었습니다.

We launched an individualized service program based on big data.

우리는 빅데이터를 기반으로 개별화된 서비스 프로그램을 시작했습니다.

process

[práses] **n. 공정, 방법, 조치, 과정**

흔히 process를 사용할 때 progress와 procedure가 더 적합한 경우가 많으니 차이를 확인하자. / 유의어 procedure★**447**, progress★**446**

Management is in the process of evaluating the impact of the amendments.
경영진은 수정의 영향을 평가하는 과정 중에 있습니다.

The Group plans to change the order process to ensure the quality.
그룹은 품질을 보장하기 위해 주문 프로세스를 변경할 계획입니다.

account

[əkáunt] **n. 계좌, 예금, 계정, 고객, 거래처, 설명**

accountant(회계사, 경리), bank account(은행 계정, 계좌)

Some businesses set prices that do not account for all of these expenses.
일부 기업은 이러한 비용을 모두 고려하지 않는 가격을 설정합니다.

The accounting policies have been applied consistently to all periods.
회계 정책은 모든 기간에 일관되게 적용되었습니다.

through

[θru:] **pre. 통하여, 지나서, ~동안 내내**

go through(겪다), break through(돌파하다), follow through(완수)

Travel agents can reach your business through this network.
여행사 직원들은 이 네트워크를 통해 당신의 사업에 접근할 수 있습니다.

Reaching to customers through e-mail is one of the essential plans.
이메일을 통해 고객에게 접근하는 것은 필수 계획 중 하나입니다.

statement

[stéitmənt] **n. 진술, 성명, 명세서**

financial statement(재무제표), bank statement(은행 보고)

We recognize it as financial assets in its consolidated financial statements.
우리는 그것을 연결 재무제표상에서 금융 자산으로 인식하고 있습니다.

Condensed comprehensive income statements.
요약 포괄 손익 계산서

sale

[seil] **n. 판매, 매각, 매상, 세일**

할인을 의미할 때는 discount★656가 적절하다. sales는 단수 형태로 '영업'이라는 의미가 있다.

Responsibility is core to our vision of being the best beverage <u>sales</u> company.
책임감은 최고의 음료 판매 회사가 되려는 우리 비전의 핵심입니다.

<u>Sales</u> and operating revenues for 3Q decreased compared with 2Q.
3분기 매출액과 영업 수익은 2분기 대비 감소했습니다. ※Q=Quarter

increase

[inkríːs] **v. 증가시키다, 상승하다　n. 상승, 증가, 증대**

가격 인상이나 규모가 증가할 경우 사용한다.

We expect these investments to <u>increase</u> manufacturing efficiency.
우리는 이러한 투자가 제조 효율성을 증가시킬 것으로 기대합니다.

Gas production for the year <u>increased</u> by 7.3% to 67.1 bcma.
올해 가스 생산량은 7.3퍼센트 증가한 67.1bcma를 기록했습니다.

income

[ínkʌm] **n. 수입, 소득**

회계 용어 중 하나이기도 하다. / net income(순수입), income tax(소득세)

One million retail customers generated $866 million in operating <u>income</u>.
100만 소매 고객들이 8억 6,600만 달러의 영업 이익을 창출했습니다.

Technology makes people more accessible to web regardless of <u>income</u>.
기술은 소득에 관계없이 사람들이 웹에 보다 쉽게 접근할 수 있게 해줍니다.

system

[sístəm] **n. 시스템, 체계, 조직, 계통**

전기·기계 외에서도 광범위하게 쓰이고 있다.

Energy Management <u>Systems</u>(EMS) will help reduce our carbon footprint.
에너지 관리 시스템(EMS)이 탄소 배출량을 줄이는 데 도움이 될 것입니다.

The production <u>system</u> provides the recipe for efficiency in our facilities.
그 생산 시스템은 우리 시설의 효율성을 위한 제조법을 제공합니다.

base

[beis] **n.** 기초, 기반, 근거 **v.** 기초를 쌓다, 근거를 두다

based in(~에 본사를 둔)

B Digital is a new business venture based in Mountain View, California.

B 디지털은 캘리포니아 주 마운틴 뷰에 본사를 둔 새로운 비즈니스 벤처입니다.

The same base year was chosen for a comparison.

같은 기준 연도가 비교를 위해 선택되었습니다.

net

[net] **n.** 골대, 그물

어업 관련 회사가 아닌 이상 '그물'보다는 '순수입'에서처럼 '순(純)'의 의미로 더 많이 쓰인다. / net profit(순이익), net income per share(주당순이익)

Y-Oil accomplished net income exceeding KRW 2 trillion.

와이오일은 2조 원 이상의 순이익을 달성했습니다.

We surpassed our goals of 3% net emissions reduction.

우리는 순배출량 3퍼센트 감축 목표를 초과 달성했습니다.

interest

[íntərəst, -tərèst] **n.** 흥미, 관심, (금융)이자, 이율

명사와 형용사 형태인 'interesting, interested' 모두 많이 쓰인다.

K Financial Group improved the ROE in low interest rate environment.

K 금융그룹은 저금리 환경에서 ROE를 개선했습니다.

The project received overwhelming interest from stations.

이 프로젝트는 방송국들로부터 압도적인 관심을 받았습니다.

operate

[ápə-, ɔ́pərèit] **v.** 경영하다, 운영하다, 조종하다, 수술하다, 영향을 끼치다

명사형 operation ★63

D Energy has operated nuclear power plants since the early 1970s.

D 에너지는 1970년대 초부터 원자력 발전소를 운영해왔습니다.

T Bank operates 4 foreign exchange remittance centers exclusive for expat.

T Bank는 외국인 전용 해외 송금 센터 네 곳을 운영하고 있습니다.

one

[wʌn]　n. 일, 하나 / ~것, ~사람

숫자가 아닌 이상, 명사로 대상이나 사물을 넓게 지칭한다.

The mobile homepage is one of the representative contact points.
모바일 홈페이지는 대표적인 연락 수단 중 하나입니다.

One study showed that the number of firms using big data increased by 3%.
한 연구에 따르면 빅데이터를 사용하는 회사의 수가 3퍼센트 증가했습니다.

than

[ðən, ðæn]　pre. 보다, ~에 비해

비교하는 상황에서 쓰인다.

Never reproduce the logo smaller than 1″ wide.
절대로 로고를 1인치 넓이보다 작게 재생산하지 마세요.

Brunswick Plant generated more than 15 billion kwh for one year.
Brunswick 발전소는 1년간 150억kwh 이상을 생산했습니다.

annual

[ǽnjuəl]　adj. 1년의, 해마다의, 연차의

yearly가 1년의 어느 시점이라면 annual은 1년 단위로 반복되는 상황에 가깝다.

MI's total annual sales surpassed $1 billion for the second year in a row.
MI의 총연간 판매는 2년 연속 10억 달러를 돌파했습니다.

We are holding the annual meeting of shareholders via webcast.
우리는 웹캐스트를 통해 연례 주주 총회를 개최하고 있습니다.

follow

[fάlou]　v. 따라가다, 추종하다　n. 수행, 추구

업무를 보완하고 대응하는 경우에도 쓰인다.

Followings are the top citizenship issues we identified using this approach.
다음은 이 접근법을 사용하여 파악한 최우선 시민권 문제입니다.

These follow-up actions need to be taken within this year.
이러한 후속 조치는 올해 안에 취할 필요가 있습니다.

director

[diréktər, dai-] **n. 관리자, 감독, 지휘자**

회사 직급상으로 대개 부장 이상에 해당한다.

The board of directors provides regular reviews of key sustainability issues.
이사회는 주요 지속 가능성 이슈에 대한 정기적인 보고서를 제공합니다.

We teamed with women directors at MOFILM, a community of filmmakers.
우리는 영화 제작자 공동체인 MOFILM에서 여성 감독들과 팀을 이뤘습니다.

committee

[kəmíti] **n. 위원회, 위원**

executive committee(집행위원회, 집행위원)

All the committees are made up of independent members of the Board.
모든 위원회는 이사회의 독립 회원들로 구성되어 있습니다.

A range of committees supports our different corporate departments.
다양한 위원회가 우리의 각기 다른 기업 부서들을 지원합니다.

when

[hwən] **adv. 언제, 몇 시에 pre. 그때에**

비즈니스 문서에서는 의문문을 이끄는 부사보다 평서문 안에서 대부분 접속
사로 쓰인다.

Employees attend a video conference through Skype when traveling.
직원들은 여행할 때 Skype를 통해 화상 회의에 참석합니다.

Progress accelerates rapidly when new technologies become available.
신기술을 사용할 수 있게 되면 진행이 빨라집니다.

board

[bɔːrd] **n. 이사회, 위원회, 널판지 v. 탑승하다**

board of directors(이사회, 임원회)

These documents outline the role of the Board.
이 문서들은 이사회의 역할에 대해 개략적으로 설명합니다.

The Board of Management governs the enterprise.
관리위원회가 기업을 관할합니다.

policy

[pάləsi] **n. 정책, 방침, 수단, 방법, 보험증권**

economic policy(경제 정책), monetary policy(통화 정책), price policy(가격 정책)

IKEA has a policy of offering customers spare and replacement parts.
IKEA는 고객들에게 예비 부품과 교체 부품을 제공하는 정책을 가지고 있습니다.

Individual mobility is subject to the national industrial policy.
개별 이동성은 국가 산업 정책의 적용을 받습니다.

loss

[lɔːs] **n. 손해, 손실, 상실, 패배**

반의어 gain(얻다, 증가하다, 이익), profit(이익, 수익)

Consumer financial bonds have a low loan loss rate.
소비자 금융 채권은 대출 손실률이 낮습니다.

We calculate our fiber footprint to reflect fiber losses.
우리는 광섬유 손실을 반영하여 광섬유 공간을 계산합니다.

operation

[ὰpəréiʃən] **n. 시행, 실시**

동사형 operate ★52

We strengthen our global operations to diversify our investment portfolio.
우리는 투자 포트폴리오를 다양화하기 위해 글로벌 운영을 강화합니다.

The operation of the computer center is environmentally neutral.
컴퓨터 센터의 운영은 환경적으로 중립적입니다.

global

[glóubəl] **adj. 세계적인, 전체적인**

international이 다국가, 외국의 의미라면, global은 전체 세계를 지칭하는 더 큰 개념이다.

B Group is committed to becoming a global financial group.
B그룹은 글로벌 금융 그룹이 되기 위해 노력하고 있습니다.

Global climate change affects the behvior patterns of our customers
지구 기후 변화는 우리 고객의 행동 양식에 영향을 미칩니다.

review

[rivjú:] **v.** 검토하다, 조사하다 **n.** 재조사, 분석, 복습, 평론

평론보다는 평가와 검토의 의미로 많이 쓰인다.

We reviewed the report's final version to confirm our recommendations.
우리는 권고 사항을 확인하기 위해 보고서의 최종 버전을 다시 확인했습니다.

We are providing an online statement to review the management information.
우리는 경영 정보를 검토할 수 있는 온라인 문서를 제공하고 있습니다.

people

[pí:pl] **n.** 사람들, 국민, 민족

특정하지 않은 '사람들'은 보통 persons가 아니라 people을 쓴다.

The number of people who land a job through an online site is increasing.
온라인 사이트를 통해 일자리를 얻는 사람들의 수가 증가하고 있습니다.

People expect to produce power in ways that protect the environment.
사람들은 환경을 보호하는 방식으로 전력을 생산하기를 기대합니다.

support

[səpɔ́:rt] **v.** 지원하다, 지지하다, 옹호하다, 견디다 **n.** 성원, 지지

유의어 help, assistance, aid

We support suppliers who prioritize environmental sustainability.
우리는 환경적 지속 가능성을 우선하는 공급 업체를 지원합니다.

The company will provide microcredit loans to support the working class.
회사는 노동 계층을 지원하기 위해 소액 대출을 제공할 것입니다.

number

[nʌmbər] **n.** 숫자, 번호 **v.** 번호 매기다, 계산하다

a number of(많은, 다수의) / 파생어 numerica(수의, 숫자상의)

We have used the system measuring energy reductions for a number of years.
우리는 수년간 에너지 절감을 측정하는 시스템을 사용해왔습니다.

Some detail numbers may not sum exactly to total number due to rounding.
일부 세부 숫자는 반올림으로 인해 총계와 정확히 일치하지 않을 수 있습니다.

investment

[invéstmənt] **n. 투자, 출자**
동사형 invest★563

Our people are our largest and most important investment.
우리 직원들은 우리의 가장 크고 중요한 투자입니다.

Our investment will help us reduce outages and accelerate restoration.
우리의 투자는 정전을 줄이고 복구를 가속화하는 데 도움이 될 것입니다.

require

[rikwáiər] **v. 요구하다, 명하다, 필요로 하다**
명사형 requirement★187

Digital innovation is required across the financial business and process.
디지털 혁신은 금융 비즈니스 및 프로세스 전반에 걸쳐 필요합니다.

Credit downgrade results from failing to make required payments.
신용 강등은 필요한 결제(상환)를 하지 못하는 데서 비롯됩니다.

relate

[riléit] **v. 관련이 있다, 부합하다, 이해하다, 말하다, 진술하다, 관계짓다**
동사보다는 형용사 형태(related)로 많이 쓰인다. / relation★603

The topic is related to products, operations and a variety of other issues.
주제는 제품, 운영 및 기타 다양한 문제와 관련됩니다.

Job Academy training courses develop work-related competencies.
직업 아카데미 훈련 과정은 직무 관련 역량을 개발합니다.

project

[prádʒekt, prɔ́dʒ-] **n. 프로젝트, 기획, 고안, 연구 과제**
v. 예상하다, 예측하다, 기획하다

한국어에서도 프로젝트란 말이 보편적으로 쓰여서 별도 번역이 필요 없을 듯하다.

On the basis of a two-year pilot project, the agreement was signed.
2년간의 시범 사업을 바탕으로 협정이 체결되었습니다.

Educational projects promote understanding of core topics.
교육 프로젝트는 핵심 주제에 대한 이해를 증진시킵니다.

건설·엔지니어링 | 제조·화학 | 서비스 | 전기·전자 | FMCG

activity

[ǽktívəti] **n. 활동, 활기, 행동**

행동보다는 활동의 뜻으로 기억해두는 편이 유용하다.

We are gradually setting objectives in clearly defined areas of activity.
우리는 명확하게 정의된 활동 영역에서 목표를 설정하고 있습니다.

What are the main environmental issues in supply chain activity?
공급망 활동의 주요 환경 문제는 무엇입니까?

IT·통신 | 서비스 | 건설·엔지니어링 | 인사 | 제조·화학

page

[peidʒ] **v. 호출하다 n. 책 페이지**

보고서나 웹에서 페이지(page)를 지칭한다.

The next three pages provide a summary of progress.
다음 세 페이지는 진행 상황을 요약한 것입니다.

Each chapter starts with a one-page overview of the main facts.
각 장은 주요 사실에 대한 한 페이지 개요로 시작합니다.

서비스 | 마케팅·미디어 | 판매·유통 | 인사 | 건설·엔지니어링

make

[meik] **v. 만들다, 제조하다, 일으키다**

제작의 의미보다 '~하게 하다'는 뜻으로 활용도가 더 높다.

We engaged to make recommendations for further development.
우리는 앞으로의 발전을 위한 추천을 하기로 약속했습니다.

Those actions will make our business model more competitive.
그 조치들은 우리 비즈니스 모델을 더욱 경쟁력 있게 만들 것입니다.

마케팅·미디어 | 제조·화학 | 전기·전자 | 서비스 | IT·통신

high

[hai] **adj. 높은, 키 큰**

높고 낮음을 구분하는 습성이 비즈니스의 숙명이다.

In 2014, the BM Group ranked high in several sustainability indices.
2014년 BM 그룹은 몇 가지 지속 가능성 지수에서 높은 점수를 받았습니다.

Our highly skilled workforce creates a real benefit for the company.
우리의 숙련된 노동력은 회사에 실질적인 이익을 창출합니다.

over

[óuvər] pre. ~위에, 이상의 초과하여
유의어 above / 반의어 under, below

The CRM programme will be rolled out successively over the coming years.
CRM 프로그램은 향후 몇 년 동안 계속해서 지속될 예정입니다.

The suppliers reported savings of over 21 million tonnes in CO_2 equivalents.
공급 업체들은 이산화탄소 환산량에서 2,100만 톤이 넘는 감축을 보고했습니다.

amount

[əmáunt] n. 액수, 양 v. ~에 달하다, 이르다
주로 price, cost 등의 단어와 함께 쓰인다.

A huge amount of computer capacity is needed for vehicle development.
차량 개발을 위해서 엄청난 양의 컴퓨터 용량이 필요합니다.

The amount of shipping to Asia has reached KRW 2 billion so far.
지금까지 아시아 선적량은 20억 원에 달했습니다.

cash

[kæʃ] n. 현금 v. 현금으로 바꾸다
가장 기초적이고 기본적인 결제 수단은 현금(cash)이다.

Decisions made in favor of new products lead to cash flows.
신제품에 유리한 결정은 현금 흐름으로 이어집니다.

You cannot pay for the express shipments with cash and traveler's check.
현금과 여행자 수표로는 특송 배송료를 지불할 수 없습니다.

bank

[bæŋk] n. 은행, 강둑
강둑이라는 뜻도 있지만 역시 비즈니스에서는 은행을 의미한다.

A charge applies when you deposit payment into your bank account.
귀하의 은행 계좌에 입금할 때 요금이 부과됩니다.

We can require business customers to provide a bank letter of credit.
우리는 비즈니스 고객이 은행 신용장을 제공하도록 요구할 수 있습니다.

each

[iːʧ]　**adj/adv.** 각각의, 각자, 한 사람마다

each는 낱개나 구성원에 중점을 둘 경우 사용하고, every는 '제각기 모두'라는 포괄적이고 총체적인 의미로 사용된다.

For each package exceeding US$100, an additional amount is charged.
미화 100달러를 초과하는 각 소포에는 추가 금액이 부과됩니다.

Each classroom is equipped with computers and TV monitors.
각 교실에는 컴퓨터와 TV 모니터가 구비되어 있습니다.

under

[ʌ́ndər]　**pre.** 아래에, 밑에, 미만의, 지배하에

물리적인 위치보다 상황, 조직, 관계 등에서 더 자주 볼 수 있다.

We built the Cyber Security Team under the Network Monitoring Center.
우리는 네트워크 감시 센터 산하에 사이버 보안 팀을 만들었습니다.

New retail store concept is under development by internal experts.
새로운 리테일 매장 컨셉은 내부 전문가들에 의해 개발되고 있습니다.

security

[sikjúərəti]　**n.** 보안, 안전, 보장, 확보

동사 secure★823

Protecting the security of business data is essential.
비즈니스 데이터의 보안을 보호하는 것이 필수입니다.

We are protecting customer information with our strong security system.
우리는 강력한 보안 시스템으로 고객 정보를 보호하고 있습니다.

note

[nout]　**v.** 주의하다, 언급하다, 주목하다　**n.** 메모, 기록

'메모'라는 뜻의 명사보다는 '전달하다'는 의미인 동사로 더 많이 쓰인다.

Please see the annual report for detailed notes and further explanations.
자세한 내용과 추가 설명은 연차 보고서를 참조하십시오.

It is noted that the facilities are owned or leased by A company.
그 시설들은 A사에 의해 소유되거나 임대된 것으로 알려져 있습니다.

benefit

[bénəfit] **n. 이익, 혜택 v. 도움이 되다**
형용사형 beneficial(유익한, 도움이 되는)

We aim to increase the financial benefits of energy efficiency.
우리는 에너지 효율의 재정적 이익을 늘리는 것을 목표로 하고 있습니다.

The package enables migrant workers to deserve the benefit of remittance.
그 패키지는 이주 노동자들이 송금 혜택을 받을 수 있게 해줍니다.

continue

[kəntínju:] **v. 계속하다, 지속시키다, 이어지다, 연속하다**
형용사형 continuous★855

We will continue to carry out our social responsibilities.
우리는 계속해서 사회적 책임을 수행할 것입니다.

We continued to work diligently toward our goals.
우리는 목표를 향해 부지런히 노력했습니다.

end

[end] **n. 끝, 종료, 결과 v. 끝내다**
end는 중요한 사건이나 상황의 변화가 있을 때, finish는 일정 기간 해온 작업을 마칠 때 사용한다.

This report covers performances from January to the end of April 2016.
이 보고서는 1월부터 2016년 4월 말까지의 성과를 다룹니다.

The delivery commitment time ends when a pickup is available.
픽업이 가능해지면 배송 약속 시간이 끝납니다.

pay

[pei] **v. 지불하다 n. 임금, 지급, 보상**
payment★199도 함께 알아두자.

We pay any applicable federal excise tax on air transportation.
우리는 항공 운송에 적용되는 모든 연방 소비세를 납부합니다.

The Company pays attention to India market as a new growth engine.
회사는 새로운 성장 엔진으로서 인도 시장에 주목하고 있습니다.

issue

[íʃuː] **n.** 문제, 쟁점, 이슈, 발행 **v.** 발행하다

안타깝게도 비즈니스에서 이슈는 부정적인 성격에 가깝다.

They responded flexibly to changes owing to global issues during 2016.
그들은 2016년도 동안 글로벌 이슈로 인한 변화에 탄력적으로 대응했습니다.

We understand the complex issues that confront our industry.
우리는 업계에 직면한 복잡한 문제들을 이해합니다.

material

[mətíəriəl] **n.** 재료, 원료, 소재, 성분, 자료

생산과 관련해서도 쓰이고, 사무 업무에서도 쓰임새가 많다.

We envision influencing the sourcing of our materials.
우리는 자재 소싱에 영향을 미칠 것으로 예상하고 있습니다.

Financial and other material information is posted on the webpage.
금융 및 기타 자료 정보는 웹 페이지에 게시되어 있습니다.

take

[teik] **v.** (시간) 걸리다, 잡다, 받다, 데려가다

사용 빈도가 최상위로 높을 것 같지만 비즈니스에서는 구체적인 단어로 대체한다.

It may take some time for the effects to manifest themselves.
그 효과가 나타나려면 시간이 좀 걸릴 것입니다.

This year we took a new approach to open up flagship store.
올해 우리는 플래그십 매장을 여는 새로운 접근법을 취했습니다.

period

[píːəriəd] **n.** 기간, 시기, 주기, 단계

특정 시점이 아닌 시작과 끝이 있는 구간을 의미한다.

This analysis started from the reporting period of January 1st.
이 분석은 1월 1일 보고 기간부터 시작되었습니다.

Growth in China market may stagnate for an extended period of time.
중국 시장에서 성장은 오랜 기간 동안 정체될 수 있습니다.

into

[íntə, ìntu] **pre. 안으로, ~까지**
함께 쓰는 동사에 따라 뜻이 달라진다.

Development will enable us to expand our business into new areas.
개발을 통해 우리는 사업을 새로운 영역으로 확장할 수 있을 것입니다.

S Telecom is ready to put change into practice.
S Telecom은 변화를 실천할 준비가 되어 있습니다.

control

[kəntróul] **v. 제어하다, 통제하다, 관리하다 n. 제어, 통제, 관리**
manage보다 통제의 성격이 강하다 / 품질관리(QC; Quality Control)

We brought public attention to the safety control for chemical substances.
우리는 화학 물질 안전 관리에 대한 대중의 관심을 이끌어냈습니다.

Lighting controls are standard in new and remodeled restaurants.
조명 조절 장치는 새 식당과 리모델링된 식당에서는 표준입니다.

executive

[igzékjutiv] **n. 임원, 대표, 경영자, 책임자**
CEO의 E에 해당한다.

Chief Executive Officer(CEO)
최고경영자

The members consist of executives, leaders, and service staffs.
회원은 임원, 리더, 서비스 직원으로 구성됩니다.

corporate

[kɔ́:rpərət] **adj. 회사의, 기업의 법인조직의**
명사형 corporation★696

90 percent of corporate staffs said that workplace safety is important.
90퍼센트의 기업 직원들은 직장 안전이 중요하다고 말했습니다.

Our brand name is the most important corporate assets.
우리의 브랜드 이름은 가장 중요한 기업 자산입니다.

development　　[divéləpmənt]　n. 개발, 발전, 발달, 전개

동사형 develop★121 / 연구개발(R&D ; Research and Development)

AI technology is under development and will be launched next quarter.
AI 기술은 개발 중이며 다음 분기에 출시될 예정입니다.

We help clients enhance their performance in research and development.
우리는 고객이 연구 개발에서 성과를 향상시킬 수 있도록 돕습니다.

need　　[ni:d]　n. 필요, 요구, 수요　v. 필요로 하다

마케팅에서는 needs 형태로 '(고객의) 필요'의 뜻으로 쓰인다.

We need to enhance digital skills to meet the needs of the job market.
우리는 구직 시장의 요구를 충족시키기 위해 디지털 기술을 발전시켜야 합니다.

Hong Kong office turns surplus materials into meals for people in need.
홍콩 사무소에서는 잉여 재료를 도움이 필요한 사람들을 위한 식사로 바꿉니다.

level　　[lévəl]　n. 수준, 정도　adj. 수평의, 동등한　v. 평평하게 하다

명사 형태로 쓰이는 빈도가 높다.

Local growth system will launch at the country level, specifically in Europe.
지역 발전 시스템은 국가 차원에서, 특별히 유럽에서 시작될 것입니다.

The only way to keep aluminum at a high level of quality is as follows.
알루미늄을 높은 품질 수준으로 유지하는 유일한 방법은 다음과 같습니다.

term　　[tə:rm]　n. 임기, 용어, 기간, 조건

학교에서는 학기, 회사에서는 조건을 주로 의미한다.

Our ambition is to shift the market in both the short and long term.
우리의 목표는 장·단기로 시장을 변화시키는 것입니다.

The report is provided exclusively under the terms of the contract.
보고서는 계약 조건에 따라 독점적으로 제공됩니다.

growth

[grouθ] **n. 성장, 증가, 상승**
동사형 grow★393. 기업은 항상 성장하길 원한다.

Convergence ICT will become a driving force for a new growth.
컨버전스 ICT는 새로운 성장의 원동력이 될 것입니다.

ACC's strategy is focused on fostering sustainable business growth.
ACC의 전략은 지속 가능한 비즈니스 성장을 촉진하는 데 중점을 둡니다.

price

[prais] **n. 가격, 가격표, 물가 v. 가격을 매기다**
share price(주가), retail price(소매가), wholesale price(도매가)

New bidding system prevents the participation with the lowest price.
새로운 입찰 제도는 최저가로 참가를 막습니다.

Every option is provided at a proper price regardless of time and space.
모든 옵션은 시간과 공간에 관계없이 적절한 가격으로 제공됩니다.

well

[wel] **adv. 잘, 좋게, 꽤 adj. 건강한, 만족할 만한**
as well as(뿐만 아니라), as well(역시)로 많이 쓰인다.

The target price is being flexibly adjusted as well.
목표 가격 역시 탄력적으로 조정되고 있습니다.

These efforts are well aligned with our commitment.
이러한 노력은 우리의 공약에 잘 부합됩니다.

fair

[fɛər] **adj. 공정한, 공평한, 타당한 n. 박람회, 전시회**
fair trade가 최근 기업의 이슈 중 하나이기도 하다.

ACC creates innovative concepts for important client-facing fairs.
ACC는 중요 고객 대상 박람회를 위한 혁신적인 콘셉트를 개발합니다.

We fairly treat our contracted workers complying with relevant laws.
우리는 관련 법률을 준수하여 계약직 노동자를 공정하게 대우합니다.

set

[set] **v.** 세우다, 정하다, 높다 **n.** 세트

명사와 동사 모두 빈도가 높고, setting 형태도 많이 쓰인다.

We never set limitations against employees with disability.
우리는 장애가 있는 직원들에게 결코 제한을 두지 않습니다.

We have set long-term growth goals for 2030 last week.
우리는 지난 주 2030년을 위한 장기 성장 목표를 설정했습니다.

part

[pa:rt] **n.** 부분, 일부, 부품, 지역, 일환

counterpart(상대방), partial(부분적인, 일부의)

As part of the program, the prior examination center was opened in 2005.
이 프로그램의 일환으로 2005년에 사전 검진 센터가 문을 열었습니다.

The auditor was not involved in any part of the report.
감사원은 보고서의 어느 부분에도 관여하지 않았습니다.

member

[mémbər] **n.** 회원, 구성원, 단원

유의어 participant, associate, contributor, sharer, participator

We carried out education for Group company's staff members.
우리는 그룹사 직원들을 대상으로 교육을 실시했습니다.

G telecom is an advisory member in the research on the 4th industry wave.
G 텔레콤은 4차 산업 동향에 관한 연구의 자문위원입니다.

standard

[stǽndərd] **n.** 기준, 표준, 수준, 규격 **adj.** 표준의

유의어 regular, usual, conventional

The electromagnetic level is lower than 50% of the standard level.
전자파 수준이 표준 수준의 50퍼센트 미만입니다.

Our objectives include labor standards, product safety, and quality.
우리의 목표는 노동 기준, 제품 안전 및 품질을 포함합니다.

liability

[làiəbílǝti] **n. 의무, 책임, 부채**

회계상에서 특히 부채를 의미한다. / PL ; Product Liability(제조물 책임)

GM finalized a deal to take over the assets and liabilities of DW for $43M.

GM은 4,300만 달러에 DW의 자산과 부채를 인수하기로 합의했습니다.

If our factory doesn't comply with rules, we are subject to liability.

당사의 공장이 규칙을 준수하지 않는다면 우리에게 책임이 있습니다.

out

[aut] **adv. 밖에, 부재중인, 제거되어**

동사와 결합하여 아주 다양한 뜻을 만들어낸다.

Field training coordinators carry out training and oversight during events.

필드 트레이닝 코디네이터는 행사 동안 트레이닝과 감독을 수행합니다.

Last year we rolled out our environmental objectives across Europe.

지난 해 우리는 유럽 전역에서 환경 목표를 발표했습니다.

impact

[ímpækt] **n. 영향, 충격, 효과 v. 영향을 주다**

유의어 effect, mark, influence, impression

The project went through the environmental impact assessment.

그 프로젝트는 환경 영향 평가를 거쳤습니다.

K Group is deeply aware of the impact of finance on global business.

K Group은 금융이 글로벌 비즈니스에 미치는 영향을 깊이 인식하고 있습니다.

right

[rait] **n. 권리 adj. 옳은, 올바른, 바로**

'오른쪽'의 뜻보다는 다른 뜻에 주목할 필요가 있다.

We have the right to convert the preferred stock into the common stock.

우리는 우선주를 보통주로 전환할 권리가 있습니다.

We are embracing diversity based on respect for human rights.

우리는 인권 존중을 기반으로 다양성을 수용하고 있습니다.

technology

[teknάlədʒi] **n. 과학기술, 기술, 공학**

IT; Information Technology 정보 기술, 정보 공학

JCV is redefining the future of print technology through innovations.

JCV는 혁신을 통해 인쇄 기술의 미래를 재정의하고 있습니다.

Bank services are available on the mobile thanks to fintech technologies.

핀테크 기술 덕분에 모바일에서 은행 서비스가 가능합니다.

credit

[krédit] **n. 신용, 학점, 채권 v. 믿다, 신용하다, 입금하다**

회계 용어에서는 '대변, 입금'의 뜻으로 쓰인다.

We worked on getting regulatory approval for group credit management.

우리는 그룹 신용 관리에 대한 규제 승인을 얻는 데 노력했습니다.

B Bank provides loans to self-employed business owners with low credit.

B은행은 신용도가 낮은 자영업자들에게 대출을 제공합니다.

do

[du] **v. 하다, 되어가다, 만들다, 일을 하다**

비즈니스 문장에서도 의미를 분명하게 해주는 데 유용하다.

It is a basic requirement for doing business with us.

우리와 거래하기 위한 기본적인 요구 사항입니다.

L Electronics will continue to do their part to advance human welfare.

L전자는 인간 복지 증진을 위해 지속적으로 노력할 것입니다.

current

[kə́ːrənt] **adj. 현재의, 지금의, 최신의 n. 흐름, 유동**

반의어는 이전(previous) 또는 향후(next, later)가 된다.

It keeps us current on the latest accessibility trends.

최신 접근성 동향에 대한 최근의 정보를 제공합니다.

Our goals were to update the company's understanding of current topics.

우리의 목표는 현재 주제에 대한 회사의 이해를 높이는 것이었습니다.

billion

[bíljən] **n.** 10억 **adj.** 10억의

숫자를 세는 단위이기 때문에 빈도가 높다.

We invested $1 billion in innovative carbon fiber technology manufacturing.
우리는 혁신적인 탄소 섬유 기술 제조에 10억 달러를 투자했습니다.

Energy observers saved KRW two billion from our total bill.
에너지 감시자들은 총 비용에서 20억원을 절약했습니다.

strategy

[strǽtədʒi] **n.** 전략, 방법, 계획

형용사형 strategic ★208

In support of our global strategy for enhancing product competitiveness,
제품 경쟁력 강화를 위한 글로벌 전략을 지원하기 위해,

Be sure to find out what drives the best performance for your business.
귀하의 비즈니스를 위해 무엇이 최상의 성과를 이끌어낼지 반드시 찾아내십시오.

where

[hwɛər] **adv.** 어디에, 어디로, ~하는 곳

대상, 목적을 지칭하기 위해 쓰인다는 점을 참고하자.

Advertisers are prioritizing their efforts where consumers spend the time.
광고주들은 소비자들이 시간을 보내는 곳에 우선순위를 두고 있습니다.

We've lined up a series of suggestions on where to focus this year.
우리는 올해 어디에 집중해야 할지에 대한 일련의 제안을 내놓았습니다.

energy

[énərdʒi] **n.** 에너지, 활동력, 활력

에너지 절감, 효율화는 많은 기업들의 공통된 이슈다.

We reduced our absolute energy consumption.
우리는 절대적인 에너지 소비를 줄였습니다.

They have concluded an agreement in the renewable energy sources.
그들은 재생 가능한 에너지원에 관한 협정을 체결했습니다.

develop

[divéləp] **v. 개발하다, 제작하다, 진전시키다**
development ★97

K Group is developing partner communication channels in various forms.
K그룹은 다양한 형태의 파트너 커뮤니케이션 채널을 개발하고 있습니다.

We cooperated with S University to offer app development training.
우리는 S 대학과 협력하여 앱 개발 교육을 제공했습니다.

during

[djúəriŋ] **pre. 동안, 내내, 중에도**
'When~?'에 대한 대답은 during, 'How long~?'에 대한 대답은 for를 쓴다.

During the conference, we invited more than 300 talented professionals.
컨퍼런스 동안 300명 이상의 재능 있는 전문가를 초청했습니다.

Disney Stores piloted this program during the year 2016.
디즈니 매장은 이 프로그램을 2016년 한 해 동안 시험했습니다.

only

[óunli] **adv. 오직, 단지, 유일하게, 불과 adj. 유일한**
not only(뿐만 아니라), only a few(다만 몇 안 되는), only if(~해야만)

Our facility is the only U.S. site that uses fuel oil for heating.
저희 시설은 난방용 연료 오일을 사용하는 미국의 유일한 사이트입니다.

Not only pursuing growth but also setting the direction is important.
성장을 추구하는 것뿐만 아니라 방향을 설정하는 것도 중요합니다.

per

[pər;, pə́:r] **pre. ~당, 마다**
문서에서는 per를 쓰지만 일상에서는 per 대신 a(n)로 간단히 쓴다.

The average training expense per employee was KRW 1.24 million.
직원 1인당 평균 교육비는 124만 원이었습니다.

New print technology reduces wasted paper by 800,000 sheets per year.
새로운 인쇄 기술로 낭비되는 용지를 연간 80만 장 줄입니다.

help

[help] **v.** 돕다, 기여하다, 개선하다 **n.** 도움
유의어 aid, assitance

We helped venture businesses to grow into leading companies.
우리는 벤처사업이 선도 기업으로 성장할 수 있도록 도와주었습니다.

Our mobile platform helps senior customers enjoy financial services.
우리의 모바일 플랫폼은 고연령 고객이 금융 서비스를 즐길 수 있도록 도와줍니다.

capital

[kǽpətl] **n.** 자본, 자금, 자산, 대문자, 수도
금융쪽에서 일한다면 '자본'으로 먼저 생각한다.

In order to operate capital efficiently, risk-management is needed.
자본을 효율적으로 운영하기 위해서는 위험 관리가 필요합니다.

C Securities has become a mega company with the capital of USD 4 trillion.
C 증권은 4조 달러 규모의 초대형 회사가 되었습니다.

within

[wiðín, wiθín] **adv.** 이내에, 배부에, 안에
주로 시간·기간 등 셀 수 있는 단어와 함께 사용된다.

Within VIP lounge of 870 branches, special counseling room opened.
870개 지점의 VIP 라운지에서 특별 상담실이 열렸습니다.

We have assigned a dedicated staff member within the legal team.
법무팀 내에 전담 직원을 임명했습니다.

meet

[mi:t] **v.** 만나다, 응하다, 따르다, 부합하다
이메일에서는 '만나다, 회의하다'는 의미로 많이 쓰이지만, 문서에서는 meeting 형태가 아니라면 '충족하다'는 의미로 더 많이 쓰인다.

We strive to meet our goal of equipping more than 3 million people.
우리는 300만 명이 넘는 사람들을 수용한다는 목표를 달성하기 위해 노력하고 있습니다.

We are striving to meet the demands of the 4th Industrial Revolution era.
우리는 4차 산업혁명 시대의 요구를 충족시키기 위해 노력하고 있습니다.

create

[kriéit] **v. 만들다, 창작하다, ~을 일으키다**

creative(창의적인), creation(창조, 제작), creativity(창의성)

We will grow as a global ICT leader that creates future opportunities.

우리는 미래의 기회를 창조하는 글로벌 ICT 리더로서 성장할 것입니다.

We provide the services that help our clients create sustainable value.

우리는 고객이 지속 가능한 가치를 창출할 수 있도록 돕는 서비스를 제공합니다.

state

[steit] **n. 상태, 국가 v. 공표하다, 분명히 말하다**

동사로서 state의 의미와 역할을 기억할 필요가 있다.

※미국 관련 문서인 경우 행정 구역인 '주'를 지칭하기 위해 자주 쓰인다.

Our growth in consolidated earnings stated in U.S. dollars will be higher.

미국 달러화로 표시된 연결 기준 이익의 성장률은 더 높아질 것입니다.

13 acres of parkland could be allowed to return to a natural state.

13 에이커의 공원 토지는 자연 상태로 돌아갈 수 있습니다.

how

[hau] **adv. 어떻게, 얼마만큼, ~하는 방법**

평서문이 절대적으로 많은 비즈니스 문서에서는 의문사보다 접속사로 주로 쓰인다.

The company researched how the technology works in the future.

회사는 미래에 그 기술이 어떻게 작동하는지 연구했습니다.

We'd like to generate insights into how knowledge can be harnessed.

지식을 활용할 수 있는 방법에 대한 통찰력을 얻고 싶습니다.

there

[ðər; ðέər] **adv. 그곳, 거기, 저기, 그곳으로**

there가 주어로 쓰여서 '있다'라는 뜻으로 쓰일 때가 더 많다.

There is a risk in certain locations on our delivery chain.

우리 배달망 내 특정 위치에 위험이 있습니다.

There will be slight color variances when printing on different papers.

다른 용지에 인쇄할 때 약간의 색상 차이가 있습니다.

case

[keis] **n.** 경우, 환자, 사건, 소송, 상자

in that case(그런 경우에는), just in case(만일의 경우에)

In the case of partners in certain countries, they agreed to our plan.

특정 국가의 파트너들의 경우, 우리의 계획에 동의했습니다.

In some extreme cases, people have died from stress at work.

일부 극단적인 경우, 사람들은 직장에서의 스트레스로 사망합니다.

health

[helθ] **n.** 건강, 보건, 의료

보험, 의료 등의 업계에서 산업 특성상 많이 사용된다.

Individuals have a right to know what the health effects might be.

개인은 건강에 미치는 영향이 무엇인지 알 권리가 있습니다.

We support our suppliers so that they can become healthy companies.

우리는 공급사가 건강한 회사가 될 수 있도록 지원합니다.

social

[sóuʃəl] **adj.** 사회의, 사교적인, 사회적인

사회관계망 서비스를 한국에서는 'SNS(Social Network Service)'라고 부르는데, 영어권에서는 'Social Media'라고 부른다.

Big data is leading to unprecedented social change and innovation.

빅데이터는 전례없는 사회적 변화와 혁신으로 이어지고 있습니다.

Use social media sites to connect with prospects in your target market.

소셜 미디어 사이트를 사용하여 타깃 시장의 잠재 고객과 소통하십시오.

loan

[loun] **n.** 대출, 빚, 융자 **v.** 빌려주다

은행, 금융 업계에서 자주 사용하는 단어다.

We replaced our $1 billion syndicated loan facility maturing on Oct 31.

우리는 10월 31일에 만기가 되는 10억 달러 특약 대출을 반제했습니다.

Our company accepted downward adjustment of interest rates on loans.

우리 회사는 대출 금리의 하향 조정을 허용했습니다.

significant

[signífikənt] **adj.** 중요한, 상당한, 의미있는

important★347보다 더 자주 사용된다.

We have made significant R&D investments in accessible technology.

우리는 접근 가능한 기술에 상당한 연구 개발 투자를 해왔습니다.

We invest significantly in our employees' career development.

우리는 직원들의 경력 개발에 크게 투자합니다.

stock

[stak] **n.** 주식, 증권, 재고, 저장

'주식'뿐만 아니라 창고에 보관된 물품을 의미하는 '재고'로도 자주 쓴다.

The following factors can affect our business and stock price.

다음과 같은 요인들이 우리 사업과 주가에 영향을 미칠 수 있습니다.

We recommend alternative products when the item is out of stock.

품목이 재고가 없을 때 대체 제품을 권합니다.

industry

[índəstri] **n.** 산업, 업계, 제조업, 공업

'공업'뿐만 아니라 '모든 종류의 산업'을 의미한다.

We organized our industry-specific sales and service structure.

우리는 산업별 판매 및 서비스 구조를 체계화했습니다.

We are working to raise the awareness in the technology industry.

우리는 기술 산업에 대한 인식을 제고하기 위해 노력하고 있습니다.

consumer

[kənsú:mər] **n.** 소비자, 고객

customer★20(고객), user★23(사용자)

M collaborates with governments, consumers, and organizations.

M은 정부, 소비자 및 조직과 협력합니다.

We offer a comprehensive tool to help consumers utilize the options.

우리는 소비자가 옵션을 활용할 수 있도록 돕는 포괄적인 도구를 제공합니다.

건설·엔지니어링 | 서비스 | 제조·화학 | IT·통신 | 인사

team

[tiːm] n. 팀, 부, 조
조직의 최소 단위이자 기초가 되는 단위

The team provides guidance on alternative materials and other ways.
팀은 대체 재료 및 기타 방법에 대한 지침을 제공합니다.

Team workshops give employees the opportunity to collaborate.
팀 워크샵은 직원들에게 공동 작업할 수 있는 기회를 제공합니다.

인사 | IT·통신 | 마케팅·미디어 | 제조·화학 | 건설·엔지니어링

who

[huː] adv. 누구
의문사가 아닌 관계사, 관계대명사로 사용되는 빈도가 절대적으로 높다.

We need to compensate those employees who do voluntary work.
우리는 자발적으로 일하는 직원들에게 보상할 필요가 있습니다.

Customers who are already registered in G-system can use our service.
G시스템에 등록된 고객들은 저희 서비스를 이용할 수 있습니다.

판매·유통 | 마케팅·미디어 | FMCG | 서비스 | 전기·전자

country

[kʌntri] n. 나라, 국가, 지역, 지방, 시골
COO ; Country Of Origin 원산지

Local specialists are implementing our campaigns in each country.
현지 전문가들이 각 국가에서 캠페인을 시행하고 있습니다.

It's being sold in more than 400 locations across the country.
전국 400개 이상의 지역에서 판매되고 있습니다.

FMCG | 제조·화학 | 판매·유통 | 마케팅·미디어 | 은행·금융

shareholder

[ʃɛərhòuldər] n. 주주, 출자자
주주(shareholder)는 주식회사의 설립 요건 중 하나이다.

We protect the rights and interests of shareholders.
우리는 주주의 권리와 이익을 보호합니다.

They are awaiting authorization by the general shareholders' meeting.
그들은 주주총회 승인을 기다리고 있습니다.

general

[dʒénərəl] **adj. 전체적인, 일반적인, 대체적인**

유의어 overall, universal

See general information on the M Group in the Annual Report 2018.

2018년 연례 보고서에서 M 그룹에 대한 일반 정보를 참조하십시오.

Communications can be disrupted because of the general breakdown.

일반적인 고장으로 통신이 중단될 수 있습니다.

most

[məust] **adj. 가장 많은, 가장 ~한, 대다수의**

최상급을 만들어주는 most

BM ranked as one of the most attractive employers worldwide.

BM은 전 세계적으로 가장 매력적인 고용주 중 하나로 선정되었습니다.

Most of the fry boxes and wrappers are made of paper or cardboard.

튀김 상자와 포장지의 대부분은 종이 또는 판지로 만들어집니다.

supplier

[səpláiər] **n. 공급업체, 제공자**

동사 supply ★213

Suppliers are now exposed to natural hazards such as floods.

공급 업체는 현재 홍수와 같은 자연 재해에 노출되어 있습니다.

The plan helps reduce dependencies on external suppliers.

그 계획은 외부 공급업체에 대한 의존성을 줄이는 데 도움이 됩니다.

order

[ɔ́ːdə] **n. 주문, 순서, 정리 v. 주문하다, 명령하다**

'~하기 위해'라는 뜻의 관용구로 'in order to'가 자주 쓰인다.

The material cycle was improved in order to grow the business.

비즈니스를 성장시키기 위해 자재 주기가 개선되었습니다.

Customers can sit at a table and place an order for drinks and snacks.

소비자들은 테이블에 앉아 음료와 간식을 주문할 수 있습니다.

see
[si:] **v. 보다, 일하다, 만나다**
유의어 look at, watch, view

For more information about our industry-leading efforts, see Appendix B.
저희의 업계 최고의 노력에 대한 더 많은 내용은 부록 B를 참조하십시오.

We've already seen great success in Turkey.
우리는 이미 터키에서 큰 성공을 목격했습니다.

balance
[bǽləns] **n. 잔고, 잔액, 균형 v. 균형을 잡다**
'균형'보다 '잔액'의 뜻으로 더 많이 쓰이고 있다.

Account balances of the end of the year are summarized as follows:
연말 계좌 잔액은 다음과 같이 요약됩니다.

We are providing diverse benefit programs for the work-life balance.
우리는 일과 삶의 균형을 위한 다양한 혜택 프로그램을 제공하고 있습니다.

expense
[ikspéns] **n. 비용 지출, 경비 v. 경비로 처리하다, 청구하다**
유의어 expenditure

Good business activities earn revenues and incur expenses.
좋은 사업 활동은 수입을 올리고 비용을 발생시킵니다.

The carrying amount of inventories is recognized as an expense.
재고 자산의 장부 금액은 비용으로 인식하고 있습니다.

audit
[ɔ́:dit] **n. 감사, 회계감사, 검토**
internal audit(내부 감사), audit report(감사보고)

We have audited the consolidated financial statements of L company.
우리는 L 회사의 연결 재무제표를 감사했습니다.

This audit includes evaluating the appropriateness of accounting policies.
이 감사는 회계 정책의 적정성 평가를 포함합니다.

| 판매·유통 | 서비스 | 은행·금융 | 인사 | 건설·엔지니어링

first

[fɜːst] **adv. 처음에, 최고의, 일류의, 우선**

문장을 조율하는 접속사는 물론 부사, 형용사 등 다양하게 쓰인다.

This design won a prize at the Red Dot Award for the first time.
이 디자인은 Red Dot Award에서 처음으로 상을 받았습니다.

A Mall is the first large-scale, multipurpose shopping mall in Korea.
A Mall은 한국 최초의 대규모 다목적 쇼핑몰입니다.

| 제조·화학 | FMCG | 마케팅·미디어 | 전기·전자 | 건설·엔지니어링

reduce

[ridjúːs] **v. 줄이다, 삭감하다, 감소시키다, 축소하다**

유의어 decrease, lessen

The new system was able to reduce costs by KRW 15.7 billion.
새로운 시스템으로 비용을 157억 원 절감할 수 있었습니다.

By repairing and reusing our pallets we reduced wood consumption.
팔레트를 수리하고 재사용함으로써 우리는 목재 소비를 줄였습니다.

| 인사 | IT·통신 | 은행·금융 | FMCG | 제조·화학

receive

[risíːv] **v. 받다, 수령하다, 수신하다**

receiver(수신자), recipient(수령인, 수취인)

All our factories and products have received HACCP certification.
우리의 모든 공장과 제품들은 HACCP 인증을 받았습니다.

We received an unanticipated large customer payment.
우리는 예상치 못한 대규모 고객 지불금을 받았습니다.

| 제조·화학마케팅·미디어건설·엔지니어링서비스전기·전자

world

[wɜːld] **n. 세계, 세상**

글로벌 기업일수록 'global'과 함께 자주 쓸 수밖에 없는 단어다.

The company is one of the world's leading manufacturers.
이 회사는 세계 유수의 제조업체 중 하나입니다.

We operate A brand in 180 countries throughout the world.
저희는 전 세계 180개국에서 A브랜드를 운영하고 있습니다.

due

[djuː] **adj. 만기가 된, ~할 필요가 있는, ~할 예정인**

due to로 쓰면 '~때문에'라는 뜻이지만, 단독으로 쓰일 때는 '만기가 된'이란 뜻이다.

The fluctuation occurred due to an unexpected decrease in demand.
예상치 못한 수요 감소로 인해 변동이 발생했습니다.

Long-term debt due within one year
1년 이내에 만기가 되는 장기 부채

what

[wɔt] **adv. 무엇**

의문사보다 관계사·관계대명사를 주목하자.

Do you understand what our customers want and need?
우리 고객이 원하고 필요로 하는 것을 이해하고 있습니까?

They are looking for value beyond what the standard products provide.
그들은 표준 제품이 제공하는 것 이상의 가치를 찾고 있습니다.

environment

[inváirənmənt] **n. 환경, 자연환경, 상황, 주위**

환경을 어떻게 다루는지는 기업의 주요 이슈가 되었다. / environmental (환경의)

We are at the forefront of the effort to protect the environment.
우리는 환경을 보호하려는 노력의 최전선에 서 있습니다.

We are involved in social issues such as environmental matters.
우리는 환경 문제와 같은 사회적 문제에 개입하고 있습니다.

application

[æplikéiʃən] **n. 적용, 이용, 지원서, 신청, 앱**

'지원, 신청'의 의미로 주로 사용되지만, 스마트폰 '앱'을 의미하기도 한다.

We produce water treatment products for commercial applications.
우리는 상업적 용도의 수처리 제품을 생산합니다.

Z-Road launched the first car rental Android application in the United States.
Z-Road는 미국에서 최초의 렌터카 안드로이드 앱을 출시했습니다.

future

[fju:tʃə] **n. 미래, 장래**

기업은 꾸준히 미래를 대비하고 예상하는 활동을 중시한다.

We continue to invest a new manufacturing facility for the future.
우리는 미래를 위한 새로운 제조 시설에 계속 투자합니다.

Achievement of future results is subject to risks, uncertainties.
미래 성과의 달성은 위험, 불확실성에 영향을 받습니다.

water

[wɔːtə] **n. 물, 음료**

기업보고서는 환경을 주제로 하는 경우가 많아 빈도가 높다. 건설·기계 산업
과 직접 관련되어 있다.

We will launch B-water in the domestic bottled water market.
우리는 국내 생수 시장에 B-water를 출시할 것입니다.

Our success depends on our technological changes in water heating.
우리의 성공은 온수 난방의 기술적 변화에 달려 있습니다.

measure

[meʒə] **v. 측정하다, 재다, 평가하다 n. 치수, 방책, 법안**
명사형 measurement★972

DU uses cybersecurity measures to protect its computer systems.
DU는 컴퓨터 시스템을 보호하기 위해 사이버 보안 조치를 사용합니다.

We established a comprehensive measure to minimize corporate risks.
우리는 기업의 위험을 최소화하는 포괄적인 방법을 확립했습니다.

quality

[kwɔliti] **n. 질, 품질, 성질**
반의어는 quantity / QC; Quality Control(품질 관리)

Lower service quality occurred due to reduced profitability.
수익성 저하로 인해 서비스 품질이 저하되었습니다.

The activities to improve the quality of customer experience was expanded.
고객 경험의 질을 개선하기 위한 활동이 확대되었습니다.

offer

[ɔfə]　**v. 제안하다, 제공하다　n. 제안, 호가**
유의어 proposal, suggestion

It will contribute to offering better customer service as a result.
그 결과 더 나은 고객 서비스를 제공하는 데 기여할 것입니다.

We offer programs in which experts inspect customers' homes.
저희는 전문가들이 고객의 집을 검사하는 프로그램을 제공합니다.

safety

[séifti]　**n. 안전, 안전성**
product safety(제품 안전), safety regulation(보안 규정)

The safety of employees is the first priority.
직원들의 안전이 최우선입니다.

Ulsan factory maintained the safety performance with a zero incident.
울산 공장은 사고 제로(없음)로 안전 지표를 유지했습니다.

date

[deit]　**n. 날짜　v. 나이를 나타내다, 연애하다**
'날짜'라는 명사 뜻으로만 기억해도 충분하다.

Date of Issue(발행일), Expiry date(만료일), Date of Establishment(설립일)

We provided new payment options such as customized due dates.
우리는 맞춤형 마감일과 같은 새로운 지불 옵션을 제공했습니다.

day

[dei]　**n. 하루, 날, 일**
daily(매일의, 일상적인)

We return payment to you the next business day.
지급액은 다음 영업일에 귀하에게 되돌려드립니다.

We accept requests for a change up to 90 days from the invoice date.
인보이스 날짜(발행일)로부터 90일까지 변경 요청을 수락합니다.

form

[fɔːm]　**n. 서식, 양식, 형태, 모습　v. 만들다, 구성하다, 형성되다**

양식에 해당하는 유의어로는 template이 있다.

We are providing sample forms on our webpage for B2B customers.
우리는 B2B 고객을 위해 웹 페이지에서 샘플 양식들을 제공하고 있습니다.

You can customize these forms by adding a company letterhead.
회사 레터 헤드를 추가하여 이 양식들을 특화시킬 수 있습니다.

internal

[intə́ːrnl]　**adj. 내부의, 체내의**

주로 '회사 내, 조직 내'를 의미한다. / 반의어 external

The amount has been recalculated due to the change of an internal standard.
내부 표준 변경으로 인해 금액이 재계산되었습니다.

We need an education day for employees to internalize company values.
우리는 직원들이 회사의 가치관을 내면화할 수 있는 교육일이 필요합니다.

law

[lɔ:]　**n. 법률, 법, 원리, 법칙**

lawyer(변호사), law firm(법률 사무소)

He's controlling adverse effects arising from the change in laws.
그는 법의 변화로 인한 부작용을 통제하고 있습니다.

The tax charge was calculated on the basis of the amended tax laws.
세금 부과금은 개정 된 세법에 근거하여 계산되었습니다.

request

[rikwést]　**v. 요구하다　n. 요구, 요청**

동사와 명사 모두 빈도가 높다. / 유의어 order, demand, claim

This action may be initiated at the request of government authorities.
이 조치는 정부 당국의 요청에 따라 시작될 수 있습니다.

GCA will keep focusing on accepting suppliers' requests.
GCA는 공급 업체의 요청들을 수락하는 데 계속 중점을 둘 것입니다.

focus

[fóukəs] **v. 초점을 맞추다, 주목하다, 집중시키다 n. 중점, 초점**
focus on(~에 집중하다)

We are focusing on complying with the Monopoly Regulation.
우리는 독점 규제를 준수하는 데 주력하고 있습니다.

We reviewed internal functions with a special focus on risk areas.
우리는 위험 영역에 특별히 초점을 맞추고 내부 기능을 검토했습니다.

conduct

[kɔndʌkt] **v. 수행하다, 실시하다, 지휘하다, 전도하다**
conductor(안내자, 지휘자) / conduct an audit(회계감사를 하다)

The Group also conducts operations in the United States and Europe.
그룹은 또한 미국과 유럽에서도 활동하고 있습니다.

We are conducting research on advanced technologies and market trends.
우리는 선진 기술과 시장 동향에 대한 연구를 수행하고 있습니다.

responsibility

[rispὰnsəbíləti] **n. 부담, 책임, 의무**
형용사 responsible★396

We strive to fulfill our social and environmental responsibility.
우리는 사회적 및 환경적인 책임을 다하기 위해 노력합니다.

Our responsibility is to express an opinion on financial status.
우리의 책임은 재무 상태에 대한 의견을 표명하는 것입니다.

build

[bild] **v. 건설하다, 짓다**
건설뿐만 아니라 무형의 가치를 만드는 행위도 의미한다.

ND and joint-venture partners plan to build a 435-mile pipeline.
ND와 조인트 벤처 파트너들은 435마일 길이의 파이프 라인을 건설할 계획입니다.

The board strives to build trust with stakeholders.
이사회는 이해 관계자들과 신뢰를 구축하기 위해 노력합니다.

improve

[imprú:v] **v. 개선하다, 향상시키다, 증진시키다**

유의어 enhance / improvement(개선, 향상)

We improved the existing system of calculating internal capital of the Group.

우리는 그룹의 내부 자본을 계산하는 기존의 시스템을 개선했습니다.

Tance improved digital content subscription services.

Tance는 디지털 콘텐츠 구독 서비스를 개선했습니다.

consolidate

[kənsάlədèit, -sɔ́l-] **v. 강화하다, 통합하다, 합병하다**

회계·재무 용어이기도 하다.

All the other financial information is consolidated data of the Group.

기타 모든 재무 정보는 그룹의 연결 데이터입니다.

Some shipments may be consolidated for transportation on air carriers.

일부 선적은 항공회사 운송을 위해 통합될 수 있습니다.

revenue

[révənjù:] **n. 수입, 수익, 세입**

매출보다는 수입의 개념에 가깝다.

Our total sales revenues decreased primarily due to lower gas price.

총 판매 수입은 주로 낮아진 가스 가격 때문에 감소했습니다.

Our social advertising revenues increased more than doubled year-on-year.

우리의 소셜 광고 수입은 전년 대비 두 배 이상 증가했습니다.

organization

[ɔ̀rgən-izéiʃən] **n. 조직, 조직화, 기구, 편성**

세계무역기구(WTO; World Trade Organization)

We will become more dynamic organization by constantly evolving itself.

우리는 끊임없이 혁신하여 보다 역동적인 조직이 될 것입니다.

Strategic planning guides the overall direction of an organization.

전략적 계획은 조직의 전반적인 방향을 안내합니다.

resource [rísɔrs] **n. 자원, 공급원, 자금, 재산**
'인사(人事)'를 의미하는 HR은 'Human Resources'의 약자이다.

Identify the actions and resources required to achieve those results.
해당 결과를 달성하는 데 필요한 조치 및 자원을 규정하세요.

Human resources management includes recruiting, evaluation, and compensation.
인사 관리는 채용, 평가, 보상을 포함합니다.

unit [juːnit] **n. 단위, 구성 부분, 방**
화폐단위, 측정단위를 말할 때 unit을 쓴다.

This policy is applied to all 331 business units and functions worldwide.
이 정책은 전 세계 331개 사업부와 사업 기능에 적용됩니다.

Total shipment volume for parts was 1.3 billion units in 2017.
부품의 총 출하량은 2017년 13억 개입니다.

ensure [inʃúər] **v. 확실히 하다, 보증하다, 보험에 가입하다**
유의어 guarantee, confirm, secure

We create products that ensure safety across diverse industries.
우리는 다양한 산업 전반에 걸쳐 안전을 보장하는 제품을 만듭니다.

I ensure that all the target audiences we want to address are included.
저는 우리가 접근하려는 모든 타깃 고객들이 포함되었음을 보장합니다.

available [əvéiləbəl] **adj. 이용 가능한, 시간이 있는**
'편한' 시간을 말할 때는 'free'가 아닌 'available'을 쓴다.

What is the total funding available for the programme?
프로그램에 사용할 수 있는 총자금은 얼마입니까?

The red curve is also available in Illustrator format.
빨간색 곡선은 일러스트레이터 포맷에서도 사용할 수 있습니다.

recognize

[rékəgnàiz] v. 인지하다, 알아보다, 인정하다

누군가의 실력을 인정한다고 할 때도 쓰인다. / recognizable(인식 가능한), recognized(인정받은)

SPD recognizes the importance of well-trained engineers.
SPD는 잘 훈련된 엔지니어의 중요성을 인식하고 있습니다.

We recognized that reducing marketing cost is an important element.
우리는 마케팅 비용 절감이 중요한 요소임을 인식했습니다.

communication [kəmjùːnəkéiʃən] n. 대화, 커뮤니케이션, 메시지 전달

동사형 communicate

We have continued to implement mobile communications with the field.
우리는 현장과의 이동 통신을 지속적으로 구현해왔습니다.

VDS is overcoming the risk of our reliance on communications networks.
VDS는 통신망에 의존하는 위험을 극복하고 있습니다.

requirement

[rikwáiərmənt] n. 필요, 요구, 필요조건, 자격

require★70 / 유의어 condition, terms

New airplanes have been designed to meet challenging requirements.
새로운 항공기는 까다로운 요구 사항을 충족하도록 설계되었습니다.

The industry is faced with requirements for reducing fuel consumption.
업계는 연료 소비 감축을 위한 요구에 직면해 있습니다.

key

[ki:] n. 열쇠 adj. 중요한

중요하다는 뜻으로 important, essential과는 다른 뉘앙스가 있다.

Data security and prevention of misuse are a key concern.
데이터 보안 및 오용 예방이 주요 관심사입니다.

Customer satisfaction with the services is key to our business success.
서비스에 대한 고객 만족은 비즈니스 성공의 열쇠입니다.

area

[έəriə] **n. 지역, 구역**

크기나 단위를 정하지 않고 일반적인 영역을 지칭한다.

Yeosu plant has expanded our production capacity in the petrochemical area.
여수 공장은 석유 화학 분야에서 생산 능력을 확장했습니다.

Shanghai branch is building independent business areas.
상하이 지점은 독립적인 사업 영역을 구축하고 있습니다.

equity

[ékwəti] **n. 자산, 지분, 소유권, 공평, 공정**

회계·재무 용어로서 자산(asset★22)과 관련된 의미로 사용되는 빈도가 높다.

Total shareholders' equity increased by 6.6% to KRW 761.6 billion.
전체 주주 지분은 7,616억 원으로 6.6퍼센트 증가했습니다.

Startup companies use equity compensation to get high-quality employees.
스타트업 회사들은 우수인력 확보를 위해 주식 보상을 이용합니다.

while

[wail] **c. ~하는 동안, ~하는 한**

같은 뜻의 during 뒤에는 명사가 오지만 while 뒤에는 주어와 동사가 온다.

Past-service costs are recognized in income, while costs are amortized.
과거 용역 비용은 소득으로 인식하고, 원가는 상각하고 있습니다.

We're increasing an export, while also focusing on new markets.
우리는 새로운 시장에 초점을 맞추면서 수출을 늘리고 있습니다.

local

[lóukəl] **adj. 지방의, 지역의, 지역적인, 부분적인**

'국내, 지방'보다 '지역, 현지'라는 뜻으로 많이 쓰인다.

These standards usually exceed the local requirements.
이러한 표준은 일반적으로 현지 요구 사항을 초과합니다.

We provide local residents living in the rural campus with access to bikes.
우리는 교외 지역에 거주하는 지역 주민들에게 자전거를 이용할 수 있는 기회를 제공합니다.

test

[test] **n.** 시험, 테스트, 검사, 분석 **v.** 시험하다, 검사하다
유의어 inspection

We continuously test virtual concepts for a new vehicle.
우리는 지속적으로 신차의 가상 콘셉트를 테스트합니다.

HY conducts exhaustive quality tests on all our products.
HY는 모든 제품에 대해 철저한 품질 검사를 실시합니다.

must

[mʌst] **v.** 해야 한다, 틀림없다
should, have to와 차이를 확인하여 사용해야 한다.

We must visit the customer within 72 hours of receiving the complaint.
우리는 불만을 접수한 후 72시간 내에 고객을 방문해야 합니다.

You must take these national and cultural differences into account.
귀사는 이러한 국가적, 문화적 차이를 고려해야 합니다.

target

[tάːrgit] **n.** 목표, 표적 **v.** 향하다, 모으다
전략, 마케팅에서 자주 쓰인다. / 유의어 objective, aim

My team has already achieved more than the target we set ourselves.
우리 팀은 이미 우리가 설정한 목표 이상을 달성했습니다.

We operate a free-for-life promotion targeting debit card owners.
우리는 예금 카드 소유자들을 겨냥한 평생무료 프로모션을 운영합니다.

contract

[kάntrækt, kɔ́n-] **n.** 계약, 계약서 **v.** 계약하다, 약정하다
유의어 agreement

The oil from the US is purchased by contract at the standard price.
미국산 오일은 계약에 의해 표준 가격으로 구매합니다.

We have secured a stable supply of material by signing a new contract.
우리는 새로운 계약을 체결함으로써 안정적인 자재 공급을 확보했습니다.

store

[stɔːr] **n.** 매장, 소매점, 가게 **v.** 저장하다, 비축하다
명사와 동사로 쓰일 때 뜻이 달라진다.

The first retail store has been established on shopping strips in Rome.
최초의 소매점은 로마의 쇼핑 지구에 설립되었습니다.

Additional investments are in store for the fashion industry.
패션 산업을 위해 추가적인 투자가 준비되어 있습니다.

after

[ǽftər] **pre.** 후에, 나중에, 다음에
유의어 later는 부사로, 전치사인 after와는 문법적 차이가 있다.

After the proposal has been submitted,
제안이(제안서가) 제출된 후,

After all, diversity will make an important contribution to our company.
결국 다양성은 우리 회사에 중요한 기여를 할 것입니다.

payment

[péimənt] **n.** 지불, 지급
동사형 pay★**88**

You should follow 60 days payment term since it's shown on the invoice.
인보이스에 표시된 대로 60일의 지불 조건을 따라야 합니다.

Loans are financial assets with fixed payments.
융자금은 고정 지급이 있는 금융 자산입니다.

brand

[brænd] **n.** 상표, 브랜드 **v.** 낙인을 찍다
brand new(신제품의, 신형의), brand awareness(브랜드 인지도)

The marketing goal is to improve our brand value.
마케팅의 목적은 우리의 브랜드 가치를 제고하는 것입니다.

This will build brand awareness and drive real revenue growth.
이는 브랜드 인지도를 높이고 실질적인 매출 성장을 도모할 수 있습니다.

PART 2
업무에서 활용하는 필수어휘

우선순위 201~700위

research

[rísə́:rtʃ] **n.** 연구, 조사 **v.** 연구하다, 조사하다

개발 업무를 R&D라고 할 때의 R이 Research / develop★**121**

We conduct research and development at our technology center.
당사의 기술 센터에서 연구 개발을 수행합니다.

Research shows that reducing lane doesn't increase crashes.
연구 결과에 따르면 차선을 줄여도 충돌이 증가하지는 않습니다.

action

[ǽkʃən] **n.** 실행, 동작, 행위, 작용

회사에서 하는 일 하나하나가 모두 action이 된다.

We will achieve growth with the following six action plans for 2025.
우리는 2025년을 위한 다음의 6가지 실천 계획을 통해 성장을 이룰 것입니다.

FDA is authorized to adopt product regulations and related actions.
FDA는 제품 규정 및 관련 조치를 채택할 권한이 있습니다.

fund

[fʌnd] **n.** 자금, 기금, 국채, 공채 **v.** 자금을 제공하다

refund(환불하다, 환급하다), national pension fund(국민연금기금)

We have created a private equity fund of USD17.1 billion.
우리는 171억달러의 사모 펀드를 만들었습니다.

Capital expenditure is to be funded from operating cash flows.
자본금 지출은 영업 현금 흐름으로 충당됩니다.

design

[dizáin] **n.** 설계, 설계도, 도안 **v.** 그리다, 도안하다, 계획하다

공학, 예술, 인문 등 다양한 분야에서 활용하고 있다.

We introduced flexible working hours designed for working moms.
우리는 일하는 엄마들을 위해 고안된 유연한 근무 시간을 도입했습니다.

They design all new facility construction to meet LEED.
그들은 LEED를 충족시키도록 모든 새로운 시설의 건설을 설계합니다.

international

[ìntərnǽʃənəl] **adj. 국제적인**

유의어 worldwide

International trade policies may impact demand for our products.

국제 무역 정책은 우리 제품의 수요에 영향을 미칠 수 있습니다.

He coordinates the domestic and international programs.

그는 국내 및 국제 프로그램을 조정합니다.

some

[sʌm] **adj. 몇 개의, 일부의, 조금, 약간, 어떤**

대략·대강의 뜻일 때는 about 보다 더 막연한 상황에 쓰인다.

Some of our by-product material reduction strategies include:

당사의 부산물 감소 전략 일부는 다음을 포함합니다.

In some areas, the corrosion of steel is a significant issue.

일부 지역에서는 철강의 부식이 중요한 문제입니다.

between

[bitwíːn] **pre. ~사이에, ~을 연결하는**

'between'은 내용을 일일이 열거할 때, 'among'은 내용을 열거하지 않고 그 룹을 지정할 때 사용한다.

Vary your angle between product-focused and people-focused creative.

제품 중심의 창의적 상품과 사람 중심의 창의적 상품 사이에서 여러분의 관점을 다양화하세요.

The terms of leases in effect in 2018 will expire between 2019 and 2020.

2018년에 효력이 발생하는 임대 조건은 2019년에서 2020년 사이에 만료됩니다.

strategic

[strətíːdʒik] **adj. 전략적인, 전략상의**

strategy★118의 형용사형

Marketers make strategic digital advertising choices based on true ROI.

마케팅 담당자들은 실제 ROI를 바탕으로 전략적 디지털 광고를 선택합니다.

Through strategic investments, we can leverage our strengths.

전략적 투자를 통해 우리의 강점을 십분 활용할 수 있습니다.

transaction

[trænsǽkʃən, trænz-] **n. 거래, 업무**

은행에서 돈이 들어오고 나가는 각각의 건들이 모두 transaction★**209**이다.

Gains from foreign currency transactions are included in net earnings.

외환 거래로 인한 이익은 순수입에 포함됩니다.

Customers want to complete transactions on their mobile devices.

고객은 모바일 기기에서 거래를 완료하고 싶어합니다.

additional

[ədíʃənəl] **adj. 추가적인**

add★**433**, addition★**296**

Iraq project reached USD 10M with additional business opportunities.

이라크 프로젝트는 추가 사업 기회와 함께 미화 1,000만 달러에 달했습니다.

Additionally, the solar project contracts made us the top foreign player.

또한 태양열 프로젝트 계약은 우리를 최고의 외국계 업체로 만들었습니다.

section

[sékʃən] **n. 부분, 분야, 구역**

유의어 part, segment, division

Detailed information can be found in the Progress section of this report.

자세한 정보는 이 보고서의 진척 현황 부분에서 확인할 수 있습니다.

The exhibition booth features two sections called Energy, Growth.

전시회 부스는 에너지와 성장의 두 부분으로 만들어졌습니다.

profit

[práfit, prɔ́f-] **n. 이익, 수익**

profit과 관련 있는 수입은 revenue★**179**, income★**47**

The Africa unit reported a 14 percent increase in operating profits.

아프리카 지역은 영업 이익이 14퍼센트 증가했다고 보고했습니다.

We will be able to maintain our profit margins on accessory sales.

액세서리 판매에 대한 수익성을 유지할 수 있을 것입니다.

supply

[səplái] **v. 공급하다, 지급하다 n. 재고, 공급, 저장, 비축**
SCM은 Supply Chain Management의 약자이다.

We redesigned our logistics and supply chain teams.
우리는 물류 및 공급망 팀을 재설계했습니다.

Our unit's vision is to integrate supply and demand.
우리 부서의 비전은 공급과 수요를 통합하는 것입니다.

finance

[finǽns, fáinæns] **n. 재무, 금융, 재정 v. 자금을 대다, 융자하다**
형용사형 financial★[7], financing 자금 조달·차입금·융자

The CFO will approve sufficient budget to finance our campaigns.
CFO가 우리 캠페인에 자금 조달하기 충분한 예산을 승인할 것입니다.

PMC advised to maintain a portfolio of financial assets.
PMC는 금융 자산 포트폴리오를 유지하도록 권고했습니다.

way

[wei] **n. 방향, 방법, 길, 거리**
비즈니스에서 '도로'를 의미하기보단 '방향'으로 더 많이 쓰인다.

The market-based solution is the best way to meet the customers' demands.
시장에 기반한 해결책은 고객의 요구를 충족시키는 가장 좋은 방법입니다.

Exporting should not be treated as an easy way to boost sales figures.
수출은 판매 수치를 높이는 손쉬운 방법으로 취급되어서는 안 됩니다.

option

[ápʃən, ɔ́p-] **n. 선택(지), 대안, 옵션**
유의어 choice★[987](선택), alternative(대안)

This identifies the different options available to achieve the objective.
이것은 목표 달성에 사용할 수 있는 다양한 옵션을 식별합니다.

This program provides the customer with an excellent option.
이 프로그램은 고객에게 훌륭한 옵션을 제공합니다.

community

[kəmjúːnəti] **n. 단체, 일반사회, 지역사회, 공동체**

local community(지역 사회), scientific community(과학계)

H&H's contribution is aimed to increase the influence in the local community.

H&H의 공헌은 지역 사회에서 영향력을 높이는 데 목표를 두고 있습니다.

We encourage all employees to participate in community activities.

우리는 모든 직원이 지역 사회 활동에 참여하도록 권장합니다.

basis

[béisis] **n. 원리, 논거, 기본, 토대**

base와의 차이점: on monthly basis (○) / on monthly base (×)

We are checking the related issue on a daily basis.

우리는 관련 문제를 매일 점검하고 있습니다.

There is no one single solution to increase oil price on a global basis.

전 세계적으로 유가를 올릴 수 있는 한 번의 해결책은 없습니다.

facility

[fəsíləti] **n. 시설, 설비**

facilitate(촉진하다), facilitator(주동자, 조력자)

The company began operating its first solar facility in New Mexico.

회사는 뉴 멕시코에서 첫 태양열 시설을 운영하기 시작했습니다.

We have opened an assembly facility in Nigeria.

우리는 나이지리아에 조립 설비를 개설했습니다.

long

[lɔŋ] **adj. 긴**

long term 장기의, long range 장거리용의 / 장거리의, long life 오래 가는

Launching new vehicles is key to ensuring our long-term success.

신차 출시는 우리의 장기적인 성공을 보장하기 위한 핵심입니다.

We've long been at the forefront of providing cost-free service.

우리는 오랫동안 비용 부담없는 서비스를 제공하는 최전선에 서 있었습니다.

lead

[liːd] v. 앞서다, 인도하자, 지휘하다, 앞지르다 n. 선두, 앞서기, 지시
leader ★**491**, leadership ★**510**

We're leading industry efforts to tackle the issue of automation.
우리는 자동화 문제를 해결하려는 업계의 노력을 선도하고 있습니다.

This often leads to inflammation and to the destruction of normal tissue.
이것은 종종 염증과 정상 조직의 파괴로 이어집니다.

certain

[sə́ːrtən] adj. 확실한, 특정한, 일정한, 어떤
명사형 certainty / 반의어 uncertain(불확실한), uncertainty(반신반의, 불확실)

Please explain why certain data is important for us.
우리에게 어떤 자료가 중요한 이유를 설명해 주세요.

This utility checks if a repository has met certain requirements.
이 유틸리티(소프트웨어)는 저장소가 특정 요구 사항을 충족하는지 확인합니다.

experience

[ikspíəriəns] n. 경험, 경력 v. 경험하다
단순한 체험 이상의 '직무 경력'을 말하기 위해 주로 쓰인다.

All components enable a seamless user experience.
모든 구성 요소는 원활한 사용자 경험을 가능하게 합니다.

They are experiencing difficulties in financing the initial capital.
그들은 초기 자금 조달에 어려움을 겪고 있습니다.

good

[gud] adj. 훌륭한, 선량한, 적합한 n. 이익, 혜택
goods는 복수형태 일 때 명사로 '상품, 물품'이라는 뜻이 있다.

Reports are a good vehicle to get the users to articulate their needs.
보고서는 사용자가 자신의 니즈를 분명히 표현할 수 있는 좋은 수단입니다.

We're in charge of transporting products and other goods.
우리는 제품 및 기타 물품 운송을 담당합니다.

manage

[mǽnidʒ] **v. 관리하다, 경영하다, 취급하다**
management★9, manager★251

My division manages overall tasks related to social media.
저희 사업부는 소셜 미디어와 관련된 전반적인 업무를 담당하고 있습니다.

You can allow users to collaboratively edit and manage icons.
사용자가 아이콘을 공동으로 편집하고 관리하도록 허용할 수 있습니다.

example

[igzǽmpəl, -zɑ́:m-] **n. 예, 예문**
for example(예를 들어)

The following example demonstrates how you might use the system.
다음 예제에서는 시스템을 사용하는 방법을 보여줍니다.

This may include, for example, early extinguishment of debt.
여기에는 예를 들어 부채 조기 상환이 포함될 수 있습니다.

opportunity

[ɑ̀pərtjúːnəti, ɔ̀pər-] **n. 기회**
opportunity cost(기회 비용) / 유의어 chance, occasion

It will be an opportunity to disseminate our smart grid model.
스마트 그리드 모델을 널리 알릴 수 있는 기회가 될 것입니다.

This event was an opportunity for us to understand the trends.
이 행사는 우리가 유행을 이해할 수 있는 기회였습니다.

access

[ǽkses] **n. 접근, 이용권리 v. 접속하다, 접근하다**
accessible(이용 가능한, 사용하기 쉬운) / inaccessible(접근하기 어려운)

The renewal improves access to customer services.
리뉴얼을 통해 고객 서비스에 대한 접근이 향상됩니다.

If you do not have Internet access, you may call here.
인터넷에 접속할 수 없다면 여기로 전화하십시오.

position

[pəzíʃən] **n.** 위치, 견해, 직위, 상황
'위치(location)'의 뜻보다는 '수준·직위'의 뜻으로 더 자주 사용된다.

We are well positioned to lead the market.
우리는 시장을 선도할 수 있는 좋은 위치에 있습니다.

This strategy will better position us for future growth.
이 전략은 미래 성장을 위한 더 나은 위치를 제공할 것입니다.

direct

[dirékt, dai-] **adj.** 직접적인, 직선의 **v.** 가리키다, 알려주다, 감독하다
director★57 / 반의어 indirect(간접적인)

This framework helps the success of our direct and indirect trade partners.
이 프레임 워크는 직접 및 간접 무역 파트너의 성공을 도와줍니다.

You can obtain information directly about your transactions.
거래에 관한 정보를 직접 얻을 수 있습니다.

give

[giv] **v.** 건네주다, 지불하다, 공급하다, 증여하다
give와 같이 다양한 뜻을 가진 어휘보다는 한정적인 뜻을 가진 단어를 선호한
다. 지불하다=pay, 공급하다=supply, 건네주다=hand

Our creativity has given rise to numerous brands.
우리의 독창성으로 인해 수많은 브랜드가 생겨났습니다.

Openwork culture gives our employees the opportunity to raise concerns.
열린 직장 문화는 직원들에게 우려를 제기할 수 있는 기회를 제공합니다.

train

[trein] **v.** 훈련하다, 연습하다, 교육받다
training 명사형으로 '교육, 훈련' 뜻으로 쓰고, train을 동사형으로 사용하는
빈도는 상대적으로 낮다.

The training plans are created according to the business objectives.
교육 계획은 비즈니스 목표에 따라 작성됩니다.

Our training follows industry best practices and standards.
우리의 교육은 업계의 모범 사례와 표준을 따릅니다.

purchase

[pə́:rtʃəs] v. 사다, 구매하다 n. 구입, 구매

비즈니스에서는 purchase가 buy★858보다 더 많이 쓰인다.

We confirmed the terms and conditions of the purchase order.
우리는 구매 주문서의 이용약관을 확인했습니다.

20% of purchased electricity is from renewable sources.
구입한 전기의 20퍼센트는 재생 가능한 에너지원에서 나온 것입니다.

foreign

[fɔ́(:)rin, fɑ́r] adj. 외국의, 대외의

foreign exchange(외환(外換))

This booklet provides advice on visiting foreign countries.
이 책자는 외국 방문에 관한 조언을 제공합니다.

We need to reduce our risks of fluctuations in foreign exchange rates.
우리는 환율의 변동 위험을 줄여야 합니다.

flow

[fləu] v. 흐르다 n. 흐름

cash flow(현금흐름), workflow(작업흐름)

Please see the Consolidated Statements of Cash Flows.
연결현금흐름표를 참조하십시오.

The solution improved the reliability, integrity of the information flow.
이 솔루션은 정보 흐름의 신뢰성, 무결성을 향상시켰습니다.

expect

[ikspékt] v. 예상하다, 기대하다

유의어 forecast(예측하다), anticipate(기대하다)

We expect all potential suppliers to comply with all federal, state rules.
우리는 잠재적 공급자 모두가 모든 연방, 주 규칙을 준수할 것으로 기대합니다.

Our production capacity is expected to reach 4.5 million tonnes per year.
우리의 생산 능력은 연간 450만 톤에 달할 것으로 예상됩니다.

both

[bəuθ] **n.** 양쪽 모두 **adj.** 양쪽의, 둘 다의

both A and B(A와 B 모두)

The group provides solutions for <u>both</u> the Middle East and the Asia Pacific.
그룹은 중동 및 아시아 태평양 지역 모두를 위한 대책을 제공합니다.

<u>Both</u> hazardous and non-hazardous waste quantities increased by 75%.
유해 및 비유해 폐기물 양 모두 75퍼센트 증가했습니다.

establish

[istǽbliʃ] **v.** 설립하다, 수립하다, 정립하다

회사 설립, 계획 수립, 규칙 정립 등으로 쓰인다.

We <u>established</u> a committee with members from all across the company.
우리는 회사 전체의 구성원들로 위원회를 설립했습니다.

Borog was <u>established</u> in 1998 as a joint venture.
Borog는 합작 투자로 1998년에 설립되었습니다.

subject

[sʌ́bdʒikt] **n.** 주제, 화제 **adj.** ~의 영향을 받기 쉬운, 지배하는

subject to(필요로 하는, 받기 쉬운)의 형태가 월등히 많이 쓰인다.

Future additional payments are <u>subject</u> to these variables.
미래의 추가 지불은 이러한 변수의 영향을 받습니다.

The effectiveness of the technology is a touchy <u>subject</u>.
그 기술의 효과는 민감한 사안입니다.

full

[ful] **adj.** 가득찬, 완전한, 전체의

full time(정규직, 전임)

We are <u>fully</u> committed to delivering products with high quality.
우리는 고품질의 제품을 제공하기 위해 최선을 다하고 있습니다.

Our system covers a <u>full</u> range of tests using blood.
저희의 시스템은 혈액을 사용하는 시험의 전 범위를 지원합니다.

condition

[kəndíʃən] **n. 상태, 조건, 상황**

terms and conditions(약관)

This process is assessing existing environmental and social conditions.
이 프로세스는 기존의 환경 및 사회적 조건을 평가합니다.

Your responsibility and liability are on the terms and conditions.
당신의 책임과 의무는 이용 약관(계약 조건)에 있습니다.

type

[taip] **n. 종류, 유형, 활자 v. 타자를 치다**

유의어 sort, kind / 파생어 typical ★997

We defined seven types of young millennial customers.
우리는 젊은 밀레니엄 고객의 일곱 가지 유형을 정의했습니다.

We're developing new types of businesses and formats.
우리는 새로운 유형의 비즈니스 및 형식을 개발 중입니다.

sustainability

[səstèinəbíləti] **n. 지속 가능성**

상장기업은 매년 지속 성장 보고서 발행이 필수적이다. / sustainable ★376

K-Cosmetics publishes annual sustainability reports.
K화장품은 연례 지속 가능성 보고서를 발간합니다.

The national hospitals take important steps toward sustainability.
국립 병원은 지속 가능성을 향한 중요한 조치를 취합니다.

identify

[aidéntəfài] **v. 확인하다, 파악하다, 인정하다, 동일시하다**

명사형 identification(증명, 검증), identity(정체성, 신원) / identification
card 또는 identity card(신분증명서, 신분증)

We carry out the assessments to identify potential risks to employees.
우리는 직원들에게 발생할 수 있는 잠재적 위험을 파악하는 평가를 실시합니다.

We're helping our customers identify overseas markets.
우리는 고객이 해외 시장을 파악하도록 돕고 있습니다.

associate

[əsóuʃièit] **v.** 연결짓다, 제휴하다 **n.** 평사원, 동료
association★736

The associated costs and the return of goods can be estimated reliably.
관련 비용과 상품의 반환은 신뢰성 있게 추정할 수 있습니다.

Total asset includes investments in associates and joint ventures.
총자산에는 관계 기업(제휴사) 및 조인트 벤처 투자가 포함됩니다.

individual

[ìndəvídʒuəl] **adj.** 개별적인, 개인의 **n.** 개인, 사람
personal★332과의 차이 참고

Most of the group's profit is generated from individual clients.
대부분 그룹의 이익은 개인 고객으로부터 발생합니다.

The number of individual cardholders climbed by 8.4%.
개별 카드 소지자의 수는 8.4퍼센트 증가했습니다.

agreement

[əgríːmənt] **n.** 약속, 계약, 협정, 화합
agree★861보다 우선순위가 높게 나타났는데, agree는 문서보다 메일과 대화
에서 빈도가 더 높다.

Through our service agreement, suppliers adhere to our warranty policy.
서비스 계약을 통해 공급 업체는 당사의 보증 정책을 준수합니다.

This involves signing a voluntary agreement regarding green purchasing.
이것은 녹색 구매에 관한 자발적 협약에 서명하는 것을 포함합니다.

code

[koud] **n.** 규칙, 규범, 관례, 암호, 코드 **v.** [프로그램을] 코드화하다, 기계어로 고치다.
인터넷, 컴퓨터 관련 기업 문서에서 빈도가 높다.

Our Code of Ethics upholds four core values.
우리의 윤리 강령은 4가지 핵심 가치를 유지합니다.

Kernel.org is a main repository of source code for the Linux kernel.
Kernel.org는 Linux 커널의 주요 소스 저장소입니다.

content

[kántent] n. 내용, 콘텐츠

local content(현지 조달률의), discontent(불만, 불만스러운)

We've been investing in cultural content that shows great performance.
우리는 훌륭한 성과를 보여주는 문화 콘텐츠에 투자해왔습니다.

SNS user will be presented with personalized content.
SNS 사용자에게는 맞춤 설정된 콘텐츠가 제공됩니다.

purpose

[pə́:rpəs] n. 목적, 이유, 의도, 의향

유의어 goal, reason, intention, objectvie

We deducted the expenses for the purpose of the government grants.
우리는 정부 보조금 목적으로 비용을 공제했습니다.

The purpose of management is to analyze each risk of transactions.
관리의 목적은 거래 각각의 위험을 분석하는 것입니다.

manager

[mǽnidʒər] n. 관리자, 경영자, 감독, 지배인

기업에서 과장, 차장급 직급의 관리자를 일컫는다.

The bank is a general manager of these private equity funds.
은행은 이 사모펀드의 총책임자입니다.

This tool enables local managers to identify strengths and opportunities.
이 도구는 지역 관리자가 강점과 기회를 파악할 수 있게 합니다.

like

[laik] v. 좋아하다 pre. ~처럼,~와 같은 방법으로

정중한 의사표현 시 like를 동사로 활용한다.

I would like to take this opportunity to express my sincere appreciation.
이 기회를 빌려 진심으로 감사드립니다.

Expected losses, no matter how likely, are not recognized.
예상 손실은 아무리 가능성이 높더라도 인식되지 않습니다.

effective

[ifék tiv] **adj. 효과적인, 효력을 발생하는**

efficient★**884**는 '효율적이다'는 뜻으로 effective와 다른 뜻을 가지고 있다.

Due to our proactive and effective management,

우리의 능동적이고 효과적인 관리로 인해,

For more effective sales marketing, the budget will be computerized.

보다 효과적인 판매 마케팅을 위해 그 예산은 전산화됩니다.

public

[pʌ́blik] **n. 대중 adj. 대중의, 일반의, 공공의**

'공공'의 뜻일 때 public의 반대는 private★**598**이다.

We could enter the market through the analysis of public sectors.

우리는 공공 부문의 분석을 통해 시장에 진입할 수 있었습니다.

The center is open to the general public from 11:00 a.m. to 6:00 p.m.

센터는 오전 11시부터 오후 6시까지 일반인에게 공개됩니다.

item

[áitəm, -tem] **n. 품목, 종목, 물건, 조항, 항목**

line item(품목명)

Foreign currency monetary items are translated using the closing rate.

외환 화폐성 항목은 마감 환율을 사용하여 환산됩니다.

This report is detailing action items to address the issue.

이 보고서는 문제를 해결하는 조치 항목을 자세히 설명합니다.

governance

[gʌ́vərnəns] **n. 관리, 통제, 지배**

corporate governance(기업 지배구조)

Good corporate governance practices serve the interests of the employee.

훌륭한 기업 지배 구조 관행은 직원의 이익에 도움이 됩니다.

Our trading risk governance framework is well designed.

우리의 거래 위험 관리 체제는 잘 설계되어 있습니다.

present

[prézənt] adj. 참석한, 현재의 v. 소개하다, 증정하다 n. 선물
presentation★930

We're monitoring the present state of ecosystems in relevant regions.
우리는 관련 지역의 생태계 현황을 모니터링하고 있습니다.

Cyber attacks present a risk to the security of our information.
사이버 공격은 저희의 정보 보안에 위험을 초래합니다.

apply

[əplái] v. 신청하다, 지원하다, 적용하다, 전념하다
application★160, applicable★627 / applicant(지원자, 신청자),
appliance(가전제품, 기기)

We have been applying the forecasting program to sites.
우리는 예측 프로그램을 현장에 적용해오고 있습니다.

Anyone interested can apply online through the company's website.
관심 있는 누구나 회사의 웹 사이트를 통해 온라인으로 신청할 수 있습니다.

practice

[præktis] n. 연습, 훈련, 관례 v. 연습하다, 훈련하다
직업이나 활동을 하는 데 필요한 기술을 익히는 과정은 training★100을 쓴다.

Auditing standards and their application in practice vary among countries.
감사 표준과 그 실제 적용은 국가마다 다릅니다.

You will learn best practices related to anti-corruption.
여러분은 반부패와 관련된 모범 사례를 배우게 될 것입니다.

source

[sɔːs] n. 출처, 원천
유의어 orgin, cause

We will explore new revenue sources in non-trade operations.
우리는 비무역 활동에서 새로운 수익원을 모색할 것입니다.

M Bank diversified sources of non-banking profit.
M Bank는 비은행 수익 원천을 다양화했습니다.

비즈니스에서 많이 쓰는 우선순위 영단어의 통계를 내면서, 사실 우선순위에서 제외한 단어들이 있다. 품사를 기준으로 대부분의 대명사(I, You 등), 관사, 전치사를 제외했다. 또한 뜻을 기준으로 월(달)에 해당하는 명사(January, February 등)와 요일 명사(Monday, Tuesday 등), 숫자(one, two, three)도 제외했다.

부사 형태로 쓰이는 형용사들은 대부분 형용사를 기준으로 비교했고, 형용사의 비교급(better, higher 등)과 최상급(best, highest) 형용사들은 기본형으로 치환하여 최종 우선순위 리스트를 완성했다.
그래서 나온 가장 많이 쓰인 단어는 company였다. 하지만 제외한 단어들이 순수 빈도수를 따졌을 때 top 10을 차지하였다.

제외한 단어들을 살펴보면 다음과 같다.

1위 the와 a/an
2위 and
3위 모든 be동사들(am, are, is, was 등)
4위 for
5위 with
6위 this/that

be동사를 제외하고 가장 많이 쓰인 동사는 have였다. 하지만 have는 완료형 문장에서 전치사로 사용하는 빈도가 동사로서 빈도보다 월등히 높았기 때문에 제외했다.

many

[méni]　adj. 많은

유의어 numerous, diverse

Many more innovative products and services are in the works.
더 많은 혁신적인 제품과 서비스가 작업 중입니다.

Many Korean companies are relocating their production bases.
많은 한국 기업들이 생산 기지를 이전하고 있습니다.

contact

[kántækt, kɔ́n-　n. 접촉, 연락, 중개인　v. 연락을 취하다

유의어 touch / contact number(연락처)

Field employees are at the point of contact with customers.
현장 직원은 고객과의 접점에 있습니다.

A total of 956 people contacted OpenTalk with concerns or inquiries.
총 956명의 사람들이 걱정이나 문의를 가지고 OpenTalk에 연락했습니다.

place

[pleis]　n. 장소, 위치, 자리　v. 놓다, 배치하다
명사와 동사 모두 활용도가 높다.

In 2018 our activities took place in 28 countries.
2018년에 우리의 활동은 28개국에서 진행되었습니다.

The proposal from J company is not in place.
J사로부터 온 제안은 적절하지 않습니다. ※ in place 적절한

table

[téibəl]　n. 테이블, 목록, 일람표, 식탁
명사일 때 탁자의 뜻보다 장표상의 '표'를 지칭한다.

The results are summarized in the table below.
결과는 아래 표에 요약되어 있습니다.

The following table shows both the sales and the profits.
다음 표는 매출과 이익을 보여줍니다.

site

[sait]   **n.** 장소, 곳, 웹사이트

web site(웹 사이트), on site(현장의)

In the UK we have historically supplied fuels to our retail sites.
영국에서 우리는 대대로 우리의 소매점에 연료를 공급해왔습니다.

Customers can access to on-site health services.
고객은 현장 보건 서비스에 접근할 수 있습니다.

model

[mάdl, mɔ́dl]   **n.** 모형, 모델, 기준, 모범   **adj.** 모범의

유의어 example, standard

We utilize the 70-20 development model.
우리는 70-20 개발 모델을 사용합니다.

M3 has embarked on a process to define functional competency models.
M3는 기능적 역량 모델을 정의하는 프로세스를 시작했습니다.

partner

[pάːrtnər]   **n.** 파트너, 동업자

'상대방'의 뜻은 opponent, counterpart

We partnered with the Smithson to open a new store in New York.
우리는 뉴욕에 새 매장을 열기 위해 Smithson사와 제휴했습니다.

Our customers can open accounts in our partner banks.
저희 고객은 파트너 은행에서 계좌를 개설할 수 있습니다.

estimate

[éstəmèit]   **v.** 평가하다, 측정하다   **n.** 계산, 측정, 평가, 견해

유의어 evaluation, assessment

I can estimate that our training numbers are close to averages.
우리의 훈련 수치가 평균에 가깝다고 추정할 수 있습니다.

It is estimated that over 250,000 lamps have been purchased.
25만 개 이상의 램프를 구입한 것으로 추정됩니다.

potential

[poutén∫əl] **adj.** 잠재적인, 가능한 **n.** 잠재력, 가능성
economic growth potential(성장잠재력), potential buyer(잠재 고객)

The ingredient means less potential disruption to fragile skin.
그 성분은 연약한 피부에 손상을 줄 가능성이 적음을 의미합니다.

The service has the highest potential to impact our reputation.
그 서비스는 우리의 명성에 영향을 줄 가능성이 가장 높습니다.

subsidiary

[səbsídièri] **n.** 자회사 **adj.** 보조의, 종속하는
'자회사'와 동의어는 affiliated company

We have 9,000 employees and subsidiary operations in 30 countries.
우리는 30개국에 9,000명의 직원과 자회사를 운영하고 있습니다.

A dedicated team conducts periodic evaluation in local subsidiaries.
전담팀은 지역 자회사에서 주기적인 평가를 실시합니다.

address

[ədrés] **n.** 장소, 주소 **v.** 처리하다, 연설하다
동사로서 '해결하다'는 의미도 기억하자.

We develop products that address the challenges facing our customers.
우리는 고객이 직면한 문제를 해결할 수 있는 제품을 개발합니다.

Only legal professionals can address the unmet legal needs.
법률 전문가만이 충족되지 않은 법적 요구 사항을 해결할 수 있습니다.

determine

[ditə́:rmin] **v.** 결정하다, 확정하다, 예측하다, 정하다
decide가 '추상적인 결심'이라면, determine은 '구체적이고 측량 가능한 선택'이라는 차이가 있다.

Scores for the award were determined by a panel of experts.
수상을 위한 점수는 전문가 패널에 의해 결정되었습니다.

The role of the committee is to determine the remuneration policy.
위원회의 역할은 보수 정책을 결정하는 것입니다.

office
[ɔ́(ː)fis, ɑ́f-] **n. 사무실, 작업실, 영업소**
파생어 official(공식의, 관계자) / office worker(회사원)

The company has trading offices in Europe and North America.
회사는 유럽과 북미에 무역 사무소를 두고 있습니다.

DW has become a powerhouse in the office building sector.
DW는 사무 빌딩 분야에서 강력한 업체가 되었습니다.

trade
[treid] **n. 무역, 상업 v. 거래하다, 바꾸다**
FTA ; Free Trade Agreement(자유무역협정), fair trade(공정 무역, 공정 거래)

Would you summarize trade payables and other payables?
매입(거래) 채무 및 기타 채무를 요약해주시겠어요?

EWC establishes guidelines for fair trade for mutually beneficial growth.
EWC는 상호 이익이 되는 성장을 위한 공정 거래 지침을 수립합니다.

consider
[kənsídər] **v. 고려하다, 판단하다, 평가하다**
consideration★806, considerable(상당한, 꽤)

We engaged external experts to consider the claims data.
우리는 외부 전문가를 고용하여 클레임 데이터를 검토했습니다.

We considered the accounting treatment of the liabilities.
우리는 부채의 회계 처리를 고려했습니다.

before
[bifɔ́ːr] **pre. 전에, 앞에, 이미 adv. 그전에**
유의어 previously, earlier, in the past

The executive reward will be driven even more closely than before.
경영진 보상은 이전보다 더욱 긴밀하게 추진될 것입니다.

It indicates profit before interest and tax.
그것은 이자와 세금 전의 이익을 나타냅니다.

act

[ækt] **v. 행동하다, ~인 척하다**

명사형 action★202, activity★73

The team must map and act out long-term construction plan.
팀은 장기적인 건설 정책을 계획하고 실행해나가야 합니다.

The rules were set by the Information and Communications Network Act.
이 규칙들은 정보 통신 네트워크 법에 의해 제정되었습니다.

large

[lɑːdʒ] **adj. 큰, 커다란**

large는 치수·넓이·양 등에 사용하고, big은 부피·무게 등을 나타낼 때 사용한다.

SL became the world's second-largest TV brand.
SL은 세계에서 두 번째로 큰 TV 브랜드가 되었습니다.

We reach large-scale audiences across our multiple platforms.
우리는 여러 플랫폼에 걸쳐 대규모 관객에게 다가갑니다.

exchange

[ikstʃéindʒ] **v. 교환하다 n. 교환, 거래**

exchange rate(환율), stock exchange(증권 거래소)

The gain associated with exchange rates would amount to $10 million.
환율과 관련된 이익은 1,000만 달러가 될 것입니다.

Over 120 security managers exchanged their professional know-how.
120명이 넘는 보안 관리자가 전문 노하우를 교환했습니다.

currency

[kə́ːrənsi, kʌ́r] **n. 통화, 화폐, 현금, 유통**

local currency(국내통화, 자국 통화), currency market(통화 시장)

We are exposed to various types of market risks, primarily currency.
우리는 주로 통화에 해당하는 다양한 종류의 시장 위험에 노출되어 있습니다.

We're striving to minimize the effect of fluctuating foreign currencies.
우리는 외화 변동의 영향을 최소화하기 위해 노력하고 있습니다.

goal

[gəul] **n.** 목적, 목표

스포츠에서 '득점'의 의미로, 비즈니스에서는 '목표'의 의미 / vision & goal(비전과 목표)

Let's achieve our goal of becoming Global No.1 in the hybrid vehicle.
하이브리드 자동차에서 글로벌 1위가 되겠다는 우리 목표를 달성합시다.

Our goal is expanding the range of eco-friendly 3 Star products.
우리의 목표는 친환경 3 Star 제품의 범위를 확장하는 것입니다.

gain

[gein] **v.** 얻다, 획득하다, 늘리다 **n.** 획득, 확보, 이익, 수입

gain & loss 회계에서 손익(損益)을 뜻한다.

3Q result includes gain or loss on disposal.
3분기 결과는 가처분 손익을 포함하고 있습니다.

To gain new perspectives, we met the government of Rwanda.
새로운 시각을 얻기 위해 우리는 르완다 정부를 만났습니다.

remuneration

[rimjùːnəréiʃən] **n.** 보수

유의어 pay, compensation

We provide equal remuneration for women and men employees.
우리는 여성과 남성 직원들에게 동등한 보수를 제공합니다.

Remuneration is made to directors based on performance.
성과에 따라 이사에게 보수가 지급됩니다.

award

[əwɔ́ːrd] **n.** 상, 상금, 상품 **v.** 주다, 수여하다

각종 수상 이력은 회사 소개와 개인 경력에서 중요하다. / awardee(수상자), awarder(수여자)

The company awards the most outstanding teams with monetary rewards.
회사는 가장 뛰어난 팀에게 금전적 보상으로 시상합니다.

Recently, our design team was awarded two notable awards.
최근에 우리 디자인 팀은 2개의 주목할 만한 상을 수상했습니다.

month

[mʌnθ] **n. 달, 월**
monthly(매달, 월간)

The building will reveal after a period of nine months to a year.
건물은 9개월에서 1년 후에 공개됩니다.

MOI hosts monthly labor-management joint business presentations.
MOI는 매월 노사 합동 비즈니스 프레젠테이션을 개최합니다.

return

[ritə́:rn] **v. 반환한다, 보답하다, 답례하다, 돌아가다 n. 반품, 반환, 귀국**
'반송'의 의미와 '보답'의 의미가 있어 주의가 필요하다.

In return, customers would purchase related products.
그 대가로 고객들은 관련 제품을 구매할 것입니다.

Economic return on equity is expected.
자본에 대한 경제적 수익이 기대됩니다.

property

[prɑ́pərti, prɔ́p-] **n. 자산, 재산, 부동산**
유의어 asset★22, land, belonging

Intellectual property rights should be protected first.
지적 재산권부터 보호해야 합니다.

Long-lived assets consist of property, plant and equipment.
장기 자산은 유형 자산으로 구성됩니다.
(property, plant and equipment 합쳐서 유형자산의 뜻으로 쓰인다.)

range

[reindʒ] **n. 범위, 한도, 유효범위 v. (범위 안에서) 움직이다, 변동하다**
유의어 limit★682, reach★597

Before-tax costs have generally ranged from $250 to $500 annually.
세전 비용은 일반적으로 연간 250달러에서 500달러에 이릅니다.

We are subject to cover a wide range of matters such as antitrust.
우리는 독점 금지와 같은 광범위한 문제를 다루어야 합니다.

primary

[práimèri, -məri] **adj. 초보의, 근본적인, 기본적인**

초보라는 뜻은 beginner를 선호한다.

The primary factors of net sales increase include overall market growth.
순매출 증가의 주요 원인에는 전반적인 시장 성장도 있습니다.

Operating cash flow provides the primary source to fund the project.
영업 현금 흐름은 프로젝트 자금을 조달하는 주요 원천입니다.

open

[əupən] **adj. 열린, 공개된, 막히지 않은 v. 열다, 공개하다**

유의어는 각각 뜻에 따라 accessible, clear, disclosed

Last year we opened our Shanghai R&D Center.
작년에 우리는 상하이 R&D 센터를 열었습니다.

We keep our doors open for partner companies who have followed us.
우리를 따르는 파트너 회사들에게 우리의 문을 계속 열어둡니다.

life

[laif] **n. 인생, 생물, 사람, 수명, 활력**

life insurance(생명보험), life expectancy(기대수명)

Reinforcing competitiveness through product life-cycle system innovation.
제품 수명 주기 시스템 혁신을 통한 경쟁력 강화.

We produce petrochemical feedstocks that are essential to everyday life.
우리는 일상 생활에 필수인 석유 화학 원료를 생산합니다.

name

[neim] **n. 이름 v. 이름을 붙이다, 명명하다**

named(유명한, 지명된)

We were named Good Company by the Ministry of Labor.
우리는 노동부에서 Good Company로 지명되었습니다.

The center, named 'Rest & Enjoy' is receiving favorable responses.
Rest & Enjoy'라는 이름의 센터는 호의적인 반응을 얻고 있습니다.

compensation [kɑ̀mpənséiʃən, kɔ̀m-] n. 보상, 급여, 보수, 보상금

compenasation은 성과에 대한 급부를 의미하며, benefit과 함께 자주 쓰인다. / 동사형 compensate

Abb's compensation philosophy is to pay for performance.
Abb의 보상 철학은 성과에 지급하는 것입니다.

We provide compensation and benefits that comply with applicable laws.
우리는 해당 법률을 준수하는 보상 및 혜택을 제공합니다.

emission [imíʃən] n. 방사, 방출, 배설

지속 성장 레포트, 환경 관련 이슈에서 자주 등장한다. / 동사형 emit

The result reflects emissions from fuel combusted at roads only.
그 결과는 도로에서만 연소된 연료의 배출량을 반영합니다.

We contribute to carbon emission reduction.
우리는 탄소 배출량 저감에 기여합니다.

equipment [ikwípmənt] n. 장비, 설비, 준비, 소양, 기술

회계·재무 용어이기도 하다.

HY provides 30 hours of training for laboratory equipment operation.
HY는 실험실 장비 운영을 위한 30시간의 교육을 제공합니다.

In Germany, we invested in new equipment to improve energy efficiency.
독일에서는 에너지 효율성을 높이기 위해 새로운 장비에 투자했습니다.

addition [ədíʃən] n. 추가, 첨가, 증축

additional★210이 빈도가 더 높다는 점이 특이하다.

In addition, we have converted a small percentage of delivery vehicles.
또한 우리는 배달 차량의 작은 비중을 전환했습니다.

The company will invest about 10 billion won for this addition.
회사는 이 추가를 위해 약 100억 원을 투자할 예정입니다.

since

[sins] **adv.** 그뒤, 이후, 줄곧

since는 현재까지 지속되고 있음을 나타내지만 from은 현재까지 계속의 뜻은 없다.

Since its inception in 1974, more than 10,000 persons have participated.
1974년 설립된 이래로 10,000명이 넘는 사람들이 참여했습니다.

Since the launch of our dairy farm project in India,
인도의 낙농 프로젝트가 시작된 이래,

find

[faind] **v.** 발견하다, 알다, 깨닫다, 판정하다

find out은 애써서 알아낸다는 차이가 있다.

We will continue to find new ways of building a stronger business.
우리는 앞으로도 더 강력한 비즈니스를 구축할 수 있는 새로운 방법을 모색할 것입니다.

Collaboration is essential in finding approaches to treating a rare disease.
희귀 질환 치료에 접근하는 법을 찾는데는 협력이 필수적입니다.

particular

[pərtíkjələr] **adj.** 특정의, 까다로운

반의어 general ★**145**, universal

Particularly, we conduct an evaluation for all applicants.
특히, 모든 지원자에 대한 평가를 실시하고 있습니다.

In particular, K mobile sends a safety message in a case of emergency.
특별히, K모바일은 유사시 안전 메시지를 보냅니다.

regulation

[règjəléiʃən] **n.** 규정, 규제, 규칙, 법칙, 조절

유의어 rule, direction / 연관어 regulatory ★**379**, regular ★**495**

We comply with applicable laws and regulations.
우리는 관련 법률 및 규정을 준수합니다.

We have established internal cash management regulations.
우리는 내부 현금 관리 규정을 제정했습니다.

network

[nétwə̀ːrk] **n. 통신망, 네트워크**

전기적인 통신망 외에 사람들 간 관계도 의미한다.

We plan to expand our global network in stages through 2020.
우리는 2020년까지 단계적으로 글로벌 네트워크를 확장할 계획입니다.

You can build your network with valuable persons to see more profiles.
중요한 사람들과 네트워크를 구축하여 더 많은 프로필을 볼 수 있습니다.

economic

[ìːkənámik, èk-, -nɔ́m-] **adj. 경제의, 경제상의, 경제학의 n. 경제학**

economic은 economics(경제학)의 형용사이고, economical(절약하는)은 economy(절약, 경제)의 형용사이다.

The city can reap the economic benefits of a vibrant startup culture.
도시는 활기찬 창업 문화의 경제적 혜택을 얻을 수 있습니다.

Any change in economic condition can affect our result.
경제적 여건의 변화는 우리의 결과에 영향을 미칠 수 있습니다.

sell

[sel] **v. 판매하다, 장사하다**

반의어 buy★858 / 유의어 trade★274

L off-price store sells high-end overseas brands at up to 70% off.
L 할인점은 최고급 해외 브랜드를 최대 70퍼센트 할인해서 판매합니다.

This is a sort of mini-department store selling a mix of products.
이것은 일종의 미니 백화점으로 다양한 제품을 판매합니다.

role

[roul] **n. 역할, 임무, 소임**

R&R=Role&Responsibility / 유의어 job, position

We are fulfilling the responsibilities and roles as a family-friendly company.
우리는 가족 친화적인 회사로서 책임과 역할을 수행하고 있습니다.

We offer brand experiences that play a meaningful role in customers' lives.
우리는 고객의 삶에 의미있는 역할을 하는 브랜드 경험을 제공합니다.

　　　　　　　　　　전기·전자 | 판매·유통 | 제조·화학 | 건설·엔지니어링 | IT·통신

center

[séntər] **n. 중심, 중앙, 센터**
미국식으로는 center, 영국식으로는 centre로 쓴다.

The discussion will center on childhood obesity.
토론은 소아 비만을 중심으로 진행될 것입니다.

You can get help from our customer center.
고객센터에서 도움을 얻을 수 있습니다.

　　　　　　　　제조·화학 | 건설·엔지니어링 | FMCG | 판매·유통 | 전기·전자

plant

[plænt, plɑ:nt] **n. 식물, 공장, 설비 v. 심다, 뿌리다**
업계와 공정에 따라 factory와 구분해 사용한다. / power plant(발전소),
nuclear plant(원자력 발전소)

The plants and properties are owned or leased by A Group.
공장과 부동산은 A그룹이 소유하거나 임대합니다.

We have been carrying out a tree planting campaign.
우리는 나무 심기 운동을 벌이고 있습니다.

　　　　　　　　　　인사 | IT·통신 | FMCG | 은행·금융 | 제조·화학

record

[rékərd, -kɔ:rd] **n. 기록, 경력, 이력 v. 기록하다, 녹화하다**
recording(기록, 녹음), record number(기록적인 수치)

Consumer incentives are recorded as a reduction in profit.
소비자 인센티브는 이익 감소로 기록됩니다.

You should keep a record of the press releases.
보도 자료를 보관해야 합니다.

　　　　　　　　　　인사 | 서비스 | 제조·화학 | FMCG | 판매·유통

own

[oun] **v. 소유하다, 가지다 adj. 자기 소유의, 자기 자신의**
owner(주인, 소유자), ownership(소유권, 지분, 지배권)

This family-owned business has been using natural growing practices.
이 가족 소유 기업은 자연 재배법을 사용하고 있습니다.

Flatcom own a piece of the leading e-commerce platform.
Flatcom은 최고의 전자 상거래 플랫폼을 소유하고 있습니다.

carry

[kǽri] v. 운반하다, 전하다, 퍼뜨리다

carry out a program(계획을 실천하다)

Remember to always carry your access card.

출입증은 항상 휴대해야 합니다.

Interest rate risk arises because assets carry different interest rates.

이자율 위험은 자산들이 다른 이자율을 부담하기 때문에 발생합니다.

decision

[disíʒən] n. 결정, 결심

동사형 decide

The new digital platform helps customers make informed decisions.

새로운 디지털 플랫폼을 통해 고객은 정보에 입각한 의사 결정을 내릴 수 있습니다.

Following our decision to take a cautious approach to market growth,

시장 성장에 신중한 접근 방식을 취하기로 한 우리의 결정에 따라,

same

[seim] adj. 같은, 변함없는

유의어 equivalent, identical

They can understand the information and draw the same conclusions.

그들은 정보를 이해하고 동일한 결론을 도출할 수 있습니다.

You may approach the same questions from the customer's point of view.

고객의 관점에서 동일한 질문에 접근할 수 있습니다.

officer

[ɔ́(ː)fisər, ɑ́f-] n. 임원, 공무원, 장교

유의어 director★57, manager★251

He spent his last career at Asea Brown as a chief executive officer.

그는 Asea Brown에서 최고경영자(CEO)로서 마지막 경력을 보냈습니다.

He became Downstream's chief financial officer and commercial director.

그는 Downstream의 CFO겸 영업이사가 되었습니다.

care

[kεǝr, kær]　**v.** 상관하다, 돌보다, 염려하다　**n.** 걱정, 염려, 보호, 감시

careful(조심스러운), carefully(신중하게), caring(배려하는, 양육), careless (부주의한, 경솔한)

What do our customers care about?

고객이 관심을 갖는 것은 무엇입니까?

The decision must be made carefully with consultation.

결정은 협의를 통해 조심스럽게 이루어져야 합니다.

department

[dipá:rtmǝnt]　**n.** 부서

HOD ; Head Of Department(부서의 장)

B has discussed with representatives from all impacted departments.

B는 영향을 받는 모든 부서의 대표와 논의했습니다.

The US Department of Justice has been conducting investigations.

미국 법무부는 조사를 진행해오고 있습니다.

become

[bikʌ́m]　**v.** 되다, 되게 하다, 일이 생기다, 어울리다

become a member(가입하다)

In the UK alone, about 80% of children will become overweight.

영국만 해도 약 80퍼센트의 어린이가 과체중이 될 것입니다.

France became the first European market to launch a new menu.

프랑스는 새로운 메뉴를 출시한 최초의 유럽 시장이 되었습니다.

detail

[dí:teil, ditéil]　**n.** 세부, 세부사항　**v.** 자세히 말하다, 파견하다

detailed 상세한 / 유의어 describe, depict, recount

Further detail about our performance is available in the Summary Report.

저희 성과에 대한 자세한 내용은 요약 보고서에서 확인할 수 있습니다.

The guide features detailed nutrition information on menu items.

이 안내서는 메뉴 항목에 대한 자세한 영양 정보를 제공합니다.

power [páuər] **n.** 능력, 권한, 에너지, 전기 **v.** 동력을 공급하다

powerful(강력한), empower(권리를 주다), powerless(효과가 없는),
overpower(압도하다)

We leveraged the company's purchasing power to save the cost.
우리는 회사의 구매력을 활용하여 비용을 절감했습니다.

Numerical trending of power and paper usage needs to be rebaselined.
전력과 종이 사용량의 수치 추세는 재조사될 필요가 있습니다.

production [prədʌ́kʃən] **n.** 생산, 제조, 작품, 연출

product★**14**, produce★**537**

The manufacturing team had to increase production capacity.
제조팀은 생산 용량을 증가시켜야 했습니다.

Production of honey fell from 35,000 tonnes to about 25,000 tonnes.
꿀 생산량은 35,000톤에서 약 25,000톤으로 감소했습니다.

across [əkrɔ́ːs, əkrɑ́s] **pre.** 전역에서, 가로질러, 횡단하여

across the nation(전국에서), across the board(전반적인, 일률적인)

All of the SBA's export loan programs are available across the country.
모든 SBA의 수출 대출 프로그램은 전국에서 사용할 수 있습니다.

Now you can tap your way across the system.
이제 시스템 전체를 활용할 수 있습니다.

provision [prəvíʒən] **n.** 조항, 규정, 공급품, 식량

조항(stipulation)의 뜻으로 활용도가 높다.

The statement covered the disclosure of uncertain tax provisions.
성명서는 불확실한 세금 조항의 공개를 포함했습니다.

New welfare paradigm focused on the provision of services tailored.
새로운 복지 패러다임은 맞춤식 서비스 제공에 중점을 두었습니다.

human

[hjú:mən] **n.** 인간, 사람 **adj.** 인간의

HR ; Human Resouces

GM has authority over human resources.

법인장은 인사권을 가지고 있습니다. ※ GM : General Manager

The system is minimizing chemicals that impact human health.

시스템은 인체 건강에 영향을 미치는 화학 물질을 최소화합니다.

unite

[ju:náit] **v.** 합병하다, 결합하다, 연합하다

united의 예: USA(United States of America), UK(United Kingdom), UN(United Nations)

We operate the leading truck rental businesses in the United States.

우리는 미국에서 선도적인 트럭 렌탈 사업을 운영합니다.

A and B brands were globally re-united under a single company.

A와 B 브랜드는 전 세계적으로 단일 회사로 재결합되었습니다.

debt

[det] **n.** 채무, 부채, 빚

유의어 liability ★109, obligation ★420

We face risks related to our current and future debt obligations.

우리는 현재 및 미래의 채무와 관련된 위험에 직면해 있습니다.

The average debt balance was $23.5 billion in 2016.

평균 채무 잔액은 2016년 235억 달러였다.

allow

[əláu] **v.** 허락하다, 승락하다, 허용되다

유의어 permit ★778

Effective cost control allowed us to achieve our highest margins.

효과적인 비용 관리로 최고의 마진을 달성할 수 있었습니다.

We adopted our pricing architecture to allow for a focus on affordability.

우리는 합리적인 가격에 초점을 맞추기 위한 가격 구조를 채택했습니다.

website

[websait] **n.** 웹사이트, 인터넷 페이지

web site로 표기 가능

For more information, please go to our website at www.○○○.com.

자세한 내용은 당사 웹사이트 www.○○○.com을 참조하십시오.

Relevant policies include our employee rights available on our website.

관련 정책에는 당사 웹사이트에서 제공되는 직원 권리가 포함됩니다.

show

[ʃou] **v.** 제시하다, 보이다, 진열하다, 증명하다

유의어 presentation★930, exhibit★834

Years of research have shown that the bacteria are beneficial.

수년간의 연구는 그 박테리아가 유용하다는 것을 보여주고 있습니다.

The advertisement shows customers how to recycle their bottles.

그 광고는 고객에게 병을 재활용하는 방법을 보여줍니다.

compliance

[kəmpláiəns] **n.** (규칙, 법)준수

compliance department(감사부)

100 percent of our suppliers are on track to compliance by 2020.

우리 공급 업체의 100퍼센트가 2020년까지 법규 준수를 위해 노력하고 있습니다.

Coffee growers can demonstrate SAGP compliance.

커피 재배자는 SAGP 준수를 입증할 수 있습니다.

senior

[síːnjər] **adj.** 상급의, 상위의, 연장의, 상사의

senior manager(차장에 해당하는 직급) / 반의어 junior

Our senior executive level is made up of 35 percent women.

고위 임원은 35퍼센트의 여성으로 구성되어 있습니다.

Juwon, the senior car editor of A magazine, tested the new model.

A 잡지의 수석 자동차 편집자인 주원 씨가 신모델을 시험했습니다.

charge

[tʃɑːdʒ] **v.** 청구하다, 부과하다 **n.** 비용, 수수료, 고소

be in charge of(~을 담당하다), FOC; Free Of Charge(무료의)

Rentals are charged to the income statement.

임대료는 손익 계산서에 기입됩니다.

Lease payment is allocated between liability and finance charges.

리스료는 채무와 금융 비용간에 배분됩니다.

perform

[pərfɔ́ːrm] **v.** 이행하다, 수행하다, 공연하다

performance★30

Cash flow forecasting is performed by the treasury team of the Group.

현금 흐름 예측은 그룹 재무팀이 수행합니다.

Perform energy audits to identify energy conservation opportunities.

에너지 감사를 수행하여 에너지 보존 기회를 확인하십시오.

complete

[kəmplíːt] **v.** 끝내다, 완성하다 **adj.** 완료된, 전적인, 완전한

complete이 완료라면 finish는 종료를 의미한다.

Through 2015, four sites completed audits to become fully certified.

2015년까지 4곳의 현장에서 감사를 완료하여 완전한 인증을 획득하였습니다.

We are painting a complete picture of the 2020 consumer.

우리는 2020년 소비자들에 대한 완벽한 그림을 그리고 있습니다.

personal

[pə́ːrsənəl] **adj.** 개인적인, 사적인, 사사로운

private은 공적이지 않는 부분 전체, personal은 그중에서도 개인적인 부분

Sharing personal experience is a form of everyday expertise.

개인적인 경험을 공유하는 것은 일상 지식의 한 형태입니다.

For personal websites, an email address alone may be sufficient.

개인 웹 사이트의 경우 이메일 주소만으로 충분할 수 있습니다.

party

[pá:rti]　**n.** 정당, 소송 당사자, 파티, 사교회, 모임

차이가 큰 다양한 뜻이 있으므로 유의해서 사용하자.

The Company is party to various legal and regulatory proceedings.

회사는 다양한 법률 및 규제 절차의 당사자입니다.

Discover figures consist of U.S. data only and include third-party issuers.

검색 수치는 미국 데이터로만 구성되며 타사 발급자를 포함합니다.

stakeholder

[stéikhòuldər]　**n.** 투자자, 관계자, 주주

stake(지분)

Businesses thrive on the cooperation of all its stakeholders.

사업은 모든 이해 관계자들의 협력으로 번창합니다.

This is the new platform of connectivity we promised our stakeholders last year.

작년에 투자자들에게 약속했던 새로운 플랫폼입니다.

common

[kámən, kɔ́m-]　**adj.** 보통의, 흔한, 공동의, 공유하는

common stock/share(보통주), common law(관습법)

The most common full-time schedules are total 37.5 or 40 hours per week.

가장 일반적인 정규 근무 시간은 주당 37.5시간 또는 40시간입니다.

It is common to make exceptions for exporters in relation to domestic supply.

국내 공급과 관련하여 수출업자에게 예외를 두는 것이 일반적입니다.

list

[list]　**n.** 목록, 리스트, 명부　**v.** 열거하다, 나열하다

on a list(목록에 있는), short list(최종 명단), list company(상장회사)

The page lists all members of the LinkedIn site named Juchan.

이 페이지에는 주찬이라는 이름의 LinkedIn 사이트의 모든 회원이 나열됩니다.

Sometimes this information is listed under 'customer service.'

경우에 따라 이 정보가 '고객 서비스' 아래에 나열됩니다.

event

[ivént]　n. 사건, 행사, 이벤트

in the event(결국) / eventually(결국, 마침내), eventual(최후의)

Find accurate and authoritative information about this historical event.
이 역사적 사건에 대한 정확하고 권위 있는 정보를 찾으십시오.

Fixed costs incurred in any event to operate our aircraft are not included.
우리 항공기를 운영하기 위한 사건에서 발생하는 고정비용은 포함되지 않습니다.

average

[ǽvəridʒ]　adj. 보통의, 평범한　n. 평균

회계 관련 문서에서 사용 빈도가 높다.

On average, offices are purging 71% of paper files.
평균적으로 사무실에서는 종이 파일의 71퍼센트를 제거하고 있습니다.

The simple average of Iceland's percentile rankings across all topics is 22%.
모든 주제에서 아이슬란드의 백분위 순위의 단순 평균은 22퍼센트입니다.

segment

[ségmənt]　n. 구획, 부분, 단편　v. 분할하다, 가르다

마케팅 용어이기도 하다.

More than 90 percent of our segment profit in 2011 was from financing.
2011년 우리 부문 이익의 90퍼센트 이상이 금융에서 나왔습니다.

Our Asia Pacific segment operates in 15 countries.
우리 아시아 태평양 부분은 15개국에서 활동하고 있습니다.

drive

[draiv]　v. 움직이게 하다, 전력을 쏟다, 추진하다, 운전하다
n. 추진력, 열정, 운전

'운전하다'보다는 '추진하다, 주도하다'는 뜻의 사용 빈도가 높다.

This product launch helped drive sales for Bobbi Brown in skin care.
이 제품 출시는 스킨케어에서 Bobbi Brown의 판매를 촉진하는 데 도움이 되었습니다.

FBA both improves the customer experience and drives seller sales.
FBA는 고객 만족도를 높이고 판매자 영업을 촉진합니다.

staff

[stɑːf] **n.** 직원, 사원 **v.** 직원을 두다, 배치하다

유의어 personnel(직원, 요원)

An independent charity, CBRE U.K. supplements staff donations.

독립적인 자선 단체인 CBRE U.K.는 직원들의 기부금을 보조해줍니다.

Some University staff positions are covered by a labor agreement.

일부 대학 직원들의 직위는 노동 협약의 적용을 받습니다.

cover

[kʌ́vər] **v.** 덮다, 감싸다, 감추다, 포함하다, 방송하다

명사형 coverage ★981

Staff members may be covered by the University's benefits plan.

직원들은 대학의 복리 후생 제도로 보호를 받을 수 있습니다.

Regular Board and Committee meetings cover multiple days.

정기 이사회와 위원회 회의는 여러 날 동안 진행됩니다.

remain

[riméin] **v.** 남아 있다, 남겨지다, 머무르다

remaining(남은, 잔존의)

The remaining amount was incinerated or landfilled.

남은 양은 소각되거나 매립되었습니다.

The visiting family member remains the responsibility of the employee.

방문 가족은 직원의 책임하에 있습니다.

line

[lain] **n.** 선, 줄, 노선, (제품)라인 **v.** 채우다, 집어 넣다, 선을 긋다

line-up(진용, 라인업)

Each member provides advice for CR in their respective business line.

각 구성원은 각자의 업무 라인에서 CR에 대한 조언을 제공합니다.

The loss of merchandise has a direct impact on your bottom line.

상품의 손실은 귀사의 순익에 직접적인 영향을 미칩니다.

great

[greit] **adj.** 중요한, 중대한, 숙련된, 정통한

greatly(크게, 현저히), greatness(위대함, 탁월함)

It's also great to learn about the brands that lead women fashion.

여성 패션을 선도하는 브랜드에 대해 배우는 것 또한 좋습니다.

Many websites are eager to tell users how great they are.

많은 웹 사이트들은 사용자들에게 그들이 얼마나 대단한지를 말하고 싶어 합니다.

approach

[əpróutʃ] **v.** 접근하다, 다가가다 **n.** 접근, 접근방식

유의어 coming, access

That's why we continue to evolve our approach to reporting.

그것이 우리가 보고에 대한 접근 방식을 계속해서 발전시키는 이유입니다.

We are taking a multifaceted approach to help mitigate these risks.

우리는 이러한 위험을 완화시키기 위해 다각적인 접근법을 취하고 있습니다.

important

[impɔ́:rtənt] **adj.** 중요한, 중대한, 주목할 만한

유의어 significant ★138, considerable

Europe is an important new platform for growth for us.

유럽은 성장을 위해 우리에게 중요한 새로운 플랫폼입니다.

It is important that the safety and rights of all associates be protected.

모든 동료들의 안전과 권리가 보호되는 것이 중요합니다.

further

[fə́:rðər] **adj.** 그 이상의, 더 멀리 있는, 더 깊이

형용사 기본형 far / go further(발전하다), without further(지체 없이)

IBK will channel internal resources into further enhancing its performance.

IBK는 내부 자원을 활용하여 성과를 더욱 향상시킬 계획입니다.

Nothing could be further from the truth.

어떤 것도 진실로부터 더 멀어질 수는 없습니다.

government [gʌ́vərnmənt] n. 정부

federal government(연방 정부), local government(지방 정부)

To attend the meeting, government-issued photo identification is required.
회의에 참석하기 위해서는 정부에서 발행한 사진 신분증 필요합니다.

The Korean government has now set its target at 97 km/h.
한국 정부는 이제 목표를 97km/h로 정했습니다.

appropriate [əpróuprièit] adj. 적당한

유의어 proper, suitable

While on sports trips, the appropriate tracksuit will be worn.
스포츠 여행 중에는 적절한 운동복을 입어야 합니다.

All messages must be lodged with the appropriate personnel.
모든 메시지는 담당자에게 맡겨져야 합니다.

define [difáin] v. 정의하다, 한정하다, 분명히 하다

definition(정의), definite(명확한, 확실한), definitely(분명히), indefinitely
(무기한으로)

We want our actions to define our culture.
우리의 행동이 우리의 문화를 정의하기를 원합니다.

We have defined clear strategic goals and actions.
우리는 명확한 전략적 목표와 행동을 정의해 왔습니다.

understand [ʌ̀ndərstǽnd] v. 이해하다, 알아듣다

반의어 misunderstand(오해하다)

PQ rating requires an indepth understanding of websites.
PQ 등급은 웹 사이트에 대한 깊이 있는 이해를 필요로 합니다.

The first step in understanding consumers is figuring out who they are.
소비자를 이해하는 첫 번째 단계는 그들이 누구인지 이해하는 것입니다.

view
[vju:] **n.** 견해, 의견, 광경, 경치 **v.** 살펴보다, 생각하다, 조사하다

point of view(관점, 견해, 생각)

The ultimate purpose is to allow users to view a video.
궁극적인 목적은 사용자들이 비디오를 볼 수 있게 하는 것입니다.

Printed pages often make more sense when viewed as part of a website.
인쇄된 페이지는 종종 웹 사이트의 일부로 볼 때 더 이해가 됩니다.

achieve
[ətʃíːv] **v.** 성취하다

명사형 achievement(업적)

They achieved a 7% reduction in energy consumption.
그들은 7퍼센트의 에너지 소비량 감축을 달성했습니다.

High-quality pages achieve their purpose well.
질 좋은 페이지들은 그들의 목적을 잘 달성합니다.

derivative
[dirívətiv] **adj.** 끌어낸, 파생의, 모방한

derivatives(금융 파생상품)

All derivatives are recognized on the balance sheet at their fair value.
모든 파생 상품은 적정 가치로 대차대조표에 인식됩니다.

The Company does not utilize derivative financial instruments for trading.
회사는 거래를 목적으로 파생상품을 사용하지 않습니다.

point
[pɔint] **v.** 가리키다, 지적하다 **n.** 목적, 요점, 핵심, 특징, 주안점, 점수, 득점

다양한 뜻이 관용구처럼 사용된다. point of the argument(논의의 요점)

D Telekom unveiled its 63rd franchise service point at Kotahena.
D Telekom은 Kotahena에서 63번째 프랜차이즈 서비스 지점을 공개했습니다.

Its test track in Seosan is a case in point.
서산에 있는 테스트 트랙은 중요한 사례입니다.

instrument

[ínstrəmənt] **n. 도구, 기계, 악기**

유의어 tool / surgical instruments(외과용 기기), financial instrument(금융 수단)

The Company's derivative financial instruments are subject to market risk.
회사의 파생 금융 상품은 시장 위험에 노출되어 있습니다.

We are an end user of these instruments.
우리는 이 기구들의 최종 사용자입니다.

percent

[pərsént] **n. 퍼센트, 백분율**

유의어 percentage(포인트, 비율)

The attendance rate for outside directors stood at 93 percent that year.
그 해 사외 이사의 출석률은 93퍼센트였습니다.

Our revenue in 2011 was $107 billion, up 7 percent.
2011년 매출은 107억 달러로 7퍼센트 증가했습니다.

specific

[spisífik] **adj. 명확한, 분명한, 구체적인**

한국인은 clear★527를 더 많이 사용한다.

The meeting will be supportive but there will be specific matters.
회의는 지지할 것이지만 구체적인 문제가 있을 것입니다.

You can try searching on specific sites to find reviews.
특정 사이트를 검색하여 리뷰를 찾을 수 있습니다.

effort

[éfərt] **n. 노력, 시도, 수고**

유의어 effort, endeavor, exertion, try

One way to create MC with no effort is to copy it from another source.
노력 없이 MC를 만드는 한가지 방법은 다른 소스에서 MC를 복사하는 것입니다.

Our peers are making similar efforts to increase community resources.
우리의 동료들도 공동체 자원을 증가시키기 위해 비슷한 노력을 하고 있습니다.

file

[fail] **n.** 파일, 서류철 **v.** 정리하다, 고소하다
tax filing(소득·세금 신고)

Pulse Network filed suit against Visa Inc. in federal district court.
펄스 네트워크는 연방 지방 법원에 주식회사 Visa를 상대로 소송을 제기했습니다.

Associate personnel files are the property of GameStop.
연관 인사 파일은 GameStop의 자산입니다.

close

[kləus] **adj.** 친한, 친밀한, 닫힌 **v.** 닫다, 잠그다, 끝내다, 마치다
closed(닫힌, 비공개인), closely(긴밀히), closing(마감, 마감하는), closure
(마감, 종료), closeness(정확, 접근, 친밀)

The decision to close facilities in Australia was not easy.
호주의 시설 폐쇄 결정은 쉽지 않았습니다.

Once all customer have left then close the door.
일단 모든 고객이 떠나면 문을 닫으십시오.

gas

[gæs] **n.** 기체, 가스, 가솔린(gasoline)
에너지 산업, 환경 이슈에서 빈도가 높았다.

We have set targets in water conservation, and greenhouse gas emissions.
우리는 수자원 보존 및 온실 가스 배출에 대한 목표를 설정했습니다.

The new engines are expected to emit 23% less greenhouse gas.
새로운 엔진은 온실 가스를 23퍼센트 덜 배출할 것으로 예상됩니다.

solution

[səlúːʃən] **v.** 해결, 해결책, 해답
동사형 solve(해결하다)

Bringing forward options and solutions, not just identifying problems.
문제만 식별하는 것이 아니라 선택지와 해결책을 제시합니다.

The solutions are then reflected in ethical training lesson plans.
해결책은 그 후 윤리 교육 훈련 계획에 반영됩니다.

different

[dífərənt] **adj. 다른, 틀린, 별개의**
명사형 difference ★699

It operates different channels for communication with each group.
각 그룹과의 의사 소통을 위해 다른 채널들을 운영합니다.

A series of fields will appear, that may be different from this picture.
일련의 필드가 나타날텐데, 이 그림과 다를 수 있습니다.

contribute

[kəntríbju:t] **v. 추가하다, 더하다, 기여하다, 공헌하다**
명사형 contribution ★804

Ads may contribute to a good user experience.
광고가 사용자 경험을 높이는 데 좋은 도움이 될 수 있습니다.

This recipe was contributed by an author of local cookbooks.
이 조리법에는 현지 요리 책의 저자가 기여했습니다.

principle

[prínsəpəl] **n. 원리, 원칙**
law and principle(법과 원칙)

Being accountable and transparent is a key operating principle.
책임감과 투명성이 핵심 운영 원칙입니다.

New suppliers have agreed to adhere to our supplier principles.
신규 공급 업체는 당사의 공급 업체 원칙을 준수하기로 합의했습니다.

know

[nəu] **v. 알다, 인지하다**
known(유명한, 알려진)

We know true innovation doesn't happen in a bubble.
우리는 진정한 혁신이 거품 속에서 일어나지 않음을 알고 있습니다.

You should know where your store's cash is at all times.
당신은 항상 당신 가게의 현금이 어디에 있는지 알아야 합니다.

leave

[li:v] v. 떠나다, 버리다, 남겨두다 n. 휴가

annual leave(연차), sick leave(병가)

Unpaid leave of absence impacts on the employee's End of Service Benefit.
무급 휴직은 종업원의 퇴사 처우에 영향을 미칩니다.

I will leave to Sam the description of our historic transformation.
나는 역사적인 변화의 묘사를 Sam에게 남겨 둘 것입니다.

advance

[ǽdvæns, ədvάːns] v. 전진하다, 승진시키다, 개선하다, 제시하다
n. 진척, 진급, 승급

in advance(미리, 사전에), payment in advance(선금)

We thank you in advance for providing us the most complete information.
저희에게 가장 완전한 정보를 제공해 주셔서 먼저 감사드립니다.

In FY16, we advanced further towards closing our product loops.
회계년도 16년에는 제품 루프를 폐쇄하는 방향으로 더 나아갔습니다.

structure

[strΛ́ktʃər] n. 구조, 건물, 구성, 조직 v. 세우다, 수립하다
restructure(구조조정/개편하다), structural(구조의)

A detailed description of the pay structure is contained in Appendix B.
급여 구조에 대한 자세한 설명은 부록 B에 수록되어 있습니다.

We are managing our cost structure to capitalize on deflation.
우리는 통화 수축기에 자본을 활용하기 위해 비용 구조를 관리하고 있습니다.

acquisition

[ǽkwəzíʃən] n. 취득, 획득, 인수
M&A ; Merger and Acquisition(기업 인수 합병)

Talent acquisition may coordinate this result.
인재 확보는 이 결과를 조정할 수 있습니다.

After meeting our dividend goals, we target value-creating acquisitions.
배당 목표를 달성한 후에는 가치를 창출하는 인수를 목표로 합니다.

legal

[líːgəl] **adj.** 합법적인, 법의, 법률의, 규정에 맞는
반의어 illegal

This advertising, while legal, appears on storefront displays.
이 광고는 합법적이면서, 상점 전면 디스플레이에 표시됩니다.

Expertise is important for topics such as financial or legal advice.
전문 지식은 재정적 또는 법률적 조언과 같은 주제에 중요합니다.

analysis

[ənǽləsis] **n.** 분석, 분석 결과
복수형 analyses / 동사형 analyze ★973

More intensive analysis on the website can be done on your computer.
웹 사이트에 대한 보다 집중적인 분석을 귀하의 컴퓨터에서 수행할 수 있습니다.

It is the basis for all decisions related to POS data analysis.
POS데이터 분석과 관련된 모든 의사 결정의 근거가 됩니다.

against

[əgénst, əgéinst] **pre.** ~와 반대하여, 겨루어, 대비하여
an insurance against fire(화재 보험)

Soundproof covers protect our employees against excessive noise.
방음 커버는 과도한 소음으로부터 직원을 보호합니다.

Businesses should work against corruption in all its forms.
기업들은 모든 형태의 부패에 맞서야 합니다.

sustainable

[səstéinəbl] **adj.** 지속가능한, 유지할 수 있는
명사형 sustainability ★243

Build an innovation system that provides a sustainable competitive advantage.
지속 가능한 경쟁 우위를 제공하는 혁신 시스템을 구축하십시오.

We saw the announcement of the UN sustainable development plans.
우리는 유엔의 지속 가능한 개발 계획 발표를 보았습니다.

deliver

[dilívər] v. 전달하다, 배달하다, 구하다, 산출하다, 연설하다

명사형 delivery★807 / '물건을 나르다'는 뜻보다 훨씬 다양하게 활용된다.

Our experienced staff is dedicated to delivering what you need.

저희의 숙련된 직원은 귀사가 필요한 것을 제공하는 일을 전담합니다.

Deliver the benefits of scale, but think and act like a startup.

규모의 이점을 제공하면서도 스타트업처럼 생각하고 행동하십시오.

category

[kǽtəgɔ̀:ri, -gəri] n. 범주, 종류

동사형 categorize(분류하다)

Our category teams are completely focused on their target consumers.

우리의 카테고리 팀들은 그들의 목표 소비자들에게 완전히 초점을 맞추고 있습니다.

'By category' means counting by product type, genre and the like.

범주별이란 상품의 종류, 장르 등에 따라 세는 것을 말합니다.

regulatory

[régjələtɔ̀:ri, règjəléitəri] adj. 규정하는, 제정하는, 조절하는

regulatory filing(공시(公示))

Social / environmental / regulatory risks are also under our control.

사회적 / 환경적 / 규제적 위험 또한 우리의 통제하에 있습니다.

We don't have a regulatory system to ensure that that production is safe.

생산물이 안전한지 보장하는 규제 시스템을 가지고 있지 않습니다.

respect

[rispékt] v. 존중하다, 존경하다 n. 존중, 관련

respected(존경받는), respective(각각의) / 반의어 despise(멸시하다), disrespect(실례)

Respect financial disclosure laws.

재무 공개 법을 존중하십시오.

Adoption assistance is limited to $5,000 with respect to any eligible child.

입양 지원은 적격 아동과 관련하여 5,000달러로 제한됩니다.

possible

[pάsəbəl, pɔ́s-] **adj. 가능한, 있음직한**

possible 대신 available★184, capable이 더 적합한 경우가 있다. / 반의어
impossible

The driver-assist systems have largely made this possible.
운전자 보조 시스템은 이를 충분히 가능하게 했습니다.

Hazards must be resolved as quickly as possible.
위험은 가능한 빨리 해결해야 합니다.

---

university

[jùːnəvə́ːrsəti] **n. 대학교, 대학**

기업 내 전문학교를 운영하거나 산학 협력을 하는 경우가 많다.

This is the official website of Harvard University.
이것은 하버드 대학의 공식 웹사이트입니다.

Women constitute over 50% of university students in the U.S.
여성은 미국 대학생의 50퍼센트 이상을 차지합니다.

---

initiative

[iníʃiətiv] **n. 시작, 발단, 계획, 결정, 독창력, 진취성**

initiate(시작하다, 주도한), initiation(의례, 행동), initiator(창시자, 발기인)

To that end, we have set forth three key initiatives as follows.
그 목적을 위해서 우리는 다음과 같은 세 가지 주요 계획을 발표했습니다.

We are investing in a number of strategic initiatives.
우리는 여러 가지 전략적 계획에 투자하고 있습니다.

---

less

[les] **adv. 더 적게, 보다 적은**

기본 little, 비교급 less, 최상급 least

Some topics require less formal expertise.
일부 주제는 덜 형식적인 전문 지식이 필요합니다.

For some topics, such as humor or recipes, less formal expertise is OK.
유머나 레시피와 같은 일부 주제에 대해서는 전문지식이 부족해도 괜찮습니다.

effect

[ifékt] **n. 결과, 효과, 영향**
형용사형 effective★253

The effects of Brexit could harm our business and financial results.
브렉시트로 인한 여파는 사업과 재정적 결과를 손상시킬 수 있습니다.

The nature of the work environment has a direct effect on job performance.
작업 환경의 특성은 업무 수행에 직접적인 영향을 미칩니다.

online

[ɔnlain] **adj. 또는 n. 온라인, 온라인의**
online, on line, on-line 모두 사용 가능하다.

Ultimately, you are responsible for what you post online.
궁극적으로 온라인에 게시하는 것에 대한 책임은 귀하에게 있습니다.

EMART Mall has positioned itself as the No.1 online mart in Korea.
이마트 몰이 국내 1위 온라인 마트로 자리 잡았습니다.

location

[loukéiʃən] **n. 위치, 장소**
동사형 locate★939 / relocation(이전, 재배치)

Mother's rooms are available at various locations across campus.
모자실은 캠퍼스 곳곳의 다양한 장소에서 이용할 수 있습니다.

In terms of connectivity, the location of a server is critical.
연결 측면에서 서버의 위치가 중요합니다.

whether

[wéðər] **pre. ~일지 아닐지**
유의어 if, either

The association wanted to find out whether smoking causes cancer.
협회는 흡연이 암을 유발하는지 알아보길 원했습니다.

The arbitrator shall determine any issue as to whether a person may attend.
중재인은 당사자가 참석할 수 있는지 여부에 대한 모든 문제를 결정해야 합니다.

ltd

adj. 유한의(축약어 ; limited)

유한회사 a limited(-liability) company : 회사명 뒤에 ltd를 붙인다.

The parties have stipulated to a dismissal of Glenmark Pharmaceuticals Ltd.

당사자들은 Glenmark 제약 회사의 해산을 요구했습니다.

The new company is called Procter & Gamble Sunhome Co. Ltd.

이 새로운 회사의 이름은 Procter&Gamble Sunhome 주식 회사입니다.

dividend

[dívidènd] **n. 배당금, 이익배당, 보너스**

stock dividend(주식 배당), dividend yield(배당 수익)

The cash used in fiscal 2001 was primarily related to dividend payments.

2001년 재정 지출에 사용된 현금은 주로 배당금 지급과 관련이 있습니다.

These financial statements do not reflect this dividend payable.

이 재무제표는 이 배당 채무를 반영하지 않습니다.

assessment

[əsésmənt] **n. 평가**

유의어 appraisal, evaluation, estimation

We plan to conduct our next materiality assessment in late 2016.

2016년 말에는 차기 중요성 평가를 실시할 계획입니다.

Based on our assessments, no additional allowance is required.

당사의 평가에 따르면 추가 수당은 필요하지 않습니다.

then

[ðen] **adv. 그다음에, 그때, 그 무렵, 따라서, 그렇다면**

일상에서 많이 쓰지만 기업 문서에서는 상대적으로 사용 빈도가 낮다.

10 of 11 directors then in office attended the 2016 Annual Meeting.

당시 11명의 이사 중 10명이 2016 연례 총회에 참석했습니다.

Appointments may then be made to approved posts by the HR director.

그런 다음, 인사 부장이 승인한 직책에 임명할 수 있습니다.

grow

[grəu] **v. 성장하다, 발전하다, 증가하다, 재배하다**
명사형 growth ★101

The growing scarcity of fresh water is not just an issue for our company.
점점 증가하는 담수의 부족은 우리 회사만의 문제가 아닙니다.

We grow together with our communities and business partners.
우리는 지역 사회와 사업 파트너들과 함께 성장합니다.

hedge

[hedʒ] **n. 헤지, 위험분산 v. 헤지하다**
inflation hedge(인플레이션 헤지), risk hedge(위험 헤지) / hedge는 분산을
통한 대비책의 성격이 있다.

These cash-flow hedges were highly effective, in all material respects.
이러한 현금 흐름 헤지는 모든 물자 면에서 매우 효과적이었습니다.

These derivatives are treated as fair value hedges.
이러한 파생 상품은 적정 가치 헤지로 처리하고 있습니다.

quarter

[kwɔ́ːrtər] **n. 4분의 1, 25%, 분기, 한 학기**
quarterly(분기의) / HQ; Headquarters

DBN acquired 21,167 CDMA subscribers within the last quarter of 2015.
DBN은 2015년 4분기에 21,167명의 CDMA(3G) 가입자를 확보했습니다.

Click 2017 to drill down to the quarters.
분기를 자세히 보려면 2017을 클릭하십시오.

responsible

[rispánsəbəl, -spɔ́n-] **adj. 책임지는, 책임이 따르는, 믿을 만한**
명사형 responsibility ★175

The Board is responsible for the management of risk across the group.
이사회는 그룹 전반에 걸친 리스크 관리에 책임이 있습니다.

The ethics committee is responsible for company-wide ethics practices.
윤리위원회는 전사적인 윤리 실천을 책임집니다.

oil

[ɔil] **n. 석유, 기름**

crude oil(원유)

The calculation includes oil, and electricity bought from the national grid.
그 계산은 석유와 전국 전력망에서 구입한 전기를 포함합니다.

No oils that contain trans-fats are in any products.
트랜스 지방이 함유된 기름은 어느 제품에도 없습니다.

chief

[tʃiːf] **n. (조직의) 장, 우두머리 adj. 주요한**

CFO; Chief Financial Officer(최고 재무 책임자)

Charlie has been a terrific Chief Executive Officer.
찰리는 훌륭한 최고 경영자였습니다.

He was appointed Chief Operating Officer in 2009.
그는 2009년에 최고 운영 책임자로 임명되었습니다.

integrate

[íntəgrèit] **v. 통합하다, 전체로 합치다**

명사형 integration

The new ILL module is integrated with both the ALPHE web and OPAC.
새로운 ILL 모듈은 ALPHE 웹과 OPAC 모두와 통합되어 있습니다.

Banvit will be integrated into a new company.
밴비트는 새로운 회사에 합병될 것입니다.

exist

[igzíst] **v. 존재하다, 생존하다**

existence(존재, 현존)

We introduced the appraisal tool that streamlines the existing process.
우리는 기존 프로세스를 간소화하는 평가 도구를 도입했습니다.

Enter changes to increase the existing YTD total to the desired amount.
기존 연간 누계 총액을 원하는 양으로 늘리려면 변경 값을 입력하세요.

이메일을 시작할 때 가장 무난한 인사말은 'Dear'다. Dear라고 하면 거리감이 느껴질 정도로 아주 친한 사이가 아니라면, Dear로 시작하는 것이 실수하지 않을 가장 안전한 방법이다. 비즈니스 이메일은 파격보다 안전함을 추구하므로 실수하지 않는 것이 중요하다.

그 외에 쓸 수 있는 좋은 표현으로 'Hi + First name' 또는 'Mr. / Ms.+ Last name'을 추천한다. 'Hi'를 쓰면 예의 없어 보이지 않을까 생각할 수 있겠지만 실제로는 'Hi Mr. Kim,'과 같이 Mr. / Ms.를 붙여 많이 사용하고 있다. 대신 Mr. / Ms. 뒤에 First name이 오면 이상해진다는 점은 기억해두자.

혹시 다음과 같은 표현들을 쓰고 있는 건 아닌지 살펴보자.

Hey, Yo,
개인 메일에 쓰면 문제가 없지만, 아무리 친한 사이라도 비즈니스 메일에는 적합하지 않다.

Hello,
써도 문제는 없지만, 잘 모르는 사이라면 이메일 호칭으로 사용하기에는 예의에 어긋난다는 느낌이 들 수 있다.

Hey there, To whom may it concerned,
상대를 모르는 경우에 쓰는 표현이긴 하지만, 메일 수신자가 '내 메일 아니네' 하면서 지나쳐버리기 딱 좋은 표현이다.

Dear Ma'am, Dear Sir,
상대의 성별을 정확히 알고 있다 하더라도, Ma'am이라 불리기 좋아하는 여성은 극소수다. 게다가 Sir와 Ma'am처럼 성별이 특정되는 명사는 요즘 트렌드와 맞지 않다.

To.
한국 사람들이 흔히 쓰는 표현인데, 영어를 모국어로 쓰는 사람들에게는 애들이 쓰는 표현처럼 들린다고 한다.

relevant

[rélǝvǝnt] **adj. 관련된, 적절한, 타당한**
반의어 irrelevant / 연관어 relate★71, relative★895

We suggest MOBIS keep track of all trends and their relevant changes.
우리는 MOBIS가 모든 동향과 관련된 변화를 추적할 것을 제안합니다.

Administration staffs are paid according to the relevant pay scale.
관리 직원은 관련 급여 규모에 따라 보수를 받습니다.

grant

[grænt, grɑːnt] **v. 부여하다, 수여하다, 들어주다 n. 교부금, 보조금**
유의어 give★231, accord★844, allow★324, provide★19, present★257

The manager may grant a one or two-year extension to the contract.
매니저는 계약을 1년 또는 2년 연장할 수 있습니다.

Leave may be granted for attendance on an approved training course.
승인된 교육 과정에 출석할 경우 휴가를 부여할 수 있습니다.

monitor

[mɑ́nitǝr, mɔ́n-] **v. 지켜보다, 관찰하다, 감시하다 n. 모니터, 관찰**
monitoring(감시, 관찰)

Investors should monitor our investor relations website.
투자자는 당사의 투자자 관련 웹 사이트를 모니터링해야 합니다.

Aggregate risk exposures are monitored on an ongoing basis.
총체적 위험 노출은 지속적으로 모니터링됩니다.

impairment

[impéǝrmǝnt] **n. 장애, 악화, 손상**
asset impairment(자산 상각)

There were no significant impairment charges incurred during fiscal 2016.
2016 회계 연도에 발생한 중대한 손상 비용은 없었습니다.

We test goodwill and other intangible assets for impairment.
당사는 손상에 대한 영업권 및 기타 무형 자산을 테스트합니다.

because

[bikɔ́ːz, -kə́z, -kʌ́z, -kɔz] **pre. 때문에, 덕분에**

because of+명사형

It's important to read the reviews carefully because their contents matter.

리뷰의 내용이 중요하기 때문에 리뷰를 꼼꼼하게 읽는 것이 중요합니다.

Because of its limitations, internal control may not detect misstatements.

내부 통제는 한계로 인하여 잘못된 주장을 발견하지 못할 수 있습니다.

strong

[strɔŋ] **adj. 강한, 힘센, 단단한, 견고한**

strong position(유리한 위치), strong contrast(뚜렷한 대조)

We have a strong tradition of recognizing and rewarding top performance.

우리는 최고의 성과를 인정하고 보상하는 강력한 전통을 가지고 있습니다.

We continue to generate strong cash flow.

우리는 강력한 현금 흐름을 지속적으로 창출합니다.

client

[kláiənt] **n. 고객, 손님, 의뢰인**

client server(클라이언트 서버), e-mail client(이메일 클라이언트)

We drew up credit reports on our clients' payment histories.

우리는 고객의 지불 내역에 대한 신용 보고서를 작성했습니다.

The primary goal is to exceed client expectations.

주요 목표는 고객의 기대치를 초과하는 것입니다.

improvement

[imprúːvmənt] **n. 개선, 진보, 향상, 진전**

동사형 improve★177 / 유의어 development★97, enhancement, upgrade

James is leading the sustainable improvements for customers.

James는 고객을 위한 지속적인 개선을 이끌고 있습니다.

The new technique in engineering allows fast tests and improvements.

새로운 공법은 빠른 시험과 개선을 가능하게 합니다.

generate

[dʒénərèit] **v. 발생시키다, 일으키다, 창출하다, 야기하다**
명사형 generation ★802

Other websites with user-generated content include YouTube, Twitter, etc.
사용자 제작 콘텐츠가 있는 다른 웹 사이트는 YouTube, Twitter 등이 있습니다.

International transaction revenues are generated by cross-border payments.
국제 거래 수익은 국가간 지불에 의해 발생합니다.

various

[véəriəs] **adj. 다양한, 다종의**
vary(다르다), variety ★957(다양), variable ★851(변화하는/변수),
variation(변화, 변형)

Also, underway is various activities to heighten product quality.
또한 제품 품질을 높이기 위한 다양한 활동이 진행 중입니다.

It hosts various other projects like Google Android.
Google Android와 같은 다양한 다른 프로젝트들을 진행합니다.

every

[évri:] **adj. 모든, 모두의, ~에 한 번씩**
연관어 everyone, everything, everybody, everyday, everywhere

The rating guideline does not cover every aspect of pen quality.
등급 가이드 라인은 펜 품질의 모든 측면을 다루지는 않습니다.

Offices from every region participated in the annual campaign.
모든 지역의 사무실들이 연례 캠페인에 참여했습니다.

commitment

[kəmítmənt] **n. 약속, 책임, 헌신, 전념**
동사형 commit ★770

Last year we made a simple commitment.
작년에 우리는 간단한 약속을 했습니다.

As a part of our client commitment, Flightpath formed a steering committee.
신탁의 일환으로 Flightpath는 운영위원회를 구성했습니다.

job

[dʒəub] **n. 직업, 업무, 직무, 일, 책무**

job training(실무교육), job interview(취업 면접), job offer(구인), job application(입사 지원)

The training center develops training programs based on job position.
교육 센터는 직책에 따른 교육 프로그램을 개발합니다.

Every on-the-job accident must be reported to the insurance carrier.
모든 작업장 사고는 보험사에 보고해야 합니다.

claim

[kleim] **v. 주장하다, 요구하다 n. 주장, 요구**

damage claim(손해보상청구), no claim history(무사고 경력)

It is our goal that your workplace claims be handled on a prompt basis.
귀하의 직장 클레임을 신속하게 처리하는 것이 우리의 목표입니다.

The Rules are a mutual agreement to arbitrate Covered Claims.
본 규칙은 보상 청구를 중재하는 상호 합의입니다.

above

[əbʌv] **pre. 위에, 보다 높은, 위쪽의**

반의어 below

The 'parties' means both Sinopec and the employee as noted above.
당사자는 위에서 언급한 대로 Sinopec과 직원 모두를 의미합니다.

If neither of the above conditions is satisfied, access is denied.
위 조건이 모두 충족되지 않으면 접근이 거부됩니다.

document

[dάkjəmənt, dɔ́k-] **n. 서류, 문서 v. 문서로 기억하다**

documentation(문서 조사)

The documents would be subject to same-origin checks once loaded.
문서를 일단 불러오면 동일한 형식의 검사를 받게 됩니다.

A staff member may not return to work without medical documentation.
직원은 의료 서류가 없으면 작업에 복귀할 수 없습니다.

begin

[bigín] **v.** 시작하다

유의어 start ★**438**, cause, initiate

Information about director's skills can be found beginning on page 58.
감독의 기술에 대한 정보는 58페이지에서 시작합니다.

From the beginning, our focus has been on offering our customers value.
처음부터 당사는 고객에게 가치를 제공하는 데 주력해왔습니다.

portfolio

[pɔːrtfóuliòu] **n.** 포트폴리오, 금융자산 명세표, 투자 자산 구성

asset portfolio(자산구성), portfolio investment(간접투자)

We offer a portfolio of corporate cards covering all major segments.
저희는 주요 부문을 모두 포함하는 법인 카드 포트폴리오를 제공합니다.

We have reduced our total calorie footprint across our portfolio.
우리는 포트폴리오 전반에 걸쳐 총열량 공간을 줄였습니다.

friend

[frend] **n.** 친구, 벗

friendly(친화적인)

We know that social media can be a way to share your life with friends.
우리는 소셜 미디어가 친구들과 여러분의 삶을 공유하는 방법이 될 수 있다는 것을 알고 있습니다.

Reunited at a meeting, the friends discussed how they could work together.
회의에서 재회한 친구들은 어떻게 함께 일할 수 있는지를 논의했습니다.

obligation

[ὰbləgéiʃən, ɔ̀b-] **n.** 의무

동사형 obligate(의무를 지우다)

These obligations have been included in the table.
이러한 의무는 표에 포함되어 있습니다.

The rental obligations are included in other short-term payables.
임차부채는 다른 단기 채무에 포함되어 있습니다.

insurance

[inʃúərəns] **n.** 보험, 보험증권, 보험금

health/medical insurance(의료보험), life insurance(생명보험), fire insurance(화재보험)

An invalid Social Insurance Number may result in a penalty imposed by CRA.
사회 보험 번호가 잘못되면 CRA에 의해 부과되는 벌금이 발생할 수 있습니다.

The school has an Employer's liability insurance policy.
그 학교는 고용주의 책임 보험에 들어 있습니다.

represent

[rèprizént] **v.** 대표하다, 대리하다, 나타내다, 의미하다

명사형 representative ★958

These cities represent each of our six geographic zones.
이 도시들은 우리의 여섯개 지리적 구역을 대표합니다.

It is very important for you to represent users.
당신이 사용자를 대변하는 것은 매우 중요합니다.

prior

[práiər] **adj.** 앞선, 우선하는

prior to(전에, 선행하여, 우선하여)

Of the $296 million benefits, $239 million relates to prior fiscal years.
2억 9,600만 달러의 혜택 중 2억 3,900만 달러는 이전 회계 연도와 관련이 있습니다.

Prior period updates are not material.
이전 기간 업데이트는 중요하지 않습니다.

without

[wiðáut] **pre.** ~없이, 제외하고

without exception(예외 없이), without fail(틀림없이), without notice(예고 없이)

Any discovered data may be deleted without notice.
발견된 데이터는 통지 없이 삭제될 수 있습니다.

Do immediately what is needed without having to be asked.
질문 받지 말고 필요한 것을 즉시 하십시오.

decrease

[dí:kri:s, dikrí:s] **n.** 감소, 감퇴 **v.** 감소하다, 줄어들다

반의어 increase★46

The growth of the category was partially offset by decreased sales in Germany.

카테고리의 성장은 독일에서의 판매 감소로 인해 부분적으로 상쇄되었습니다.

The amount of time needed for quality ratings will decrease.

품질 평가에 필요한 시간이 줄어듭니다.

call

[kɔ:l] **v.** 전화걸다, 부르다, 소환하다 **n.** 전화, 요구, 요청

call a meeting(회의 소집하다), conference call(전화 회의), cold call(무작위 권유 전화)

Call/dial the number stored for the contact 'Mom' on the device.

기기의 'Mom' 연락처에 저장된 번호로 전화를 거십시오.

We'll call this location inside the query the 'explicit location'.

쿼리 내부의 이 위치를 '명시적 위치'로 부르려고 합니다.

reduction

[ridʌ́kʃən] **n.** 감소, 축소, 정리

동사형 reduce★154

They achieved a 7% reduction in energy consumption.

그들은 에너지 소비량을 7퍼센트 줄였습니다.

These incentives are accounted for as reductions to operating revenues.

이러한 인센티브는 영업 수익 감소로 회계 처리됩니다.

hour

[áuər] **n.** 시간

man-hour(한 사람이 한 시간 동안 하는 일의 양)

The average hours of training per employee increased in 2016.

직원당 평균 교육 시간은 2016년에 증가했습니다.

We don't allow visitors in the store during non-business hours.

영업 시간이 아닌 시간에 방문자를 허용하지 않습니다.

마케팅·미디어 | 서비스 | 건설·엔지니어링·엔지니어링 | 인사 | 전기·전자

learn

[lɜːn] v. 알다, 익히다, 배우다, 습득하다

유의어 know, find, understand, accept, realize, note, notice

We learn through Discovery, growing all the time.
우리는 Discovery를 통해 항상 성장하는 법을 배웁니다.

Some users may want to learn more information about the company.
일부 사용자는 회사에 대한 자세한 정보를 알고 싶어 할 수 있습니다.

전기·전자 | IT·통신 | 서비스 | 제조·화학 | 은행·금융

feature

[fíːtʃər] n. 특징, 특성, 생김새 v. 특징으로 하다, 특색을 지니다

유의어 characteristic, peculiarity

The SC board features distracting pictures.
SC 게시판은 산만한 사진들이 특징입니다.

Please assume that any interactive features work and function properly.
모든 대화형 기능이 올바르게 작동한다고 가정하십시오.

인사 | 마케팅·미디어 | FMCG | 전기·전자 | 판매·유통

employment

[implɔ́imənt] n. 고용, 채용, 일자리

part time employment(시간제 고용, 임시직) / 동사형 employ

This handbook is a guide to our general employment policies.
본 핸드북은 자사의 일반 고용 정책에 대한 가이드입니다.

It adversely affects an individual's employment opportunities.
개인의 고용 기회에 악영향을 미칩니다.

건설·엔지니어링·엔지니어링 | 전기·전자 | IT·통신 | 마케팅·미디어 | 서비스

implement

[ímpləmənt] v. 이행하다, 실행하다, 수행하다

명사형 implementation ★792

This program implements a whitelist of known schemes.
이 프로그램은 알려진 체계의 화이트리스트를 구현합니다.

The other 7 centers will be implemented by March 2008.
또 다른 7개의 센터는 2008년 3월까지 시행될 것입니다.

add

[æd] **v.** 더하다, 첨가하다, 덧붙이다

명사형 addition★296, 형용사형 additional★210

Figures in the table may not add up due to rounding.

표의 수치는 반올림 때문에 합산되지 않을 수 있습니다.

The Company added over 1.15 Mn subscribers during the year 2017.

회사는 2017년 동안 115만 명 이상의 구독자를 추가했습니다.

maintain

[meintéin, mən-] **v.** 보존하다, 유지하다, 지속하다, 주장하다, 단언하다

연관어 maintenance(유지, 보수)

Ceridian does not maintain a backup of your database.

Ceridian은 데이터베이스의 백업을 유지 관리하지 않습니다.

The philosophy of the school is to maintain a healthy environment for all.

그 학교의 철학은 모두를 위해 건강한 환경을 유지하는 것입니다.

however

[hauévər] **adv.** 그러나, 어떻게든, 반면에

유의어 but, while, still, yet, though

However, grievances may sometimes arise.

하지만 때때로 불만이 생길 수도 있습니다.

However, you should interpret these reviews with care.

그러나 이러한 검토는 주의하여 해석해야 합니다.

retail

[rí:teil] **n.** 소매 **adj.** 소매의

retailer(소매상인, 소매점), retail price(소매 가격) / whole sale(도매)

Visa is one of the largest retail funds transfer networks.

Visa는 가장 큰 소매 자금 이체 네트워크 중 하나입니다.

We see this change as an opportunity for Nike and our retail partners.

우리는 이 변화를 Nike와 우리의 리테일 파트너들을 위한 기회로 봅니다.

external

[ikstə́:rnəl] **adj.** 외부의, 대외적인

반의어 internal★170

The most common external accident is shoplifting.

가장 흔한 외부 사고는 가게 물건을 훔치는 것입니다.

In 2016, its external growth policy has been especially fruitful.

2016년에는 대외 성장 정책이 특히 성과를 거두었습니다.

start

[stɑːt] **v.** 시작하다, 개시하다, 착수하다, 움직이다

start up(창업, 신생기업)

We'll start with the basics.

기본부터 시작하겠습니다.

To find contact information for a website, start with the homepage.

웹 사이트의 연락처 정보를 찾으려면 먼저 홈페이지를 참조하십시오.

innovation

[ìnəvéiʃən] **n.** 혁신, 쇄신

동사형 innovate / 혁신은 최근 경영의 주요 트렌드이다.

This requires innovation, leadership and cross-industry collaboration.

이를 위해서는 혁신, 리더십 및 산업 간 협력이 필요합니다.

Coconut oil is leading the pack when it comes to bakery innovation.

베이커리 혁신에 있어서는 코코넛 오일이 선두입니다.

independent

[ìndipéndənt] **adj.** 독립적인, 자립한, 독자적인

independent director for public interest(사외이사)

The Board has independent access to the Company's senior management.

이사회는 회사의 고위 경영진에게 독립적으로 접근할 수 있습니다.

The board must consist of a majority of independent directors.

이사회는 다수의 독립 이사들로 구성되어야 합니다.

post

[pəust] **n.** 직위, 지위, 부서, 우편 **v.** 게시하다, 공고하다, 기표하다

회계용어 post(기표하다)

All vacant posts of responsibility will be advertised internally.

모든 공석이 있는 직책은 내부적으로 광고될 것입니다.

News articles and blog posts can all be sources of reputation information.

뉴스 기사 및 블로그 게시물은 모두 평판 정보의 원천이 될 수 있습니다.

lower

[lóuər] **v.** 내리다, 낮추다, 줄이다 **adj.** 하급의

유의어 reduce(줄이다) / 반의어 upper(상급의), heighten(강화하다, 높이다)

The website has expanded convenience by lowering the number of clicks.

웹 사이트는 클릭 수를 줄여 편리성을 높였습니다.

When in doubt, consider a lower rating.

의심스러울 때는 등급을 낮추십시오.

major

[méidʒər] **adj.** 주요한, 중요한, 전공의 **n.** 전공 분야

반의어 minor

We have a dozen brands that serve more than 30 major sports.

저희는 30개 이상의 주요 스포츠를 취급하는 12개의 브랜드를 가지고 있습니다.

The counterparties to the contracts are major financial institutions.

이 계약의 상대방은 주요 금융 기관입니다.

chain

[tʃein] **n.** 고리, 사슬, 연쇄, 회로

value chain(가치사슬), chain store(연쇄점)

Ralphs is a nationwide supermarket chain.

Ralps는 전국적인 슈퍼 마켓 체인입니다.

We've been managing our supply chain to improve profitability.

우리는 수익성을 향상시키기 위해 공급망을 관리해오고 있습니다.

serve

[səːrv] **v.** 근무하다, 대접하다, 봉사하다

service ★11, server ★850

He has served as a Director on the boards of 20 companies.

그는 20개 회사의 이사로 재직했습니다.

He now serves as President Emeritus of the University.

그는 현재 대학의 명예 회장으로 재직 중입니다.

progress

[prάgres, próug-] **n.** 진행, 경과, 진보, 향상, 발전 **v.** 진행되다, 나아가다, 진보하다

process와는 뜻에 차이가 있다.

We implemented programs to accelerate our progress toward the goal.

우리는 목표를 향한 우리의 진전을 가속화하기 위해 프로그램을 시행했습니다.

Since we are a UNGC participant, we have communicated our progress.

우리가 UNGC 참가자이기 때문에 우리의 진전을 전했습니다.

procedure

[prəsíːdʒər] **n.** 절차, 순서, 처리, 시술

유의어 way, system

Associates may be subject to discipline for violation of other procedures.

협회가 다른 절차를 위반하면 징계를 받을 수도 있습니다.

It is critical for all store associates to follow the procedures below.

모든 상점 직원이 아래 절차를 따르는 것이 중요합니다.

compare

[kəmpέər] **v.** 비교하다, 견주다, 비유하다

명사형 comparison

Compare all receipts with deposit slips.

모든 영수증을 입금 전표와 비교하십시오.

Check for proper ID and compare signatures.

적절한 ID를 확인하고 서명을 비교하십시오.

get　　　　　[get] **v. 얻다, 소유하다, 사다, 도착하다, 설득하다**

유의어 obtain, gain, procure, acquire와 같이 더 구체적인 어휘를 사용하는 경향이 있다.

People out there too were very pleased to get a helping hand from us.
그곳에 있는 사람들도 우리의 도움을 받게 되어 매우 기뻐했습니다.

Users need a way to ask questions or get help when a problem occurs.
사용자는 문제가 발생했을 때 질문을 하거나 도움을 받을 수 있는 방법이 필요합니다.

expand　　　　[ikspǽnd] **v. 팽창하다, 넓히다, 확대하다, 확장하다**

명사형 expansion

A huge target of our future is about expanding our services.
우리 미래의 큰 목표는 서비스를 확장하는 것입니다.

Regulation in an individual country could continue and expand.
개별 국가의 규제는 계속되고 확대될 수 있습니다.

defer　　　　[difə́:r] **v. 연기하다, 미루다, 따르다**

유의어 put off, delay(연기하다)

Upfront fees are deferred over the performance period.
선불 수수료는 실적 기간에 따라 연기됩니다.

We will determine if any deliverable can be deferred to a later project.
후속 프로젝트로 미룰 수 있는 결과물이 있는지 확인하려고 합니다.

commercial　　[kəmə́:rʃəl] **adj. 상업상의, 통상의, 영리적인, 이익이 되는 n. 광고, 방송**

commercial goods(상품) / commerce(상업, 무역)

The remainder was used to repay a portion of the commercial paper.
나머지는 상업 어음의 일부를 상환하는 데 사용되었습니다.

The FY 2017 is the first year of full commercial operation.
2017 회계 연도는 완전한 상업 활동의 첫 해입니다.

chairman

[tʃɛ́ərmən] **n. 회장, 의장**

vice chairman(부의장, 부회장) / chairman of the board(이사회 의장)

Only the Chairman or CEO may call a special meeting of stockholders.

오직 회장이나 CEO만이 주주들의 특별 회의를 소집할 수 있습니다.

The external auditors met with the chairman of the AC.

외부 감사원은 AC 의장을 만났습니다.

comprehensive

[kàmprihénsiv, kɔ̀m-] **adj. 종합적인, 포괄적인, 이해력 있는**

comprehensive plan(종합 대책, 종합 계획)

Children benefit from comprehensive support as described below.

어린이들은 아래에 설명된 바와 같이 포괄적인 지원의 혜택을 받습니다.

High-quality information pages should be accurate and comprehensive.

고품질 정보 페이지는 정확하고 포괄적이어야 합니다.

method

[méθəd] **n. 방법, 방식, 수단**

유의어 way, means

Which other aggregation methods could be used?

어떤 다른 집계 방법을 사용할 수 있습니까?

Each method is discussed in turn.

각 방법은 차례로 논의됩니다.

factor

[fǽktər] **n. 요소, 요인, 원인**

major factor, key factor, principal factor(주요 원인)

These factors may impact our ability to operate in the E.U.

이러한 요인들은 유럽 연합에서 우리의 운영 능력에 영향을 줄 수 있습니다.

We considered several factors in reaching this decision.

우리는 이 결정을 내리는 데 있어서 몇 가지 요소를 고려했습니다.

건설·엔지니어링·엔지니어링 | 마케팅·미디어 | FMCG | 은행·금융 | 판매·유통

below

[bilóu]　**pre.**~보다 아래에, 낮게, 이하의

유의어 beneath, under, underneath

Common encapsulating schemes are shown in the table below.

일반적인 캡슐화 체계는 아래 표에 나와 있습니다.

Following the guidelines below will help to minimize risk.

아래 지침을 따르면 위험을 최소화하는 데 도움이 됩니다.

FMCG | 전기·전자 | 제조·화학 | IT·통신 | 서비스

approximately [əprɑ́ksəmətli] **adv.** 대략, 대체로

유의어 nearly, roughly, around / 형용사형인 approximate보다 훨씬 사용
빈도가 높다.

These two areas account for approximately two-thirds of our business.

이 두 지역이 우리 사업의 약 3분의 2를 차지합니다.

We have purchased approximately 2.6 million shares.

우리는 약 260만 주를 구입했습니다.

판매·유통 | IT·통신 | 마케팅·미디어 | 전기·전자 | 은행·금융

import

[impɔ́:rt]　**v.** 수입하다　**n.** 수입품

반의어 export★894

Since its establishment, SHINSEGAE L&B has imported leading wines.

신세계 L&B는 설립 이래 최고의 와인을 수입해왔습니다.

We have imported leading brands from global producers around the world.

우리는 세계적인 생산자들로부터 선도 브랜드들을 수입해왔습니다.

인사 | 마케팅·미디어 | 은행·금융 | 판매·유통 | FMCG

rule

[ru:l]　**n.** 규칙, 규정, 정관, 지배　**v.** 결정하다, 제어하다, 통치하다, 지배하다

'규칙, 규정'과 유사한 뜻을 가진 유의어 law, regulation

Some violations of rules may be serious enough to result in discharge.

일부 규칙 위반은 퇴원을 초래할 정도로 심각할 수 있습니다.

We thank you in advance for your cooperation with these rules.

이 규칙들에 대한 당신의 협조에 미리 감사드립니다.

manufacture

[mǽnjəfǽktʃər] **v.** 제작하다 **n.** 제조

유의어 produce★537, assemble

In 2014, the center manufactured 2,695 modules for 30 car models.
2014년에는 그 센터가 30개 차종에 2,695개 모듈을 생산했습니다.

We manufacture over 40 of the popular beverage brands in the world.
우리는 세계에서 인기 있는 음료 브랜드 중 40개 이상을 생산합니다.

pension

[pénʃən] **n.** 연금, 펜션(민박)

유의어 annuity(연금)

Employees can choose either a lump-sum payment or retirement pension.
직원들은 일괄 지급이나 퇴직 연금을 선택할 수 있습니다.

Additional amounts may be agreed with the U.K. pension plan trustees.
추가 금액은 영국 연금 관리자와 합의될 수 있습니다.

volume

[vάlju:m, vɔ́l-] **n.** 양, 부피, 체적, 음량, 책, 권, 총액, 총계

연관어 weight★533(무게), length★990(길이)

Estimation of client incentives relies on forecasts of payments volume.
고객 인센티브의 추정은 지불량 예측에 달려 있습니다.

Any of events could adversely affect the growth of our volumes.
어떤 사건이든 우리 규모 성장에 부정적인 영향을 미칠 수 있습니다.

fee

[fi:] **n.** 수수료, 요금

유의어 charge★329, commission

Other fees in 2015 were related to a cybersecurity simulation exercise.
2015년의 다른 수수료는 사이버 보안 시뮬레이션 연습과 관련이 있었습니다.

Market pressures on fee discounts could moderate our growth.
수수료 할인에 대한 시장 압력은 우리의 성장을 둔화시킬 수 있습니다.

lease

[liːs] **n.** 임대 **v.** 임대하다

lease agreement(임대차 계약)

You don't have to get a lease on a building.
당신은 건물을 임대할 필요가 없습니다.

We face risks related to our leases and vehicle rental concessions.
우리는 임대 계약과 자동차 렌탈 영업권과 관련된 위험에 직면해 있습니다.

challenge

[tʃǽlindʒ] **n.** 도전, 힘든 일 **v.** 힘들게 하다

모험적인 '도전'도 있지만, 딴지를 거는 뉘앙스의 '도전'도 있다.

We challenge students to solve problems and express themselves.
학생들이 문제를 해결하고 스스로를 표현하도록 격려합니다.

Teams worked to develop ways to overcome challenges.
팀들은 어려움을 극복할 수 있는 방법을 개발하기 위해 노력했습니다.

low

[ləu] **adj.** 낮은, 적은, 침울한

파생어 lower★**442** / low income(저소득의), low interest(낮은 금리)

The absence of Ads is not by itself a reason for a low quality.
광고의 부재 자체가 낮은 품질의 이유는 아닙니다.

Very low ratings on BBB are usually the result of unresolved complaints.
BBB에 대한 매우 낮은 등급은 일반적으로 해결되지 않은 불만의 결과입니다.

contain

[kəntéin] **v.** 포함하다, 함유하다

container(컨테이너(화물)), contained(침착한, 억제하는)

This block contains a brief description of interpretations for mercury.
이 블록은 수은 해석에 대한 간략한 설명을 포함하고 있습니다.

Restrictions on chemicals contained in products are becoming rigorous.
제품에 포함된 화학 물질에 대한 제한이 엄격해지고 있습니다.

relationship

[riléiʃənʃip] n. 관계

relation★603 / interpersonal relationship(대인 관계)

We are committed to building long-term relationships with our customers.
우리는 고객과의 장기적인 관계를 구축하기 위해 노력합니다.

Deep relationships with consumers are at the center of everything we do.
소비자들과의 긴밀한 관계는 우리가 하는 모든 일의 중심에 있습니다.

response

[rispάns, -spɔ́ns] n. 응답, 대답

reply가 언어로 하는 대답, 즉 '답변'이라면, response는 말 또는 행동을 포함한다.

Response on invalid 30x redirect is shown to the user.
잘못된 30x 리디렉션에 대한 응답이 사용자에게 표시 됩니다.

Please follow the instructions on page 10 in response to Question 16.
질문 16에 대한 답변으로 10페이지의 지침을 따르십시오.

operational

[ὰpəréiʃənəl, ɔ̀p-] adj. 작동하는

operate★52, operation★63

Each Committee oversees various aspects of operational risk.
각 위원회는 운영 위험의 다양한 측면을 감독합니다.

Two associates should be in the store when the store is operational.
매장이 운영 중일 때 두 명의 직원이 매장에 있어야 합니다.

objective

[əbdʒéktiv] n. 목표 adj. 객관적인

반의어 subjective(주관의) / objectivity(객관성)

The general objective of each element is to attract world-class leaders.
각 요소의 일반적인 목표는 세계적인 지도자들을 끌어들이는 것입니다.

We evaluate their performance based on objective criteria.
우리는 객관적인 기준에 따라 그들의 실적을 평가합니다.

win

[win] **v.** 이기다, 승리하다, 얻다 **n.** 승리

win supporters(지지자를 얻다), win a prize(상을 타다)

This is a high-quality article on an award-winning magazine.

이것은 수상 경력이 있는 잡지에 실린 고품질의 기사입니다.

Who is going to win the BCS national championship game?

누가 BCS 전국 챔피언십 경기에서 승리할까요?

top

[tɔp] **n.** 맨위, 절정, 상단 **adj.** 가장 높은 **v.** 능가하다

대부분은 업계에서 top이 되고 싶어 한다.

The current result will be highlighted in red at the top of the block.

현재 결과는 블록 상단에 빨간 색으로 강조 표시됩니다.

Be the employer of choice for top talent.

최고의 인재를 선택하는 고용주가 되십시오.

previous

[príːviəs] **adj.** 이전의, 앞선

prior는 '우위'의 뜻, previous는 '이전'의 뜻 / 유의어 former, earlier

We have previous industry or relevant research experience.

우리는 이전의 산업 또는 관련 연구 경험을 가지고 있습니다.

Have previous engagements with investors resulted in positive outcomes?

이전에 투자자들과 맺은 약속이 긍정적인 결과를 가져왔습니까?

transfer

[trænsfɔ́ːr] **v.** 이동시키다, 옮기다, 갈아타다, 이전하다 **n.** 이동, 이전, 양도

은행의 자금 이체도 transfer라고 한다.

The EHT tax office may refuse to transfer the credit or allow the refund.

EHT 세무서는 예금을 이체하거나 환불을 거부할 수 있습니다.

We enable global commerce through the transfer of information.

우리는 정보의 이전을 통해 글로벌 상거래를 가능하게 합니다.

waste

[weist] **v.** 낭비하다, 놓치다 **n.** 쓰레기, 폐기물
환경 관련 이슈에 자주 사용된다.

This kept 170,568 pounds of electronic waste out of landfills.
이로 인해 170,568 파운드의 전자 폐기물이 매립되었습니다.

Nor is there ever waste from over-printing.
또한 과도한 인쇄로 인한 낭비도 없습니다.

now

[nau] **adv.** 현재, 지금, 바로
now that(~이기 때문에), until now(지금까지), for now(당분간은)

Netflix now provide content in six different languages.
넷플릭스는 이제 6개의 다른 언어로 콘텐츠를 제공합니다.

Through on-line site I bought books, yet now I get movies.
저는 온라인 사이트를 통해 책을 샀었지만, 이제는 영화를 얻습니다.

enable

[enéibəl] **v.** 작동시키다, 할 수 있게 하다
유의어 authorize ★846, empower

Text chatting will enable teachers and students to interact.
문자 채팅은 교사들과 학생들이 교류할 수 있게 해 줄 것입니다.

All result blocks are images of search results with links enabled.
모든 결과 블록은 링크가 활성화된 검색 결과의 이미지입니다.

visit

[vízit] **v.** 방문하다 **n.** 방문
visitor(방문자, 손님), revisit(재방문), factory visit(공장 견학)

Our intent is to visit the specific gas station specified by the user.
저희 의도는 사용자가 지정한 특정 주유소를 방문하는 것입니다.

This block is helpful for users who want to visit the business in person.
이 블록은 직접 사업장을 방문하려는 사용자에게 유용합니다.

distribution

[dìstrəbjúːʃən] **n.** 분배, 배급 **n.** 배치, 배열

동사형 distribute. 유통 단계의 용어로 자주 쓰인다.

The long-tailed distribution of returns is important for customers.
길어진 수익률 분포는 고객에게 중요합니다.

We face issues related to third-party distribution channels.
우리는 제3자 유통 경로와 관련된 문제에 직면해 있습니다.

platform

[plǽtfɔ̀ːrm] **n.** 플랫폼, 승강장

소프트웨어 산업에서 전문 용어이기도 하지만 경영에서도 주목받는 키워드
이다.

Learn more about our Better World platform.
우리 Better World 플랫폼을 자세히 알아보십시오.

This best-in-class platform improves the experience for applicants.
이 동급 최강의 플랫폼은 지원자들의 경험을 향상시킵니다.

select

[silékt] **v.** 선발하다, 고르다 **adj.** 선택된, 제일 좋은

selection(선택, 선발), selective(선별적인)

The following table presents selected Visa Inc.
다음 표는 선택된 비자 카드를 보여 줍니다.

You can select a mediator from a list supplied by the AAA.
귀하는 AAA가 제공한 목록에서 중재자를 선택할 수 있습니다.

guide

[gaid] **v.** 안내하다, 지도하다, 이끌다 **n.** 안내원

업무 지시의 뜻으로 이해할 수 있다. / 연관어 guideline★671

Utilize only the necessary number of signages to guide consumers.
소비자를 안내하는 데 필요한 수의 간판만 활용하십시오.

We've guided workers to conduct pre-meeting for sudden repair jobs.
갑작스런 보수 작업을 위해 사전 회의를 실시하도록 직원들을 안내했습니다.

respective

[rispéktiv] **adj. 각자의, 각각의**

유의어 particular, each, several

Trademarks mentioned herein are the property of their respective owners.
여기에 언급된 상표는 소유자 각각의 재산입니다.

Unlock the front door and take respective positions.
앞문을 열어 각자의 자리에 위치하십시오.

protection

[prətékʃən] **n. 보호, 보호자, 방어물**

동사형 protect★610

Asset protection involves the practice of safeguarding Samsung's assets.
자산 보호에는 삼성의 자산을 보호하는 관행이 포함됩니다.

Crop protection products (pesticides) accounted for 83 percent of sales.
작물 보호 제품(살충제)은 매출의 83퍼센트를 차지했습니다.

food

[fu:d] **n. 음식, 음식물**

외식/소비재 산업 분야에서 사용 빈도가 높았다.

Brakes Group is the world's leading food company.
Brakes Group은 세계 유수의 식품 회사입니다.

The user wants to find recent reviews of Cuisinart food processors.
사용자는 Cuisinart 식품 가공 업체의 최근 리뷰를 찾고 싶어 합니다.

hold

[həuld] **v. 소유하다, 담다, 수용하다, 유지하다**

holding company(지주회사), foreign exchange holding(외환보유액)

Historically, we have been able to hold investments until maturity.
역사적으로 우리는 성숙기까지 투자를 유지할 수 있었습니다.

Sometimes they hold others accountable for unethical behavior.
그들은 때때로 비윤리적인 행동에 대해 다른 사람들에게 책임을 지웁니다.

mean

[miːn] **v.** 뜻하다, 결과를 낳다 **n.** 평균

means(수단, 방법 *s가 붙어 다른 뜻이 된다.)

This means we will pursue top class quality that will touch customers.
이는 고객을 감동시킬 최고 수준의 품질을 추구할 것임을 의미합니다.

Project leaders were actively assisted by means of steady mentoring.
프로젝트 리더들은 꾸준한 멘토링을 통해 적극적으로 도움을 받았습니다.

believe

[bilíːv, bə-] **v.** 믿다, 신뢰하다, 추측하다

belief(신념), unbelievable(믿을 수 없는)

We believe tireless R&D activities support all innovation efforts.
우리는 끊임없는 연구 개발 활동이 모든 혁신 노력을 지원한다고 믿습니다.

We believe that together we can achieve more.
우리는 함께 더 많은 것을 이룰 수 있다고 믿습니다.

leader

[líːdər] **n.** 리더, 지도자, 대표자, 안내자

동사형 lead★221

Our plan is to be a leader in connectivity, mobility, autonomous vehicles.
우리의 계획은 연결성, 이동성, 자율 주행 차의 선두 주자가 되는 것입니다.

We created a council comprised of company leaders.
우리는 회사 리더(경영진)들로 구성된 위원회를 만들었습니다.

even

[íːvən] **adj.** 균일한, 규칙적인, 평평한, 짝수의 **adv.** 훨씬

break-even point(손익분기점)

Some pages are even created to cause harm to users.
일부 페이지는 심지어 사용자에게 해를 끼치도록 만들어졌습니다.

Even some high-quality pages lack a way to navigate to the homepage.
일부 고품질 페이지조차도 홈페이지로 이동하는 방법이 없습니다.

small

[smɔːl] **adj.** 작은, 소형의
SMB: Small and Medium-sized Business(중소기업 또는 사업)

The small pink text at the top is not helpful for users.
맨 위에 있는 작은 분홍색 텍스트는 사용자에게 도움이 되지 않습니다.

Small screen sizes make it difficult to use some phone features and apps.
화면 크기가 작으면 일부 전화 기능과 앱을 사용하기가 어렵습니다.

around

[əráund] **adv.** 여기저기에, 둥글게 **pre.** 대략
around the world(세계적으로)

In the guidelines, queries have square brackets around them.
가이드 라인에서 검색어는 대괄호를 사용합니다.

We've opened more than 300 offices around the world.
우리는 전 세계에 300개 이상의 사무실을 오픈했습니다.

regular

[régjulər] **adj.** 보통의, 표준의, 정기적인, 정시의
regulate(규제하다), regularly(정기적으로), irregularity(불규칙), irregular
(비정규의), irregularly(불규칙하게)

No regular employees are displaced.
실직 상태의 정직원은 없습니다.

A regular staff member or domestic partner may also receive a card.
정규 직원 또는 국내 파트너도 카드를 제공받을 수 있습니다.

free

[friː] **adj.** 무료의, 비어 있는, 자유로운 **v.** 자유롭게 하다
다른 명사와 결합된 형태로도 많이 쓰인다. 예) sugar-free

Dongkuk provides free technological support to SMEs.
동국은 중소기업에 무료 기술 지원을 제공합니다.

Coron began accident-free management system since 2011.
Coron은 2011년부터 무재해 경영 시스템을 시작했습니다.

class

[klæs, klɑ:s] **n. 수업, 과목, 계급, 계층**
first-class(1등의, 제1종의)

45% of the class attendees were diverse.
45퍼센트의 학급 참석자들은 다양했습니다.

The company's class A stockholders approved the AMEX Inc.
회사의 A급 주주들은 AMEX사를 승인했습니다.

affect

[əfékt] **v. 영향을 미치다**
유의어 influence, impress

It will adversely affect a staff member's work performance or productivity.
그것은 직원의 업무 성과나 생산성에 악영향을 미칠 것입니다.

The mobile communication business is directly affected by government policies.
이동 통신 사업은 정부 정책의 직접적인 영향을 받습니다.

ethic

[éθik] **n. 윤리, 도덕**
ethical(윤리의) / professional ethic(직업 윤리)

The Code of Ethics has been the standard of all employees' actions.
윤리 강령은 모든 직원들의 행동의 표준이 되어왔습니다.

Sound corporate ethics leads a company to good business.
건전한 기업 윤리는 기업을 좋은 사업으로 유도합니다.

describe

[diskráib] **v. 서술하다, 묘사하다**
명사형 description ★615

Specific Ex-Im Bank programs are described in this chapter.
특정 Ex-Im 은행 프로그램이 이 장에서 설명됩니다.

Applicants are required to describe their opinions about given topics.
지원자들은 주어진 주제에 대한 자신의 의견을 기술해야 합니다.

토익을 공부할 때 또는 영어 면접을 준비하며 외웠던 문장들 가운데 학교를 졸업하고 나면 더 이상 사용할 수 없게 되는 것들이 있다. 특히 학교 다닐 때 배운 자기소개와 사회인이 되고 나서 사용하는 자기소개는 큰 차이를 보인다.

■ 학교 다닐 때 배운 자기소개 ···

다음 문장은 도대체 누가 언제 한국에 퍼뜨렸을까?

Let me introduce myself. (제 소개를 하도록 하겠습니다.)
My name is Kim Hyunsoo. I am 27 years old. (저의 이름은 김수현입니다. 전 27세입니다.)

그동안 살아오면서 이렇게 말하는 외국인을 본 적이 한 번도 없다. 그리고 나이를 묻는 건 실례다. 특히나 처음 보는 자리에서 자기소개를 할 때는 더욱 그렇다. 굳이 본인의 나이를 얘기할 필요도 전혀 없다.

또 다른 문장을 보자. 자신의 성장 배경, 장래 희망, 앞으로의 포부를 말하고 있다. 이런 내용이 업무할 때 필요할 것 같은가?

My aim in life is to become a ~. (제 삶의 목표는 ~가 되는 것입니다.)
My Short term goal is ~, and my long term goal is ~. (제 단기 목표는 ~이고, 장기목표는 ~입니다.)
My hobby is reading books. (제 취미는 독서입니다.)

■ 회사에서 쓰는 자기소개 ···

회사에서 자기소개를 할 때는 나이, 출신학교, 가족 사항 등은 전혀 필요하지 않다. 자신이 어떤 일을 하며 당신에게 어떤 관련이 있는지를 담백하고 사실적으로 소개하면 그뿐이다.

I'm Jinyoung, working for JS cosmetic as a country manager. (저는 진영입니다. JS 화장품에서 국가 관리자로 일하고 있습니다.)
I have 5 years of experience in corporate accounting. (저는 기업 회계에 5년의 경험 (경력)이 있습니다.)
I'm responsible for developing Android application in K project. (저는 K 프로젝트에서 안드로이드 앱 개발을 맡고 있습니다.)

launch

[lɔːntʃ] **v.** 시장에 내보이다, 선보이다, (신제품)출시하다, (로켓)발사하다

launching(런칭, 출시)

We launched a new service for third-party sellers.
우리는 제3자 판매 업체를 위한 새로운 서비스를 도입했습니다.

NBCD launched its first partnerships with startups.
NBCD는 신생 기업과 처음으로 파트너십을 시작했습니다.

function

[fʌ́ŋkʃən] **n.** 기능, 작용, 직분 **v.** 작동하다, 기능하다

함수라는 뜻도 있다.

Function head also reviews their risks bi-annually.
기능 담당 부서 또한 격년으로 위험을 검토합니다.

Oracle BI Server provides ToDate functions for time series comparisons.
Oracle BI Server는 시계열 비교를 위한 ToDate 기능을 제공합니다.

media

[míːdiə] **n.** 미디어

social media(소셜미디어) ※SNS는 Social Networking Service의 약자

We are investing in digital media and new product categories.
우리는 디지털 미디어와 새로운 제품군에 투자하고 있습니다.

We're known as an innovator thanks to the media such as BBC, NHK.
우리는 BBC, NHK와 같은 언론 매체 덕택에 혁신가로 알려져 있습니다.

enhance

[enhǽns, -háːns] **v.** 개선하다

유의어 improve★177, 명사형 enhancement

We work at a pan-European level to enhance policy.
우리는 정책을 강화하기 위해 범유럽 수준으로 일합니다.

Acids stimulate the intestines and enhance bowel movements.
산은 창자를 자극하고 창자의 움직임을 향상시킵니다.

vehicle

[ví:ikəl, ví:hi-] **n. 차량, 운송수단, 전달수단, 매체**

car뿐만 아니라 모든 종류의 탈것(truck, airplane, ship 등)

Automobile manufacturers are rolling out electric vehicles to reduce CO2.
자동차 제조업체는 이산화탄소를 줄이기 위해 전기 자동차를 출시하고 있습니다.

Pricing in the vehicle rental industry is highly competitive and complex.
자동차 임대 산업의 가격은 매우 경쟁적이고 복잡합니다.

national

[nǽʃənəl] **adj. 국가의, 국내적인, 국민의 n. 국민, 시민**

nation(국가, 국민), nationality(국적)

You can download your own reports analyzing national trade data.
국가별 무역 데이터를 분석하는 보고서를 다운로드할 수 있습니다.

The NCSCI is also the U.S. national standards information center.
NCSCI는 미국 국립 표준 정보 센터이기도 합니다.

browse

[brauz] **v. 살펴보다, 둘러보다, 검색하다**

browser((컴퓨터 소프트웨어) 브라우저)

Click browser to open the dialog box.
브라우저를 클릭하여 대화 상자를 엽니다.

The user wants to browse an item to buy easily.
사용자는 구매할 물품을 쉽게 찾아보길 원합니다.

reserve

[rizə́:rv] **v. 예약하다, 보류하다 n. 적립금, 예비품, 사양, 겸손**

명사형 reservation

Companies may create a bad debt reserve.
회사는 대손 충당금을 만들어낼 수 있습니다.

Sales returns reserves are recorded at full sales value.
판매 수익은 총 판매 가격으로 기록됩니다.

size

[saiz] **n. 사이즈, (큰) 규모**
유의어 dimensions★**821**, volume★**463**

But size could slow us down and diminish our inventiveness.
하지만 크기는 우리를 느리게 하고 창의력을 감소시킬 수 있습니다.

One-size-fits-all thinking will turn out to be pitfalls.
획일화된 사고 방식은 위험으로 판명될 것입니다.

leadership

[líːdərʃip] **n. 리더십, 지도력, (조직의) 대표자, 지도부**
기업 조직 관련하여 지도부(임원급 이상)와 그들의 경영 능력을 의미한다.

We will maintain our leadership in weight lightening.
우리는 경량화에 있어 우리의 리더십을 유지할 것입니다.

Current leadership is an ongoing advantage.
현재의 리더십은 지속적인 이점입니다.

entity

[éntəti] **n. 독립체, 존재**
실제 조직이나 실체를 의미한다. / accounting entity(회계 실체), business entity(기업체)

Branch offices are free to perform all of a foreign entity's activities.
지사는 외국 법인의 모든 활동을 자유롭게 수행할 수 있습니다.

An entity may establish interim periods at its owners' discretion.
기업은 소유주의 재량에 따라 중간 기간을 설정할 수 있습니다.

education

[èdʒukéiʃən] **n. 교육**
educate(교육하다) / education system(교육 제도), business education(직업 교육)

Young people reached by our education centers and local partnerships.
젊은이들은 교육 센터와 지역 파트너십을 통해 접근했습니다.

Primary and secondary education in France is compulsory.
프랑스의 초등 교육과 중등 교육은 의무 교육입니다.

steel

[sti:l] **n. 강철, 철강**

관련 산업에서 빈도가 높다.

Include recycled aluminum and steel in respective packaging formats.
재활용 알루미늄 및 철강을 각 포장 형식으로 포함하십시오.

Rossi is considered a market leader in the steel making applications.
Rossi는 제강 분야의 시장 선도 기업으로 평가받고 있습니다.

regard

[rigά:rd] **v. 간주하다, 보다, 여기다**

regarding(~에 관하여)

Boeing hasn't been monogamous in this regard.
Boeing은 이 점에 있어서 단일 조직이 아니었습니다.

Program regarding chemical inspection has not yet been developed.
화학 검사에 관한 프로그램은 아직 개발되지 않았습니다.

reference

[réfərəns] **v. 참조하다(= refer to) n. 사례, 언급, 문의**

동사형 refer★559 / credit reference(신용 조회처), reference letter(추천장)

Note that you could also reference a request variable.
요청 변수를 참조할 수도 있습니다.

Raw data must be created before other tables can reference it.
다른 표가 참고하기 전에 원데이터를 만들어야 합니다.

tool

[tu:l] **n. 수단, 방법, 도구, 공구**

유의어 machine, device, instrument, invention

We change our tools, and then our tools change us.
우리는 우리의 도구를 바꾸고, 우리의 도구는 우리를 변화시킵니다.

Word of mouth remains the most powerful customer acquisition tool.
고객의 입소문은 가장 강력한 고객 획득 도구로 남아 있습니다.

disclosure

[disklóuʒər] **n. 폭로, 적발, 폭로된 것**
동사형 disclose★921

Employee awareness can be heightened through transparent data disclosure.
투명한 데이터 공개를 통해 직원의 인식을 높일 수 있습니다.

This involves additional disclosures of the notes.
여기에는 메모의 추가 공개가 포함됩니다.

economy

[ikánəmi, -kɔ́n-] **n. 경제, 절약, 근검**
economic(경제의), economist(경제학자), economics(경제, 경제학)

In this turbulent global economy, our approach remains the same.
이 격동의 세계 경제에서 우리의 접근 방식은 동일하게 유지됩니다.

We contribute to the local economy another.
우리는 지역 경제에 또 다른 기여를 합니다.

outside

[áutsáid] **pre.~의 밖에, 외부 adj. 외부의**
유의어 apart from, farthest, external

I know that our biggest impact comes from outside.
우리의 가장 큰 영향은 외부에서 비롯되었음을 알고 있습니다.

Similar trends are also evident in major markets outside of the U.S.
유사한 경향이 미국 밖의 주요 시장에서도 분명히 나타나고 있습니다.

matter

[mǽtər] **n. 문제, 내용, 어려움 v. 중요하다**
유의어 thing, problem, business, issue, point

The most significant of these matters are described below.
이 중 가장 중요한 사항은 아래에 설명되어 있습니다.

This matter is scheduled for trial in September 2017.
이 문제는 2017년 9월에 재판될 예정입니다.

region

[ríːdʒən] **n. 지역, 지방**
형용사형 regional ★**955**

The company is expanding its overseas business in the Americas and other regions.
회사는 미주 및 기타 지역에서 해외 사업을 확장하고 있습니다.

Cooperative programs are being operated in more than 50 regions.
50개 이상의 지역에서 협력 프로그램이 운영되고 있습니다.

package

[pǽkidʒ] **n. 패키지, 소포, 포장, 포장 용기**
pack(싸다), packed(꽉 찬), packing(충진), packaging(포장)

Examples of SCDs include product package sizes and country names.
SCD의 예로는 제품 패키지 크기 및 국가 이름이 있습니다.

A full-package program encompasses investment and follow-up support.
풀 패키지 프로그램은 투자 및 후속 지원을 포함합니다.

involve

[inválv, -vɔ́lv] **v. 포함하다, 내포하다**
유의어 include, implicate / 수동태·형용사형인 involved의 빈도가 더 높다.

The secrecy involved in pesticide applications and approvals is archaic.
살충제 적용 및 승인에 관련된 비밀은 구식입니다.

Halla E&C were involved in urea fertilizer plant in Qatar and Morocco.
한라건설은 카타르와 모로코의 요소 비료 공장에 참여했습니다.

culture

[kʌ́ltʃər] **n. 문화, 문명, 경작, 재배, 배양**
corporate culture(기업 문화, 사풍), organizational culture(조직 문화)

GS's one of the core strategies is establishing a culture to stick to basic.
GS의 핵심 전략 중 하나는 기본을 고수하는 문화를 수립하는 것입니다.

The convention center reflected the spirit and culture of Korea.
컨벤션 센터는 한국의 정신과 문화를 반영했습니다.

family

[fǽməli] n. 가족, 가정

워라밸(Work & Life Balance) 관련 이슈가 증가하면서 사용 빈도가 높아졌다.

The same rule applies to family members of expatriate employees.
외국인 근로자의 가족 구성원에게도 동일한 규정이 적용됩니다.

We are one family, building on our multicultural diversity.
우리는 다문화적 다양성 위에 이루어진 하나의 가족입니다.

look

[luk] v. 보다, 찾다, 조사하다 n. 표정, 외관

동사가 전치사와 결합해 다양한 의미로 쓰인다.

However, looking at cash flows tells a different story.
그러나 현금 흐름을 살펴보면 다른 이야기를 알 수 있습니다.

If you come across a word you don't recognize, you can look it up easily.
당신이 인식하지 못하는 단어를 발견하면 쉽게 찾을 수 있습니다.

clear

[kliə] adj. 분명한, 뚜렷한 v. 치우다, 없애다, 순수익을 올리다

clarify(명백하게 하다)

It's also clear that there are no sinecures in business.
또한 사업에 죄가 없다는 것도 분명합니다.

This was an incredibly clear fact in the area of HealthTech.
이것은 헬스 테크의 분야에서 매우 분명한 사실이었습니다.

run

[rʌn] v. 경영하다, 유지하다, 운전하다, 달리다 n. 경주, 지속

스포츠산업이 아닌 이상 '달리다'보다는 '경영하다, 유지하다'의 빈도가 높다.

If you run a business, you are likely to call a legal counsel sometimes.
만약 당신이 사업을 운영한다면, 당신은 때때로 변호사에게 전화할 가능성이 높습니다.

When a supplier is not paid, it can run into a cash flow problem.
공급업체가 대금을 지불받지 못하면, 현금 흐름 문제에 부딪힐 수 있습니다.

electric

[iléktrik] **adj.** 전기의, 전기를 사용하는

electricity★**847**(전기) / electornic★**593**과 비교

We offer electric and liquid propane models as well as solar tank units.

우리는 전기 및 액체 프로판 모델뿐만 아니라 태양광 탱크 장치를 제공합니다.

Hybrid vehicles have to rely on electric motors in low-speed mode.

저속모드에서 하이브리드 차량은 전기 모터에 의존해야 합니다.

update

[ʌpdeit] **v.** 새롭게 고치다 **n.** 업데이트, 갱신

upgrade(개선하다)

Contingency plans are reviewed and updated as necessary.

비상 계획은 필요에 따라 검토되고 갱신됩니다.

This information will be updated annually.

이 정보는 매년 업데이트됩니다.

medical

[médikəl] **adj.** 의학의, 의료용의, 내과의

medical center(의료 센터), medical care(건강 관리, 의료) / medicine(의학, 약), medication(약물, 투약)

The Chief Executive Officer receives medical insurance.

최고경영자는 의료 보험을 제공받습니다.

It seems like 3D printers may be a breakthrough in the medical field.

3D 프린터가 의학계의 돌파구가 될 수도 있을 것 같아 보입니다.

sheet

[ʃiːt] **n.** 장, 면, 판, 침대보

엑셀 프로그램을 생각해보자. / spreadsheet 전표

Product pictures to upload PDF files such as data sheets

데이터 시트와 같은 PDF 파일을 업로드하는 데 사용되는 제품 사진들

Nucor has been developing advanced electrical steel sheets.

뉴코어는 고급 전기 강판을 개발해왔습니다.

weight

[weit] **n.** 영향력, 중요성, 무게, 체중

연관어 length★**990**(길이), volume★**463**(부피)

The ease of enforcing contracts consistently has more-than-equal weight.
계약 집행의 용이성은 동등 이상의 중요성을 지닙니다.

Customs duties are calculated by weight.
관세는 중량으로 계산됩니다.

ratio

[réiʃou, -ʃiòu] **n.** 비율

rate★**32**와 유사하지만 ratio는 자체 내부에서의 비율

We achieved a water use ratio of 1.21 liters per a liter of beverage.
우리는 음료수 1리터당 1.21리터의 물 사용률을 달성했습니다.

Data on hiring covers the ratio of the minimum wage.
고용 데이터는 최저 임금의 비율을 포함합니다.

home

[houm] **n.** 주택, 가구, 본고장 **adj.** 가정의, 국내의

home appliances(가전제품), work from home(재택근무하다)

District heating allows homes to share a centrally generated source of heat.
지역 난방을 통해 가정은 중앙에서 생성된 열원을 공유할 수 있습니다.

Paseco has provided electric appliances for home and commercial use.
Paseco는 가정용과 상업용 전기제품을 공급해왔습니다.

overall

[óuvərɔ̀:l] **adj.** 전반적인, 총체적인 **adv.** 전반적으로, 전체적으로

유의어 global★**64**(세계적인), general★**145**(일반의), total★**27**(총), usual(평소의)

We believe that the overall e-commerce opportunity is enormous.
우리는 전반적인 전자상거래 기회가 엄청나다고 믿습니다.

This move will further strengthen our overall snack portfolio.
이번 조치는 우리의 전반적인 스낵 포트폴리오를 더욱 강화시킬 것입니다.

produce

[prədjúːs] **v.** 제조하다, 생산하다, 연출하다

product★**14**, production★**318**

Our cutting-edge technology has been employed to produce clean water.
우리의 첨단 기술은 깨끗한 물을 생산하기 위해 사용되어왔습니다.

The distribution channels may not produce stable used vehicle prices.
그 유통 경로는 안정적인 중고차 가격을 산출하지 못할 수 있습니다.

active

[ǽktiv] **adj.** 활동적인, 활성의, 적극적인, 능동적인, 효력 있는

active ingredient(유효 성분)

Active seller accounts increased 24% to 1.9 million for the year.
활성 판매자 계정은 당해 24퍼센트 증가한 190만 명입니다.

We're investing in grassroots programs that support active lifestyles.
우리는 활동적인 라이프 스타일을 지원하는 풀뿌리 프로그램에 투자하고 있습니다.

want

[wɔnt] **v.** 필요하다, 원하다

wanted(바랐던), unwanted(불필요한)

People want their living spaces to be both convenient and tasteful.
사람들은 그들의 생활 공간이 편리하고 세련되기를 원합니다.

Fast, accurate search results that help you find what you want.
빠르고 정확환 검색 결과는 여러분이 원하는 것을 찾도록 도와줍니다.

promote

[prəmóut] **v.** 홍보하다, 촉진하다, 진급시키다

명사형 promotion★**906**

NOAA promotes the trade of U.S. fishery products internationally.
NOAA는 국제적으로 미국 수산물 무역을 촉진합니다.

As employees are promoted to a new position, they take ethical training.
직원들은 새로운 직책으로 승진하면 윤리 교육을 받습니다.

authority

[əθɔ́ːriti, əθɑ́r-, əθɔ́r-] **n. 권한, 직권, 당국, 대가, 권위자**

authorize ★846 / financial authority(금융감독원)

The Tax Authority must indicate the reasons for the re-audit.
세무 당국은 재확인 사유를 명시해야 합니다.

Tell the audience why you have the authority to be speaking to them.
청중들에게 왜 여러분이 그들에게 말을 걸 권한이 있는지 말해주세요.

scope

[skəup] **n. 범위, 목적, 조준경**

work scope(업무 범위)

Fees depend on the scope of work.
수수료는 업무 범위에 따라 다릅니다.

We can't follow the business scope of a large company.
우리는 대기업의 사업 범위를 따라갈 수 없습니다.

firm

[fəːrm] **n. 회사, 기업, 업체 adj. 딱딱한, 견고한, 단호한, 확고한**

law firm(법률사무소), accounting firm(회계사무소) / company를 더 많이
쓰지만, firm은 파트너십 구조로 된 소규모 전문적인 회사로 구분할 수 있다.

This service helps firms meet with prescreened international firms.
이 서비스는 기업들이 미리 등록된 국제 기업들과 만나는 것을 돕습니다.

Untied aid can offer Greek firms significant business opportunities.
무상 원조는 그리스 기업들에게 상당한 사업 기회를 제공할 수 있습니다.

step

[step] **n. 단계, 조치, 수단, 계단, 걸음 v. 발을 딛다**

step into(~를 시작하다), step by step(단계를 밟아, 점진적으로)

Our global strategy has been stepped up in Europe.
우리의 글로벌 전략은 유럽에서 강화되었습니다.

We will take a great step toward the accomplishment of our vision.
우리는 비전 달성을 위해 큰 걸음을 내딛을 것입니다.

log

[lɔg] **v.** 일지에 기록하다 **n.** 로그, 일지, 통나무

공학, 소프트웨어 업계 용어

Log in to Oracle BI Publisher as administrator.
Oracle BI Publisher에 관리자로 로그인합니다.

The doctors logged the time they spent on patient care.
의사들은 환자 진료에 쓴 시간을 일지로 기록했습니다.

tradesman

[tréidzmən] **n.** 상인, 소매상인, 숙련인력, 기술인력

파생어 tradesmen /유의어 tradesperson, salesman, sales person

The business quickly grew to strength employing more than 30 tradesmen.
사업은 빠르게 성장하여 30명 이상의 상인을 고용했습니다.

The tradesmen in the area were wearing approved helmets.
그 지역의 숙련공들은 인가된 헬멧을 착용하고 있었습니다.

principal

[prínsəpəl] **adj.** 주요한, 수석의 **n.** (학교)교장, (재정)원금

유의어 chief★398, leading, head

Using principal components analysis avoids double-counting.
주성분 분석을 사용하면 중복 계산을 피할 수 있습니다.

Our principal competitor in the Canada market is Brita.
캐나다 시장에서 우리의 주요 경쟁 업체는 Brita입니다.

joint

[dʒɔint] **n.** 공동의, 합동의, 관절, 접합부 **adj.** 연대의, 합동의

joint venture(합작 사업, 조인트벤처), joint manager(공동 경영자), joint stock(합자, 공동출자)

Pulmuone launched a joint investment with Nestle Waters in 2004.
풀무원은 2004년 네슬레 워터스와 합작 투자를 시작했습니다.

The joint use of technology platforms is being expanded.
기술 플랫폼의 공동 사용이 확대되고 있습니다.

trust [trʌst] v. 믿다, 신뢰하다, 의지하다 n. 믿음, 신용, 신뢰
유의어 confidence, dependence

OIC took another step toward becoming a trusted global company.
OIC는 신뢰받는 글로벌 기업이 되기 위한 또 다른 조치를 취했습니다.

Many consumers in India trust in our brand.
인도의 많은 소비자가 우리 브랜드를 신뢰합니다.

very [veri] adv. 매우
유의어 extremely, exceedingly, greatly

It seems very challenging for Doosan to create its own unique values.
두산이 고유의 가치를 창조하는 것은 매우 힘들어 보입니다.

I can assure you sales is very energizing.
나는 판매가 매우 활기를 띤다고 확신합니다.

adjustment [ədʒʌstmənt] n. 적응, 순응
동사형 adjust★632 / price adjustment(가격 변경), customer adjustment(고객 분쟁 조정)

Any such adjustments will be disclosed in the remuneration report.
그러한 모든 조정은 보수 보고서에 공개될 것입니다.

Any discrimination in the adjustment of salary rates is prohibited.
급여율 조정시 차별은 금지됩니다.

child [tʃaild] n. 아이, 자식
복수형 children / childhood(유아기), childish(유치한), childlike(순진한)

Social security covers unemployment, maternity and child benefits.
사회 보장은 실업, 출산 및 자녀 혜택을 포함합니다.

We strictly prohibit forced & compulsory labor and child labor.
우리는 강제 노동 및 아동 노동을 엄격히 금지합니다.

treatment

[trí:tmənt] **n. 치료, 대우, 처우, 취급**

동사형 treat / special treatment(특혜), medical treatment(치료, 진료)

We invested $120,000 in wastewater treatment technology in 2015.
우리는 2015년 폐수 처리 기술에 12만 달러를 투자했습니다.

We assemble and market refinery treatment products.
우리는 정유 처리 제품을 조립 및 판매합니다.

core

[kɔː] **n. 중심, 핵심**

건설, 엔지니어링 업계에서는 전문용어로 쓰인다.

We have established a model of five core ethical values.
우리는 다섯가지 핵심 윤리 가치를 지닌 모델을 확립했습니다.

We have built lines of defense around the core risk areas.
우리는 핵심적인 위험 영역 주위로 방어 라인을 구축했습니다.

article

[ɑ́ːrtikl] **n. 기사, 물건, 조항**

유의어 report, story, item, piece, column

They assist users in accessing the article citation database, AGRICOLA.
그들은 사용자들이 기사 인용 데이터베이스 AGRICOLA에 접속하는 것을 도와줍니다.

CJ's Articles of Incorporation do not stipulate capital ratios.
CJ의 정관에는 자본 비율이 명시되어 있지 않습니다.

figure

[fígjər, -gər] **n. 숫자, 총계, 계산**

sales figure(판매 수치), target figure(목표액)

Thirteen years later, we still haven't figured that one out.
13년이 지난 지금도 그걸 알아내지 못했습니다.

The figures are based on non-consolidated financial results.
수치는 개별 재무제표를 기준으로 작성되었습니다.

real

[ríːəl, ríəl] **adj.** 진짜의, 실제의, 존재하는

real time(실시간), real estate(부동산), real income(실질 소득)

Located directly above the content, the super banner is a real eye-catcher.
컨텐츠 바로 위에 위치한 슈퍼 배너는 정말 눈에 잘 띄는 제품입니다.

Why do you have so much commercial real estate?
왜 그렇게 많은 상업용 부동산을 가지고 계십니까?

mobile

[móubəl, -biːl, -bail, -bi(ː)l] **n.** 핸드폰, 모빌 **adj.** 움직이기 쉬운, 변덕스러운

핸드폰을 영국에서는 mobile phone, 미국에서는 cell phone이라 부른다.

A link to a mobile landing page is included.
모바일 방문 페이지에 대한 링크가 포함되어 있습니다.

Give their telephone, fax and mobile numbers and email address.
그들의 전화, 팩스, 휴대폰 번호와 이메일 주소를 주세요.

refer

[rifə́ːr] **v.** 언급하다, 관련되다, 참조하다
명사형 reference★515

In the rest of the tutorial, we refer to synthetic keys as warehouse keys.
튜토리얼의 나머지 부분에서는 통합 키를 창고 키라고 합니다.

Please refer below to the mechanism of MIP payout.
아래에서 MIP 지급 메커니즘을 참조하십시오.

connection

[kənékʃən] **n.** 연결, 관계, 접속, 거래처
동사형 connect★781 / internet connection(인터넷 접속), personal connection(인맥)

There is a connection between these two businesses.
하지만 그 외에도, 이 두 기업 사이에는 연관성이 있습니다.

Sindy reduced the time to provide electricity connections to offices.
Sindy는 사무실에 전기 연결을 제공하는 시간을 줄였습니다.

president

[prézidənt] n. 사장, 대통령
회장은 chairman★453

CCE's European president is also currently the president of UNESDA.
CCE의 유럽 의장은 현재 UNESDA의 의장이기도 합니다.

He retired as senior vice president, corporate research and development.
그는 기업 연구 개발 담당 수석 부사장으로 은퇴했습니다.

please

[pli:z] v. 기쁘게 해주다 adj. 제발, 부디
주로 형용사 pleased로 쓰인다.

We were pleased with the capital and leverage performance for 2016.
우리는 2016년 자본과 레버리지 실적에 만족했습니다.

Please see the 'Group taxation' section for further details.
더 자세한 내용은 '그룹 과세' 섹션을 참조하십시오.

invest

[invést] v. 투자하다, 쓰다
investment★69, investor★629

We will continue to invest heavily in introductions to new customers.
우리는 계속해서 신규 고객에게 소개하는 데 많은 투자를 할 것입니다.

Dragon Studios team continues to invest heavily in original content.
드래곤 스튜디오 팀은 계속해서 원본 콘텐츠에 많은 투자를 하고 있습니다.

fiscal

[fískəl] adj. 회계상의, 재정상의, 국세의
fiscal year(회계 연도) /유의어 financial★7

The idea of justice lies at the heart of modern fiscal systems.
정의의 개념은 현대 재정 시스템의 핵심에 놓여 있습니다.

This report provides a summary of the activities in the fiscal year 2017.
이 보고서는 2017 회계 연도의 활동 요약을 제공합니다.

second

[sékənd] **n. 초, 두 번째**

secondary(2급의, 부차적인, 중등(교육)의)

You can make a purchase with a few seconds and one click.
몇 초 및 한 번의 클릭으로 구매할 수 있습니다.

Comfort becomes the second largest fabric softener after Downy.
Comfort는 Downy 이후 두 번째로 큰 섬유 유연제가 됩니다.

percentage

[pərséntidʒ] **n. 퍼센트, 백분율**

숫자 + percent, 단어 + percentage

Typically, a large percentage of the data comes from one or two sources.
일반적으로 데이터의 많은 부분이 한두 개의 소스에서 추출됩니다.

Our shareholders' percentage of ownership may be diluted in the future.
주주의 소유권 비율은 미래에 희석될 수 있습니다.

efficiency

[ifíʃənsi] **n. 효율, 능률**

형용사형 efficient ★884

Jordan and Serbia have improved the efficiency of contract enforcement.
요르단과 세르비아는 계약 집행의 효율성을 향상시켰습니다.

The vehicles we offer our employees are chosen for their fuel efficiency.
직원에게 제공하는 차량은 연비 효율을 고려해 선택됩니다.

sector

[séktər] **n. 부문**

유의어 division, area

The agricultural sector consumes about 70 percent of the planet's water.
농업 부문은 지구 물의 약 70퍼센트를 소비합니다.

Rossi is a leading company in the sector of gear reducers and gearmotors.
Rossi는 기어 감속기 및 기어 모터 분야의 선도 기업입니다.

link

[liŋk] **v.** 연결하다 **n.** 링크, 연결고리

인터넷 용어뿐만 아니라 동사 뜻도 자주 쓰인다.

The site links to federal sources of trade statistics.

그 사이트는 연방의 무역 통계 자료와 연결됩니다.

The FDA home page, www.fda.gov, also provides links to FDA centers.

FDA 홈페이지 www.fda.gov는 FDA 센터에 대한 링크도 제공합니다.

shop

[ʃɔp] **v.** 쇼핑하다 **n.** 가게, 상점, 소매점

shopping(쇼핑), shopper(쇼핑하는 사람)

Shops have sales and shoppers go bargain hunting on Boxing Day.

복싱 데이에 상점들은 할인 행사를 하고 쇼핑객들은 할인 상품 사냥에 나섭니다.

Users can find coffee shops near their location by using GPS.

사용자는 GPS를 사용하여 근처의 커피숍을 찾을 수 있습니다.

receivable

[risíːvəbəl] **adj.** 받아야 할, 지불되어야 할

account receivable(외상 매출금) / receive ★155

It's defined as the total of receivable days and inventory days.

채권 일수와 재고 일수의 합계로 정의됩니다.

The account receivables of €6.5m were past due.

650만 유로의 채권이 만기가 지났습니다.

demand

[dimǽnd, -mάːnd] **v.** 요구하다, 청구하다 **n.** 수요, 요구, 청구

supply and demand(수요와 공급), domestic demand(내수), in demand(수요가 많은)

Consumer demand for P&G soaps continued to grow.

P&G 비누에 대한 소비자 수요는 계속 증가했습니다.

Dora experienced one of the most demanding challenges in its history.

Dora는 역사상 가장 어려운 도전을 경험했습니다.

마케팅·미디어 | 서비스 | 건설·엔지니어링 | 제조·화학 | IT·통신

survey

[səːrvéi] **n.** 설문조사, 측량 **v.** 측량하다, 조사하다

market survey(시장 조사), customer satisfaction survey(고객 만족도 조사)

I'm not against beta testing or surveys.

나는 베타 테스트나 설문 조사에 반대하지 않습니다.

In short, the two expert surveys differ in opinion.

간단히 말해서, 그 두 전문가 조사는 의견이 다릅니다.

서비스 | IT·통신 | 인사 | 전기·전자 | FMCG

message

[mésidʒ] **n.** 메세지, 알림

SMS; Short Message Service

You see a message that the report delivery job has been scheduled.

리포트 전송 작업이 예약되었다는 메시지가 표시됩니다.

We continued to provide short videos summarising the key messages.

우리는 핵심 메시지를 요약한 짧은 비디오를 계속 제공했습니다.

판매·유통 | 건설·엔지니어링·엔지니어링 | 마케팅·미디어 | FMCG | 전기·전자

partnership

[pάːrtnərʃip] **n.** 협력, 제휴, 공동 경영, 조합

기술 제휴, 산학 협력 등에서 쓰인다 / partner ★267

We are looking at ways to improve our partnerships with suppliers.

우리는 공급 업체와의 파트너십을 개선할 수 있는 방법을 모색 중입니다.

It is expanding through new partnerships both in and outside Switzerland.

그것은 스위스 안팎에서 새로운 협력 관계를 통해 확장되고 있습니다.

서비스 | 인사 | 마케팅·미디어 | 건설·엔지니어링·엔지니어링 | IT·통신

question

[kwéstʃən] **n.** 질문, 문제, 사안 **v.** 질문하다, 의심하다

유의어 inquiry, inquest / Q&A; Question and Answer, FAQ; Frequently Asked Question

Questions should be directed to USTDA's Information Resource Center.

질문은 USTDA의 정보 자료 센터로 문의하십시오.

We route end-users' questions to developers of the product.

최종 소비자의 질문을 제품 개발자에게 전달합니다.

exclude

[iksklú:d] **v.** 제외하다, 추방하다

exclusive(독점적인, 배타적인) / 반의어 include★8

Per-unit fleet costs exclude our U.S. truck rental operations.

단위당 차량 비용은 미국 트럭 대여 운영을 제외합니다.

The number excluded many of the working population in South Africa.

그 숫자는 남아프리카의 많은 노동 인구를 배제했습니다.

study

[stʌdi] **v.** 연구하다, 조사하다, 배우다, 공부하다 **n.** 논문, 서재

비즈니스에서 '연구, 조사, 검토' 의미의 빈도가 높다.

Necessary materials for lectures and study is given to trainers.

트레이너에게는 강의와 연구에 필요한 자료가 제공됩니다.

The case study represents activities at a cooperative organization.

이 사례 연구는 협력적인 조직에서 활동을 나타냅니다.

enter

[éntər] **v.** 들어가다, 입학하다, 기입하다, 시작하다

entrance(입구), entry★965(진출, 참가), entrant(참가자)

We are now entering into the new and renewable energy sector.

우리는 이제 신재생 에너지 부문에 진출하고 있습니다.

In the Password field, enter the password you specified during installation.

암호 필드에는 설치할 때 지정한 암호를 입력합니다.

concern

[kənsə́:rn] **v.** 걱정시키다, 근심하다 **n.** 우려, 걱정, 관심사

concerning, concerned의 형태로도 많이 쓰인다.

The organization responded to key topics and concerns raised by press.

조직은 언론이 제기한 주요 주제와 우려 사항에 응답했습니다.

A number of concerning substances are commonly used in building materials.

다수의 우려 물질이 건축 자재에 일반적으로 사용됩니다.

component

[kəmpóunənt] **n. 부품, 성분, 구성 요소**
componentry(부품, 구성 부분) /유의어 element★**820**

Equity is regarded as the more expensive component of the WACC.
자본은 WACC의 더 비싼 구성 요소로 간주됩니다.

Project components may be products or services.
프로젝트 구성 요소는 제품 또는 서비스일 수 있습니다.

assess

[əsés] **v. 산정하다, 평가하다**
명사형 assessment★**391**

Customer reviews can be helpful for assessing the reputation of a store.
고객 후기는 상점의 평판을 평가하는 데 도움이 될 수 있습니다.

The steps are designed to help you assess many different aspects of ROM.
이 단계는 ROM의 다양한 측면을 평가하는 데 도움이 되도록 설계되었습니다.

check

[tʃek] **n. 수표, 계산서, 검사 v. 검사하다, 확인하다, 대조하다**
수표는 영국에서는 cheque, 미국에서는 check으로 쓴다.

To order, ad or check the balance on your card, visit compasscard.ca.
카드 주문, 광고 또는 잔액 확인은 compasscard.ca를 방문하십시오.

Preliminary inspection checks for errors in the entire repository.
예비 검사는 전체 저장소에서 오류를 검사합니다.

division

[divíʒən] **n. (조직)사업부, 과, 국, (수학)나누기, (의견)불화**
divide(나누다, 분할하다) / sales division(영업부)

The council is composed of division heads and statutory auditors.
협의회는 부서장과 감사원으로 구성됩니다.

The program helps employees acquire practical knowledge by business division.
이 프로그램은 직원들이 사업부별로 실질적인 지식을 습득할 수 있도록 도와줍니다.

전기·전자 | 마케팅·미디어 | 서비스 | 제조·화학 | IT·통신

digital

[dídʒitl] **adj. 디지털의, 디지털 방식의**
반의어 analog는 빈도가 대조적으로 낮다.

Two of the most important are digital and devices.
가장 중요한 두 가지는 디지털 및 장치입니다.

A digital world facilitates more horizontal solutions.
디지털 세계는 보다 수평적인 솔루션을 가능하게 합니다.

마케팅·미디어 | 서비스 | 전기·전자 | 건설·엔지니어링·엔지니어링 | IT·통신

next

[nekst] **adj. 다음의**
next generation(다음 세대)

We predict the next 3½ years will be even more exciting.
우리는 다음 3½년이 훨씬 더 흥미진진할 것으로 예측합니다.

We put used products next to new ones so that you can choose.
당신이 선택할 수 있도록 중고 제품을 새로운 제품 옆에 넣었습니다.

전기·전자 | 제조·화학 | IT·통신 | 판매·유통 | 건설·엔지니어링·엔지니어링

wide

[waid] **adj. 넓은, ~넓이의, 빗나간**
widely(널리), widen(넓히다), width(폭, 너비)

Underarmour offers a wide range of products including apparel and equipment.
Underarmour는 의류 및 장비를 포함한 다양한 제품을 제공합니다.

The business is widely distributed with no reliance on any certain customers.
그 사업은 특정 고객에게도 의존하지 않고 널리 유통됩니다.

건설·엔지니어링·엔지니어링 | 인사 | 판매·유통 | 전기·전자 | 서비스

schedule

[skédʒu(:)l, ʃédju:l] **n. 시간표, 스케줄 v. 일정을 잡다**
reschedule(재조정하다), scheduling(일정관리), unscheduled(예정 외의)

A trial in Delaware has been scheduled for February 2018.
델라웨어주의 재판은 2018년 2월로 예정되어 있습니다.

The steps will be included in the project's schedule and cost baselines.
이 단계는 프로젝트의 일정 및 비용 기준선에 포함됩니다.

accordance

[əkɔ́:rdəns] **n. 일치, 조화**

동사형 accord ★**844**

International Plans are funded in accordance with local regulations.
국제 계획은 지역 규정에 따라 자금 지원을 받습니다.

Final pay will be made in accordance with federal and state laws.
최종 급여는 연방 및 주법에 따라 지급됩니다.

channel

[tʃǽnl] **n. 채널, (유통)경로, 통신로**

distribution channel(유통 경로), diplomatic channel(외교 채널)

Most of our community funding was channeled into four areas.
대부분의 지역 사회 기금은 네 가지 분야로 전달되었습니다.

We will enter more local distribution channels overseas.
해외 현지 유통 채널을 확대할 예정입니다.

approve

[əprú:v] **v. 찬성하다, 승인하다, 허가하다, 입증하다**

명사형 approval ★**707** / 반의어 disapprove

Each of these policies has been approved by an ELT member.
이 정책들 각각은 ELT 회원의 승인을 받았습니다.

The loans are approved with a contractual repayment period of one month.
대출은 계약 상환 기간 1개월로 승인됩니다.

outcome

[áutkʌm] **n. 결과, 성과**

유의어 result, effect, conclusion

It should include all policy driven factors that influence the outcome.
그것은 결과에 영향을 주는 모든 정책 주도 요인들을 포함해야 합니다.

Protecting investors is the least important in explaining outcomes.
투자자 보호는 결과를 설명하는 데 있어 가장 덜 중요합니다.

electronic

[ilèktránik, -trín-] **adj. 전기의, 전기로 작동하는, 전자의**

electric은 단순히 '전기'로 움직이는 제품, electronic은 회로를 쓰는 '전자' 제품을 의미한다.

How are you going to do electronic signings?

전자 서명은 어떻게 하실 건가요?

Total 6,372kg of electronic equipment was recycled during the year.

총 6,372킬로그램의 전자 장비가 연중 재활용되었습니다.

skill

[skil] **n. 기술, 역량, 재주**

skilled(숙련된), skillful(능숙한), unskilled(서투른), skillfully(능숙하게)

The company employing it will never be driven to develop fresh skills.

그것을 이용하는 회사는 결코 신선한 기술을 개발할 수 없습니다.

Eventually, the existing skills also will become outmoded.

결국 현존하는 기술들도 시대에 뒤떨어질 것입니다.

come

[kʌm] **v. 도달하다, 팔린다, 도착하다**

come to a conclusion 결론에 이르다, come on board 탑승하다, come into effect 효력을 발휘하다

Invention comes in many forms and at many scales.

발명은 다양한 형태와 규모로 이루어집니다.

KT&G came up with long-term targets regarding food safety.

KT&G는 식품 안전에 관한 장기 목표를 제시했습니다.

easy

[í:zi] **adj. 쉬운, 용이한**

ease(완화하다), easily(쉽게), uneasy(쉽지 않은)

Such things aren't meant to be easy.

그런 일들은 쉬운 것이 아닙니다.

It's easy for start-ups and very challenging for large organizations.

신생 기업에는 쉬운 일이지만 대기업에는 매우 어려운 일입니다.

reach

[ri:tʃ] v. 도착하다, 연락하다, 멀리가다, 손을 뻗다, 영향을 주다

reach an agreement(합의에 이르다), reach out(접근하다), far-reaching(원대한)

In July of last year, Trivo reached an important way station.

작년 7월, Trivo는 중요한 목적지에 도착했습니다.

Since its launch on February 17th, we have reached sellers in 25 cities.

2월 17일에 출시된 이후 25개 도시에서 판매되고 있습니다.

private

[práivit] adj. 개인의, 사적인

공(公)과 사(私)를 구분한다고 할 때의 '사'에 해당한다. / 반의어 public★254

We create great jobs through private enterprise and ingenuity.

우리는 민간 기업과 창의력을 통해 위대한 일자리를 창출합니다.

We launched a new washing machine for private customers in Europe.

유럽의 개인 고객들을 위해 새로운 세탁기를 출시했습니다.

keep

[ki:p] v. 지키다, 유지하다, 남겨두다, 보존하다

keep in mind(명심하다), keep in touch(연락하다), keep an eye on(감시하다)

We will keep the loyal customer first.

우리는 충성스러운 고객을 먼저 유지할 것입니다.

We keep adding options, but not charging more.

계속해서 옵션을 추가하지만, 더 청구하지는 않습니다.

among

[əmʌ́ŋ] pre. ~중에

between★207의 빈도가 더 높았다.

Derecognitions were primarily due to mergers among Group companies.

탈락은 주로 그룹 회사 간의 합병으로 인한 것입니다.

In 2017, participation among employees was 31 percent worldwide.

2017년에는 전 세계 직원의 참여도가 31퍼센트에 달했습니다.

어디서 본 것 같고 왠지 알 것 같은 단어인데, 내가 알고 있던 단어와 살짝 다르다는 기분이 들 때가 있다. 그 원인 중 일부는 영국 영어와 미국 영어의 차이 때문이기도 하다. 특히 영국과 미국이 아닌 국가에서 영어를 쓰다 보면, 세계 각국의 영어 표현이 뒤섞여 혼돈에 빠질 때가 적지 않다. 비즈니스에서 자주 쓰는 어휘 중에서 미국과 영국에서 다르게 쓰는 것들을 정리해보았다. 어떤 단어가 더 익숙한가?

영국 표현	미국 표현
accommodation	accommodations
action replay	instant replay
aeroplane	airplane
bank holiday	legal holiday
black economy	underground economy
bonnet(of a car)	hood
car park	parking lot
chemist	drugstore
cornflour	cornstarch
courgette	zucchini
crisps	chips; potato chips
current account	checking account
driving licence	driver's license
engaged(of a phone)	busy
financial year	fiscal year
flat	apartment
flexitime	flextime
gearing(finance)	leverage
holiday	vacation
lift	elevator
mobile phone	cell phone
motorway	expressway; highway
ordinary share	common stock
patience	solitaire
pavement	sidewalk
petrol	gas; gasoline
postbox	mailbox
postcode	zip code
queue	line
railway	railroad
share option	stock option
starter	appetizer
trade union	labor union
wardrobe	closet

complain

[kəmpléin] **v. 불만을 말하다**

명사형 complaint / 유의어 protest, grievance, grumble

Countless consumers are complaining the company completely ignored VOC.
수많은 고객이 회사가 VOC를 완전히 무시했다고 불평하고 있습니다.

Our customer complaints rate per million units sold was 1.23 in 2015.
2015년 우리의 고객 불만율은 판매된 100만 대당 1.23대였습니다.

ability

[əbíləti] **n. 능력, 재주**

capability★693도 능력이라는 뜻이지만 더 구체적인 상황의 능력에 가깝다.

The athlete is rewarded only once for her acceleration ability.
그 운동 선수는 가속 능력으로 단 한 번의 상을 받습니다.

Market confidence in our ability is weakened.
우리의 능력에 대한 시장의 신뢰가 약해지고 있습니다.

relation

[riléiʃən] **n. 관계**

동사형 relate★71 / ~ship이라는 정신적 유대관계가 더 강한 의미를 지닌
relationship★469도 참고

We have consequently not provided for any losses in relation to the case.
우리는 결과적으로 그 사건과 관련된 어떠한 손실에도 대비하지 못했습니다.

The Labour Code heavily regulates employer/employee relations.
노동법은 고용주/고용인 관계를 엄격하게 규제합니다.

forward

[fɔ́ːrwərd] **adv. 앞으로, 전방으로**

반의어 backward / forward는 부사로만 쓰이므로 유의어는 fore, front

I look forward to reporting to you our progress in the coming year.
내년에 우리의 발전을 알려드릴 수 있기를 기대합니다.

All employees of Kyobo will move forward with an innovation mindset.
교보의 전 임직원은 혁신 마인드로 나아갈 것입니다.

건설·엔지니어링 | 전기·전자 | 판매·유통 | 은행·금융 | 제조·화학

green

[gri:n] **adj. 녹색의, 푸른**

친환경의 의미로 자주 사용된다.

Kaizens set energy reduction, recycling, and other green goals.

카이젠은 에너지 절감, 재활용, 그리고 다른 녹색 목표들을 세웠습니다.

Dreaming of a green world, GS E&C is creating a green future.

GS 건설은 녹색 세상을 꿈꾸며 녹색 미래를 창조하고 있습니다.

건설·엔지니어링·엔지니어링 | 서비스 | 판매·유통 | 인사 | FMCG

actual

[ǽktʃuəl] **adj. 실제의, 사실상의**

유의어 real, true, definite

The actual outcome will depend on the timing of project start-ups.

실제 결과는 프로젝트 개시의 시기에 달려 있습니다.

We actually work together on the confidential project.

우리는 기밀 프로젝트에서 실제로 협력합니다.

건설·엔지니어링·엔지니어링 | 서비스 | 전기·전자 | 인사 | 판매·유통

evaluation

[ivæljuéiʃən] **n. 평가, 감정**

동사형 evaluate★**714** / performance evaluation(업무 수행 평가)

An evaluation of each director is conducted by the chairman.

각 이사에 대한 평가는 의장이 수행합니다.

Who should participate in the evaluation panel?

누가 평가 패널에 참여해야 합니까?

제조·화학 | 은행·금융 | 판매·유통 | FMCG | 전기·전자

reflect

[riflékt] **v. 반영하다, 증명하다, 숙고하다**

reflection(반사, 반영), reflective(투영된), reflector(반사물)

Our decisions have consistently reflected customer needs.

우리의 결정은 일관되게 소비자 니즈를 반영해왔습니다.

Our goal for 2020 reflects just that.

우리의 2020년 목표는 바로 그것을 반영합니다.

write

[rait] **v. 쓰다, 기록하다**

writing(작문, 작품), written(문서의), writer(작가)

Please feel free to write or call us if you have any questions.
질문이 있으시면 언제든지 저희에게 이메일을 보내거나 전화주십시오.

Our service includes a written evaluation report.
당사의 서비스는 서면 평가 보고서가 포함됩니다.

protect

[prətékt] **v. 보호하다, 옹호하다**

protection ★486, protector(보호자, 방어구)

We will protect our water sources and the quality of the water they hold.
우리는 우리의 수원과 그들이 유지하고 있는 물의 질을 보호할 것입니다.

Alibaba takes its responsibility to protect the environment very seriously.
Alibaba는 환경을 매우 심각하게 보호할 책임을 지고 있습니다.

necessary

[nésəsèri, -sisəri] **adj. 필요한, 필수적인**

유의어 essential, required

Lancome has the equipment necessary for such implementation.
Lancome은 그러한 구현에 필요한 장비를 갖추고 있습니다.

Arrange all necessary logistics such as transfers and accommodation.
이동 및 숙박과 같은 모든 필요한 수단을 마련하십시오.

professional

[prəféʃənəl] **n. 전문가, 직업인 adj. 전문의, 전문직의**

profession(직업, 직종) /유의어 expert / 반의어 amateur

2,600 professionals work in PwC Dubai's 10 offices.
PwC 두바이 10개 사무소에서 2,600명의 전문가가 근무합니다.

Once you start using your Twitter, make sure it looks professional.
트위터를 사용하기 시작한다면, 반드시 전문가처럼 보이도록 하세요.

fix

[fiks] **v. 고치다, 정하다**
수리하다(repair)와 고정하다의 의미가 있어서 확인이 필요하다.

We like the fixed cost nature of original programming.
우리는 원본 프로그램의 고정 비용 특성을 좋아합니다.

We get to spread fixed cost across our large membership base.
우리는 대규모 회원제 기반을 통해 고정 비용을 분산하게 됩니다.

school

[sku:l] **n. 학교, 연수원, 양성소, 수업**
business school 경영대학원, 실업 학교 / law school 법학전문대학원

There are schools available specifically for the children of expatriates.
국외 거주자의 자녀들을 위해 특별히 이용 가능한 학교들이 있습니다.

It's the biggest school sports competition in the Netherlands.
그것은 네덜란드에서 열리는 가장 큰 학교 스포츠 대회입니다.

description

[diskrípʃən] **n. 설명서, 해설, 묘사**
동사형 describe★500

In the description field, enter product dimension.
설명 필드에 제품 수치를 입력하십시오.

Have you edited the title, keywords and description tags on your site?
귀하의 사이트에서 제목, 키워드 및 설명 태그를 편집했습니까?

acquire

[əkwáiər] **v. 얻다, 취득하다, 양도받다, 인수하다**
명사형 acquisition★372

Gillette acquires Duracell, originally founded in the early 1920s.
Gillette는 1920년대 초에 설립된 Duracell을 인수합니다.

You may find that some data is too costly to acquire.
일부 데이터는 취득하기에 너무 비용이 높다는 것을 알 수 있습니다.

together
[təɡéðər]　**adv.** 함께, 같이, 하나로 합쳐서

We must deliver outcomes by working together.
우리는 함께 일함으로써 결과를 산출해야 합니다.

The package provides total solutions by tying together GE businesses.
그 패키지는 GE사업체들을 묶어 종합 솔루션을 제공합니다.

city
[síti]　**n.** 도시　**adj.** 도시의
도회적인 의미를 표현할 때는 urban, metropolitan

The Moscow levy rates are differentiated for three of the city's areas.
모스크바의 세 지역에 대한 세율이 차별화되었습니다.

The Japan Technical Center opens on Rokko Island in Kobe City, Japan.
일본 기술 센터는 일본 고베시의 롯코섬에 문을 엽니다.

card
[kɑːrd]　**n.** 카드, 전략, 대전표
credit card(신용카드), debit card(직불 카드), ID card(신분증)

Remove the card from your wallet to avoid interference.
간섭을 피하려면 지갑에서 카드를 꺼내십시오.

Company expenditure should be paid by a corporate credit card.
기업 지출은 법인 신용 카드로 지불해야 합니다.

indicator
[índikèitər]　**n.** 경제 지표, 표시기, 표지, 방향 지시기
동사형 indicate ★830

On the last 2 indicators, Iceland ranks in the 7th and 48th percentiles.
마지막 두 지표에서 아이슬란드는 7번째와 48번째 백분위 수에 들어갑니다.

Some indicators always receive higher (lower) weights.
일부 지표는 항상 더 높은 (더 낮은) 가중치를 받습니다.

profile

[próufail] **n. 프로필, 인물정보, 인물평**
high profile(명확한 태도, 높은 관심), low profile(저자세, 낮은 관심)

Local distributors, buyers, and agents view company profiles.
지역 총판, 구매자 및 에이전트는 회사 프로필을 봅니다.

The office publishes the U.S. Labor profile in English and Spanish.
이 사무소는 미국 노동자 프로필을 영어와 스페인어로 출판합니다.

separate

[sépərèit] **v. 분리하다, 나누다, 식별하다 adj. 별개의, 별도의**
separation(분리), separately(별도로) / separate taxation(분리과세)

In fact, at this point, I can't really think about them separately.
사실, 이 시점에서, 저는 그것들을 따로 따로 생각할 수 없습니다.

Limited liability companies are governed by separate laws.
유한 책임 회사는 별도의 법에 의해 지배됩니다.

engage

[ingéidʒ] **v. 약속하다, 관여하다, 종사시키다, 맞물리게 하다**
명사형 engagement★653

The office engages business leaders on a variety of competitiveness issues.
그 사무소는 사업가들이 다양한 경쟁력 문제에 관여하도록 합니다.

We've been engaged in the practical application of machine learning.
우리는 머신 러닝의 실용적인 적용에 종사해왔습니다.

discussion

[diskʌʃən] **n. 검토, 심의, 설명, 토론, 의논**
동사형 discuss★785

Keep your presentation concise and allow plenty of time for discussion.
프레젠테이션을 간결하게 유지하고 충분한 토론 시간을 확보하십시오.

If needed to moderate a discussion, consider hiring a professional.
토론을 중재할 필요가 있다면 전문가를 고용하는 것을 고려해보십시오.

construction

[kənstrʌ́kʃən] **n.** 건설, 건축, 구조물

construction company(건축회사) / construct(건설하다), constructive(건설적인), reconstruction(재건)

Land and construction-inprogress are not depreciated.
토지와 공정중인 건설은 감가상각되지 않습니다.

It raised 36% of its total construction cost of KRW 90 billion.
총건설비 900억 원의 36퍼센트가 증가했습니다.

similar

[símələr] **adj.** 닮은, 비슷한

반의어 different★365

We'll be expanding our systems capacity to support similar growth levels.
우리는 비슷한 성장 수준을 지원하기 위해 시스템 용량을 확장할 것입니다.

AWS and Kroger retail are very similar indeed.
AWS와 Kroger 소매점은 실제로 매우 비슷합니다.

applicable

[ǽplikəbəl, əplíkə-] **adj.** 해당되는, 적용할 수 있는, 적절한

동사형 apply★258 / applicable law(준거법)

5% is applicable to interbank loans only.
5퍼센트는 은행 간 대출에만 적용됩니다.

Import duties are applicable to most goods.
수입 관세는 대부분의 상품에 적용됩니다.

past

[pæst, pɑːst] **n.** 과거 **adj.** 이전의 **pre.** ~지나서, 이상으로

반의어 present

Over the past two years, Aramax was able to raise $3M of non-debt capital.
지난 2년 동안, Aramax는 3백만불의 무차입 자본을 조달할 수 있었습니다.

Just this past week, our hardware team launched Fire TV.
바로 지난 주, 우리 하드웨어 팀은 Fire TV를 출시했습니다.

investor

[invéstər] **n. 투자가, 투자회사**
동사형 invest★563

Brambles' sustainability efforts are being recognized by our investors.
Brambles의 지속 가능성 노력이 투자자들에게 인식되고 있습니다.

We maintain an adequate level of capital to protect our investors.
우리는 투자자를 보호하기 위해 적절한 수준의 자본을 유지합니다.

single

[síŋgəl] **adj. 하나의, 한**
유의어 sole, original, only

Increasing single-person households needs small quantity packaging.
증가하는 1인 가구는 소용량 포장을 필요로 합니다.

There has not been a single breach of HR policies for the past 3 years.
지난 3년 동안 인사 정책 위반이 단 한 건도 없었습니다.

equivalent

[ikwívələnt] **n. 상당물, 대응물 adj. 동등한, 맞먹는**
equivalence(등가) / cash equivalent(현금등가물)

General corporate includes cash equivalents and marketable securities.
일반 회사는 현금 등가물과 유가 증권을 포함합니다.

The number of full-time-equivalent employees did not exceed 50.
정규직 직원의 수는 50명을 넘지 않았습니다.

adjust

[ədʒʌ́st] **v. 적응시키다, 맞추다, 순응하다**
명사형 adjustment★551

Operating income figure is adjusted profit.
영업 이익 수치는 조정된 이익입니다.

The minimum wage is regularly adjusted.
최저 임금은 정기적으로 조정됩니다.

back

[bæk] **adj.** 뒤의, 배후의, 안쪽의 **n.** 뒷면, 반대쪽, 등 **v. 후퇴시키다**

동사와 같이 결합한 부사형의 빈도가 높다.

Leadership development is giving something back.

리더십 개발은 무언가를 돌려주는 것입니다.

We take a look back at our key milestones from the past ten years.

우리는 지난 10년간의 중요한 이정표를 되돌아봅니다.

last

[læst, lɑːst] **adj. 마지막의, 최종의, 바로 직전의 v. 지속하다, 계속하다**

last(마지막) vs latter(후자) vs latest(최신의)

Over the last five years, we've used just $62 million in operating cash.

지난 5년간 우리는 현금 운영에 6,200만 달러만을 사용해왔습니다.

How long does the battery last under waiting mode?

대기모드에서 배터리는 얼마나 오래 지속됩니까?

internet

[íntərneːt] **n. 인터넷**

IP; Internet Protocol, ISP; Internet Service Provider

The Internet gives us huge opportunities.

인터넷은 우리에게 엄청난 기회를 줍니다.

Decide in favor of an Internet broadcast–either live or on demand.

라이브 또는 주문형인지는 인터넷 방송의 기호를 따라 결정하십시오.

delete

[dilíːt] **v. 없애다, 지우다, 삭제하다**

PC 관련 업계에서 빈도가 높았다.

Edit the matrix to add or delete anything that does not apply.

매트릭스를 편집하여 적용되지 않는 것을 추가하거나 삭제하십시오.

You can click Yes to confirm the delete.

예를 클릭하여 삭제를 확인할 수 있습니다.

register

[rédʒistər] v. 등록하다, 등기하다
명사형 registration ★954

As an E-bay customer, you are pre-registered to both bid and sell.
E-bay 고객은 입찰 및 판매 모두에 사전 등록되어 있습니다.

Your guests click on the code to register their tickets online.
손님들이 코드를 클릭하여 온라인으로 티켓을 등록합니다.

successful

[səksésfəl] adj. 성공한, 유능한
명사형 success ★663

Third party sales have become a successful part of our business.
제3자 판매는 우리 사업의 성공적인 부분이 되었습니다.

People are the key to a successful, sustainable company.
사람들은 성공적이고 지속 가능한 회사의 열쇠입니다.

salary

[sǽləri] n. 봉급, 급여, 임금, 보수
유의어 wage, pay

Employer contributions are 15% of the annual base salary.
고용주의 기부액은 연간 기본급의 15퍼센트입니다.

The allowance is divided into 12 equal parts and paid with salary.
수당은 12등분으로 나누어져 있으며 급여로 지급됩니다.

book

[buk] v. 예약하다 n. 책, 복수형인 books는 장부
'예약하다' 뜻의 유의어 reserve ★508

Virgin.com's U.S. Books business represented 70 percent of our sales.
Virgin.com의 미국 도서 비즈니스는 판매액의 70퍼센트를 차지했습니다.

The stock markets today reflect the future value of a firm on the books.
오늘날 주식 시장은 장부상의 기업의 미래 가치를 반영합니다.

another

[ənʌ́ðər] **adj.** 또 다른 **n.** 또 다른 것

유의어 further, added, extra

Wallmart web services is another example.

Wallmart 웹 서비스는 또 다른 예입니다.

As each new plant opened, Qmatrix would embark on plans for another.

각각의 새로운 공장이 문을 열었을 때, Qmatrix는 다른 공장을 위한 계획에 착수할 것입니다.

offset

[ɔ́:fsèt] **v.** 상쇄하다, 벌충하다 **adj.** 치우친 **n.** 오프셋 인쇄

offset lithography/printing(오프셋 인쇄) / 유의어 make up, compensate, redeem, redress

This was largely offset by lower tax expense.

이는 세금 경비를 줄임으로써 크게 상쇄되었습니다.

Income and expense are not offset.

수입과 지출은 상쇄되지 않습니다.

special

[spéʃəl] **adj.** 예외적인, 특수한, 특별한

유의어 specific★359, particular★299

November 19, 2007 was a special day for Malaysia office.

2007년 11월 19일은 말레이시아 본부에게는 특별한 날이었습니다.

Special features are available for exporters of environmental goods.

환경 제품 수출 업체를 위한 특별 기능이 제공됩니다.

framework

[fréimwə̀:rk] **n.** 체제, 구조, 틀, 뼈대

framework convention on climatic change(기후변화협약), trade and investment framework agreement(무역 및 투자협정)

Give the audience a framework to organize information.

청중에게 정보를 조직할 수 있는 틀을 제공하세요.

We embed the sustainability framework within all our functions.

우리는 우리의 모든 기능에 지속 가능성의 틀을 포함시킵니다.

main

[mein] **adj.** 주된, 주요한

유의어 principal, chief

These are the main reasons AWS is growing so quickly.
이것들이 AWS가 급속도로 성장하고 있는 주된 이유입니다.

Stewardship code is our main mitigation strategy.
스튜어드십 코드가 우리의 주요 완화 전략입니다.

pressure

[préʃər] **v.** 압력을 가하다 **n.** 압력, 스트레스

press(언론, 누르다), depress(우울하다, 불경기) / blood pressure(혈압),
high pressure(고기압, 강요)

When we're at our best, we don't need to be afraid of external pressures.
우리가 최선을 다할 때, 우리는 외부의 압력을 두려워할 필요가 없습니다.

The customs barrier puts pressure on American exporters.
관세 장벽이 미국 수출 업자들에게 압력을 가합니다.

infrastructure

[ínfrəstrʌ́ktʃər] **n.** 기반 시설, 인프라

information infrastructure(정보 기반, 정보 인프라)

We work with China EPC on infrastructure projects in Africa.
우리는 아프리카의 기반 시설 프로젝트에서 중국 EPC와 함께 일합니다.

Our infrastructure and equipment are fully owned by our company.
우리의 기반 시설과 장비는 우리 회사가 완전히 소유하고 있습니다.

outstand

[àutstǽnd] **v.** 돋보이다, 돌출하다

outstanding(뛰어난, 현저한)

We had net foreign currency contracts outstanding of $102.2 million.
우리는 1억 220만 달러에 달하는 순수 외화 계약을 체결했습니다.

The number of outstanding loans was $1,485,081.
미지불 부채액은 1,485,081달러였습니다.

web

[web] n. 웹, (네트워크)망

www; world wide web / web site(웹 사이트), web page(웹 페이지), web designer(웹 디자이너), web browser(웹 브라우저)

This year, we embraced HTML5 web app developers.
올해 우리는 HTML5 웹 애플리케이션 개발자들을 받아들였습니다.

Marketplace, Prime and Amazon Web Services are three big plans.
마켓 플레이스, 프라임 그리고 아마존 웹 서비스는 세 가지 큰 계획입니다.

say

[sei] v. 말하다. 명령하다 n. 하고 싶은 말, 발언권

유의어 tell, speak, explain, announce, suggest

If a message says that the keys have to be created, click Yes.
키를 작성하라는 메시지가 나타나면 Yes를 클릭하십시오.

We cannot say when we will be able to resume the project.
언제 프로젝트를 재개할 수 있을지 말할 수 없습니다.

query

[kwíəri] n. 질문, (데이터베이스의)쿼리

유의어 question★576, inquiry

You log query activity at the individual user level.
쿼리 활동은 개별 사용자 수준에서 기록합니다.

Words in the title are bolded if they appear in the user's search query.
제목의 단어는 사용자의 검색어에 표시되면 굵게 표시됩니다.

seek

[si:k] v. 추구하다, 찾다, 조사하다, 시도하다

유의어 try, demand★572, attempt

We seek to hold our employees to high ethical standards.
우리는 직원들이 높은 윤리 기준을 지키도록 노력하고 있습니다.

We seek to ensure that our employees are safe.
저희는 직원들이 안전하다는 것을 확실히 하기 위해 노력하고 있습니다.

engagement

[engéidʒmənt] **n. 서약, 계약, 약혼**
동사형 engage★623

Our engagement index was 87%, up from 82% in 2014.
당사의 계약 지수는 2014년 82퍼센트에서 87퍼센트로 상승했습니다.

Nearly all of our people participated in our 2015 engagement survey.
2015년 설문 조사에는 거의 모든 직원이 참여했습니다.

agency

[éidʒənsi] **n. 대리점, 대행사, 정부기관**
agency는 대리(점) 등 기관을 의미하고 agent는 대리인, 중개자 등 사람을 의
미한다.

The outlook includes information from the International Energy Agency.
전망에는 국제 에너지기구(International Energy Agency)의 정보가 포함되어 있습니다.

Provide to the candidate the name and address of the reporting agency.
후보자에게 보고 기관의 이름과 주소를 제공합니다.

obtain

[əbtéin] **v. 얻다, 획득하다, 통용하다, 유행하다**
유의어 grab, accomplish, capture

Such foreign employees must obtain patents to work in Russia.
그런 외국인 노동자들이 러시아에서 일하려면 특허를 취득해야 합니다.

Qualifications obtained are certificates in banking at NQF levels 4.
획득한 자격은 NQF 레벨 4의 은행 인증서입니다.

discount

[dískaunt] **n. 할인, 할인액 v. 할인하다, 감하다**
유의어 reduction★778, deduction

Discounts for health clubs and gyms are also available in some cities.
헬스 클럽 및 체육관 할인은 일부 도시에서도 가능합니다.

The discount rate applied during Black Friday was 11.75%.
블랙 프라이데이 동안 적용된 할인율은 11.75퍼센트였습니다.

course

[kɔːrs] **n.** 과목, 교과, 방향, 진로, 경과

course on(~의 강좌), due course(정당한 절차)

Innovative works were performed during the course of a project.
프로젝트 과정 동안 혁신적인 작업들이 수행되었습니다.

New employee courses are due within 60 days of assignment.
신입 사원 교육은 배정 후 60일 이내에 완료되어야 합니다.

bring

[briŋ] **v.** 가져오다, 운반하다, 데려오다

'옮기다'는 뜻의 유의어 fetch, take, carry

We bring an unlimited supply of imagination to our company.
우리는 회사에 상상력을 무제한으로 공급합니다.

We're recognizing the inherent skills they can bring to our company.
우리는 그들이 우리 회사에 가져다 줄 수 있는 내재화 기술을 인식하고 있습니다.

click

[klik] **v.** 클릭하다 **n.** 클릭, 딸깍하는 소리

명사와 동사 형태 모두 쓰인다.

Click OK in the Design Center Logon window.
디자인 센터 로그온 창에서 확인을 누르십시오.

Double-click the BISE1_SALESWH module to invoke its Editor window.
편집기 창을 호출하려면 BISE1_SALESWH 모듈을 두 번 클릭하십시오.

maximum

[mǽksiməm] **n.** 최대, 최고한도 **adj.** 최대의

반의어 minimum ★698 / 축약어 max

The maximum loan size is $2.0 million.
최대 대출 규모는 200만 달러입니다.

The maximum dollar amount that SBA will guarantee is $1.5 million.
SBA가 보장하는 최대 달러 금액은 150만 달러입니다.

meeting

[míːtiŋ] **n.** 회의, 미팅, 모임, 회합

general meeting(총회), hold a meeting(회의를 개최하다)

That's a question I just got at our most recent all-hands meeting.
가장 최근에 있었던 전원 회의에서 얻은 질문입니다.

All meetings take place through video conference.
모든 회의는 화상 회의를 통해 열립니다.

age

[eidʒ] **n.** 나이 **v.** 나이가 들다

aging stock(오래된 재고), middle age(중년) / aged(낡은, 노인)

We offer center tours open to the public, ages six and above.
우리는 6세 이상의 대중에게 공개되는 센터 투어를 제공합니다.

Term limits are a good tool to work in tandem with our age limit policy.
정년은 우리의 연령 제한 정책과 동시에 일하기에 좋은 도구입니다.

success

[səksés] **n.** 성공, 출세

형용사형 successful★**638**, 동사형 succeed

One recent success is our new feature called 'Ask an owner'.
최근에 성공한 기능 중 하나는 '소유자에게 묻기'라는 새로운 기능입니다.

The success of hybrid model accelerated the Barnes flywheel.
하이브리드 모델의 성공으로 Barnes 플라이휠이 가속화되었습니다.

exposure

[ikspóuʒər] **n.** 노출, 직면, 드러냄, 발표

동사형 expose

Our group activities create exposure to a variety of financial risks.
우리의 그룹 활동은 다양한 재정적 위험에 노출될 수 있습니다.

Further information regarding credit risk exposure is described in Note 11.
신용 위험 노출에 관한 추가 정보는 주석 11에 기술되어 있습니다.

status

[stéitəs, stǽtəs] **n. 상태, 상황**
유의어 condition ★241, situation

Notice the delivery status is a success.
배달 상태가 성공인지 확인하십시오.

JBL is communicating to the stakeholders its business status.
JBL은 이해 관계자들에게 비즈니스 상황을 알리고 있습니다.

owner

[óunər] **n. 주인, 소유자**
연관어 own ★308, owneship ★933

Owners are different from tenants.
소유주는 세입자와 다릅니다.

There was a strong transition made by the squad's owner corporation, KT.
팀의 소유회사인 KT에 의해 이루어진 큰 변화가 있었습니다.

email

[íːmèil] **n. 이메일 v. 이메일을 보내다**
동사로도 간단히 쓰일 수 있다.

This could be through blog posts, email, forums or other means.
이것은 블로그 게시물, 이메일, 포럼 또는 기타 방법을 통해 이루어질 수 있습니다.

This product allows us to chat with our friends, email and play games.
이 제품은 친구와 대화하고 이메일을 보내며 게임을 할 수 있도록 해줍니다.

think

[θiŋk] **v. 생각하다, 기대하다, 여기다, 간주하다**
thinking(생각, 사고), rethink(재고하다), unthinkable(생각할 수 없는)

We think mobile chat aligns us better with customers.
우리는 모바일 채팅이 우리와 고객을 더 잘 연계시켜 준다고 생각합니다.

Please take a moment to tell us what you think of the report.
잠시 시간을 내어 보고서를 어떻게 생각하시는지 말씀해주십시오.

vote

[vout] **v. 투표하다 n. 투표권**

voter(유권자), voting(투표) / election은 선거

Your board recommends a vote against each proposal.

귀사의 이사회는 각 제안에 대해 투표를 권장합니다.

How many shares are entitled to vote?

얼마나 많은 주식이 투표권이 있습니까?

basic

[béisik] **adj. 기본의, 기초의 n. 기본, 기초, 원리**

유사어 base★49는 명사와 동사로 쓰이는 데 비해 basic은 주로 형용사로 쓰인다.

Basic services are free, other options are chargeable.

기본 서비스는 무료이며 다른 옵션은 유료입니다.

The training consist of the basic and intensive course.

트레이닝은 기초와 집중 과정으로 구성됩니다.

guideline

[gáidlàin] **n. 지침, 기준, 안내(서)**

동사형 guide★484

Layout guidelines should apply to font and sizes.

레이아웃 지침은 폰트와 크기에 적용되어야 합니다.

Each director is subject to stock ownership guidelines.

각 이사는 주식 소유 가이드 라인을 따릅니다.

dollar

[dάlər, dɔ́lər] **n. (화폐단위) 달러**

전세계적으로 미국 화폐 달러가 가장 많이 쓰이고 있다.

Allowance goes up one thousand dollars a year until it reaches $5,000.

수당은 5,000달러가 될 때까지 1년에 1,000달러씩 오릅니다.

The related obligations must be repaid in U.S. dollars.

관련된 채무는 미국 달러로 상환되어야 합니다.

overseas [óuvərsí:(z)] **n.** 해외, 국외 **adj.** 해외의 **adv.** 해외로

유의어 abroad

There must be a benefit to U.S. agricultural products sold overseas.

해외에서 판매되는 미국 농산물에는 혜택이 있어야 합니다.

The company is currently pursuing a joint venture and overseas M&As.

회사는 현재 합작 투자 및 해외 M&A를 추진하고 있습니다.

index [índeks] **n.** 지표, 색인, 표시, 징후

price index(물가 지수), composite stock price index(종합주가지수), floor space index(용적률)

Our commission is a flat fee per contract executed for Equity Index.

우리 수수료는 주식 지수에 배당된 계약당 정액입니다.

The UDC index summarizes a company's social achievements.

UDC 지수는 회사의 사회적 업적을 요약하고 있습니다.

labor [léibər] **n.** 노동, 업무 **v.** 일하다, 노동하다

labor는 미국권에서, labour는 영국권에서 표기한다.

The company has proper management in controlling labor issues.

회사는 노동 문제를 다루는 데 적절한 경영권을 가지고 있습니다.

This charge is based on the employee's time charged to company labor.

이 요금은 회사 노동에 청구된 근로 시간에 근거합니다.

talent [tǽlənt] **n.** 능력, 재능, 인재

talented(유능한) / 유의어 ability★602

Attracting a talented workforce is critical to Coca-Cola Enterprises.

유능한 인력을 확보하는 것은 Coca-Cola사에 매우 중요합니다.

We will attract, develop and motivate a talented and diverse workforce.

우리는 재능 있고 다양한 인력을 유치하고, 개발하고, 동기를 부여할 것입니다.

just

[dʒʌst] **adv.** 방금, 직전에, 단지 **adj.** 공정한

just now(지금으로서는), only just(방금, 겨우), just in case(만일의 경우에), just in time(적기 납입 방식)

North America is to become a net exporter of oil in just a few years.
북미는 불과 몇년 안에 석유 순수출국이 될 것입니다.

The growing rainfall is not just an issue for our company.
강수량의 증가는 우리 회사만의 문제가 아닙니다.

several

[sévərəl] **n.** 몇 개, 몇 가지 **adj.** 몇몇의

유의어 some, any, a few

Course takers are grouped into several teams to carry out field tasks.
수강생은 여러 팀으로 그룹화되어 현장 작업을 수행합니다.

The overall increase versus the prior year is related to several factors.
전년 대비 전체적인 증가는 몇가지 요인과 관련이 있습니다.

society

[səsáiəti] **n.** 사회, 지역사회

지역사회 공헌과 관련한 주제에서 사용된다.

Build ties with civil society organizations, especially regional and local.
시민 사회 단체, 특히 지역 및 지방단체와의 유대 관계를 구축하십시오.

Obesity is one of the most complex issues facing our society today.
비만은 오늘날 우리 사회가 직면하고 있는 가장 복잡한 문제 중 하나입니다.

introduce

[ìntrədjúːs] **v.** 소개하다, 전하다, 발표하다, 도입하다

명사형 introduction / 기업 소개, 제품 도입 등의 의미로 쓰인다.

After 3 years of work, we introduced Kindle to our customers.
3년간의 작업 끝에 Kindle을 고객에게 소개했습니다.

We started to introduce 'Bayer Competencies' throughout the Group.
우리는 그룹 전체에 'Bayer Competencies'를 소개하기 시작했습니다.

send

[send] **v.** 보내다

유의어 transmit, forward

Send zero waste to landfill from our manufacturing facilities.
우리의 제조 시설에서 쓰레기를 매립지로 보내지 마세요.

Please send YouTube link and/or images.
YouTube 링크 및/또는 이미지를 보내주십시오.

limit

[límit] **n.** 한계, 한도, 경계선 **v.** 제한하다, 한정하다

to the limit(충분히, 극단적으로), the age limit(정년(제))

A limited scope of goods is eligible for exemption from import VAT.
제한된 범위의 상품이 수입 부가가치세 면제 대상입니다.

Employees can use welfare points to buy books within the given limit.
직원들은 복지 포인트를 사용하여 주어진 한도 내에서 책을 구입할 수 있습니다.

intend

[inténd] **v.** 작정이다, 예정이다, 의도하다, 기획하다

intention(의도, 의사, 의지), intended(하려고, 의도된, 계획된)

We intend to invest in processes and people development practices.
우리는 프로세스 및 인력 개발 방식에 투자하고자 합니다.

We intend to build the world's most customer-centric company.
우리는 세계에서 가장 고객 중심적인 회사를 세우려고 합니다.

natural

[nǽtʃərəl] **adj.** 자연의, 천연의, 당연한, 타고난

반의어 artificial, unnatural, abnormal

Trainees are able to learn more naturally and in ways that excite them.
연수생들은 자연스럽고 그들에게 흥미를 주는 방식으로 배울 수 있습니다.

The Owerri plant was not connected to a natural gas network.
Owerri 발전소는 천연 가스 네트워크에 연결되지 않았습니다.

therefore

[ðέərfɔ̀ːr] **adv. 그러므로**

유의어 so, then, thus, as a result, and so

Therefore, we offer low prices across our entire product range.
따라서 우리는 전체 제품군에 걸쳐 저렴한 가격을 제공합니다.

We have therefore improved our target to 0.17 for 2019.
따라서 우리는 2019년 목표를 0.17로 상향 조정하였습니다.

throughout

[θruːáut] **pre.~하는 동안 내내, 구석구석**

be set up throughout(~의 전역에 설치되다)

MBDA currently operates 26 posts throughout the USA.
MBDA는 현재 미국 전역에 26개의 거점을 운영하고 있습니다.

The Group planted trees in 15 locations throughout Japan.
이 단체는 일본 전역의 15곳에 나무를 심었습니다.

down

[daun] **adv. 아래로, 밑으로**

shut down(폐쇄하다), cut down(줄이다)

Our shares are down more than 80% from when I wrote to you last year.
작년에 제가 당신에게 편지를 썼던 때보다 우리 주가가 80퍼센트 이상 떨어졌습니다.

Breaking down the turnover by the group, individual sales have increased most.
그룹별로 매출액을 나눠보면, 개인 판매가 가장 많이 증가했습니다.

industrial

[indʌ́striəl] **adj. 산업용의, 공업의, 산업의**

명사형 industry★139

In China, we foresee slower growth in view of industrial overcapacities.
중국에서는 산업 과잉의 측면에서 성장이 더 둔화될 것으로 예상하고 있습니다.

The profit of the project must result solely from industrial activity.
그 프로젝트의 수익은 오로지 산업 활동에서 나와야 합니다.

vest

[vest] **v.** 확정되다, 귀속되다, (권한)부여하다 **n.** 내의, 조끼

동사의 뜻에 주목하자.

SARs granted have three-year pro-rata vesting from the date of grant.

부여된 SAR은 보조금 지급일로부터 3년의 비례 배분액을 가집니다.

Matching shares vest one year after the purchase.

매칭 주식은 매입 1년 후에 귀속됩니다.

retain

[ritéin] **v.** 간직하다, 보전하다, 의뢰하다, 유지하다 **n.** 의뢰비용

retainer agreement(법률자문계약처럼 특정 기간 동안 유지되며 서비스가
제공되는 계약)

We're looking at attracting and retaining talent.

우리는 인재를 끌어 모으고 유지하려고 합니다.

The company recorded benefits directly to retained earnings.

회사는 이익을 이익 잉여금에 곧바로 기록하였습니다.

incentive

[inséntiv] **n.** 장려금, 인센티브, 혜택

tax incentive(세금 혜택), monetary incentive(장려금) / 연관어 bonus,
compensation, allowance

Rebates and incentives are recognized as a reduction of sales.

환급 및 인센티브는 매출 차감으로 인식됩니다.

There may be incentives or penalties for early or late delivery.

조기 배달이나 늦은 배달에는 보상이나 처벌이 있을 수 있습니다.

margin

[mɑ́:rdʒin] **n.** 이익, 마진, 여백, 오차

marginal(가장자리의, 한계의), marginally(조금만, 가까스로) / margin of
error(오차), marginal profit(한계 이익)

We delivered strong capital returns despite lower operating margins.

우리는 낮은 영업 이익에도 불구하고 강력한 자본 수익률을 달성했습니다.

By a slim margin, Pizza Hut wins customer preference over Domino's.

아주 근소한 차이로 Pizza Hut이 Domino보다 고객들의 선호를 얻고 있습니다.

capability

[kèipəbíləti]　n. 성능, 능력, 수완

유의어 ability ★602 / capable(가능성 있는, 능력 있는), incapable(무능한, 불가능한)

The gross cash flow is the measure of our internal financing capability.

총 현금 흐름은 우리의 내부 자금 조달 능력의 척도입니다.

We invest in capability training to achieve joint value creation.

우리는 공동 가치 창출을 위해 역량 훈련에 투자합니다.

borrow

[bɔ́(ː)rou, bάr-]　v. 대여하다, 빌리다, 차용하다

borrowing(차용, 차용물), borrowings(차용금(총액))

Capitalized borrowing costs in 2015 amounted to €0.4m(2014: €0.5m).

2015년 자본화 차입 비용은 40만 유로(2014년: 50만 유로)였습니다.

Borrowing rates are determined by our leverage ratio.

차입 금리는 당사의 레버리지 비율에 따라 결정됩니다.

recent

[ríːsənt]　adj. 최근의

유의어 new, fresh, latest

Furniture auctions is our most recent addition.

가구 경매가 가장 최근에 추가되었습니다.

We recently announced an 11% increase in the dividend to 7.75 cents.

우리는 최근 배당금이 7.75센트로 11퍼센트 증가했다고 발표했습니다.

corporation

[kɔ̀ːrpəréiʃən]　n. 주식회사, 법인

company의 유형 중 하나다.

NBC Universal is owned by Comcast Corporation.

NBC 유니버설은 컴캐스트 회사 소유입니다.

A joint-stock company resembles a corporation.

합자회사는 주식회사와 비슷합니다.

recycle

[ri:sáikəl]　**v. 재활용하다**

유의어 reuse, reprocess / recycled paper(재생지)

Bravo's service centers also recycled 13 MI of water.

Bravo의 서비스 센터도 13 MI의 물을 재활용했습니다.

Corrugated packaging contains 98 percent recycled material.

골판지 포장에는 재활용 재료가 98퍼센트 포함되어 있습니다.

minimum

[mínəməm]　**n. 최저량, 최소　adj. 최소의, 최소한도의**

반의어 maximum★660 / 축약어 min

The minimum capital required amounts to 17% of income per capita.

필요한 최소 자본은 1인당 소득의 17퍼센트입니다.

Minimum capital adequacy percentage in Europe is 8%.

유럽에서 최소 자본 적정성 비율은 8퍼센트입니다.

difference

[dífərəns]　**n. 차이**

반의어 similarity(유사점, 공통점)

If the right training can make a difference we want to help.

올바른 훈련이 차이를 만들 수 있다면, 우리는 돕고 싶습니다.

We carry out research to determine the difference we've made.

우리는 우리가 만든 차이를 알아내기 위한 연구를 수행합니다.

calculate

[kǽlkjəlèit]　**v. 계산하다, 산정하다, 추정하다, 결정하다**

calculation(계산), calculated(계산된, 계획적인), calculator(계산기)

How is the ease of doing business calculated?

비즈니스 수행의 용이성은 어떻게 계산됩니까?

Scope 2 number is calculated by using the market-based approach.

Scope 2 숫자는 시장 기반 접근법을 사용하여 계산됩니다.

우리 문법이 인정하는 외래어도 아니면서 우리를 곤란하게 만드는 콩글리시. 문제는 일상에서 무의식적으로 자꾸 쓰다 보니 입에 붙어버려 올바른 영어를 써야 하는 때에도 자연스럽게 불쑥 들어와 우리의 영어 실력을 평가절하시켜버린다.

한국번역연구소에서 소개한 콩글리시와 올바른 표현을 비교해보고, 그동안 당연히 맞는 영어로 알고 있었던 표현이 있다면 고치자. 일상에서도 올바른 영어 단어를 쓰는 습관을 갖는 것이 결정적인 순간에 콩글리시 때문에 민망해지지 않는 최선의 해결책이다. 하지만 주변의 시선이 조금 부담스러울 수 있다. 언어를 잘하는 방법은 어색함을 적극적으로 이겨내거나 타고나게 무신경한 뻔뻔함임을 기억하고 용기를 내보자.

콩글리시	올바른 표현	콩글리시	올바른 표현
SNS	social media	세트메뉴	combo
가스레인지	gas stove	스카치테이프	sticky tape
개그맨	comedian	스탠드	lamp
깁스	cast	아르바이트	part-time job
노트(공책)	notebook	아이쇼핑	window shopping
노트북	laptop	아파트	apartment
러닝머신	treadmill	애프터서비스	warranty
로터리	intersection	에어컨	air-conditioner
리모컨	remote control	오토바이	motor cycle
린스	conditioner	원피스	dress
매니큐어	nail polish	카스텔라	sponge cake
매직펜	marker	커트라인	cut-off line
모닝콜	wakeup call	컨닝	cheating
무스탕	sheepskin coat	코팅	laminating
믹서	blender	콘센트	wall socket, electrical outlet
바겐세일	clearance sale	파마	permanent wave
백넘버	uniform number	포볼(야구)	base on ball
백미러	rear view mirror	프림	cream
비닐봉지	plastic bag	핸드폰	cellphone, mobile phone
사인	autograph	핸들	steering wheel
사인펜	felt tip pen	형광펜	highlighter
샐러리맨	salaried worker	호치키스	stapler
샤프	mechanical pencil	화이트(문구)	white-out
서비스(식당 등에서)	free, complimentary		

PART 3
비즈니스에서 선호하는 어휘

우선순위 701~1000위

carbon

[kάːrbən] **n. 탄소**
이메일의 참조 cc; carbon copy

This investment is expected to reduce carbon emissions by 3,000 tonnes.
이 투자는 탄소 배출량을 3,000톤 줄일 것으로 예상됩니다.

Doongji Noodles were carbon labeling certified.
둥지 냉면은 탄소 라벨 인증을 받았습니다.

consistent

[kənsístənt] **adj. 일치하는, 일관된**
consistently(시종일관, 견실히), consistency(일관성)

Daerim makes steady and consistent efforts about reports on outcomes.
대림은 성과보고에 일관되고 꾸준한 노력을 기울이고 있습니다.

Demand for wind power generation is expected to increase consistently.
풍력 발전 수요는 꾸준히 증가할 것으로 예상됩니다.

competitive

[kəmpétətiv] **adj. 경쟁의, 경쟁심 있는**
명사형 competition★773

The MDCP is a competitive matching funds program operated by ITA.
MDCP는 ITA에서 운영하는 경쟁력 있는 펀드 매칭 프로그램입니다.

In a complicated world, we have to be simpler and more competitive.
복잡한 세계에서 우리는 더 단순하고 더 경쟁적이어야 합니다.

ask

[æsk, ɑːsk] **v. 묻다, 질문하다, 요청하다, 부탁하다**
유의어 request★172, query, inquire

We ask for your complete name, street address, and taxpayer ID number.
귀하의 성함, 주소 및 납세자 ID 번호를 요청합니다.

Customers can ask any question related to the product.
고객은 제품과 관련된 모든 질문을 할 수 있습니다.

device

[diváis] **n. 장치, 기계, 계획**

storage device(저장 장치), safety device(안전 장치)

Mayday reimagines the idea of device support.

Mayday는 장비 지원의 아이디어를 다시 상상합니다.

In the Medical Care Division, we offer blood glucose monitoring devices.

의료 부서에서는 혈당 모니터링 장치를 제공합니다.

assurance

[əʃúərəns] **n. 보증, 보장, 약속, 확신**

동사형 assure(확신시키다) / quality assurance(품질보증)

The KPMG assurance report is available on our website.

KPMG 보증 보고서는 저희 웹 사이트에서 제공됩니다.

We will change the evaluation standards with a focus on quality assurance.

우리는 품질보증에 초점을 맞추어 평가기준을 변경할 것입니다.

approval

[əprú:vəl] **n. 승인, 인가, 면허, 지원**

동사형 approve ★591 / S.A; subject to approval(승인을 조건으로)

Employees must obtain approval from their department head in advance.

직원들은 사전에 부서장의 승인을 얻어야 합니다.

The SBA provides approvals within 24 hours or less.

SBA는 24시간 이내에 승인합니다.

head

[hed] **n. 우두머리, 지도자, 머리, (책)첫머리 v. 이끌다, 지휘하다**

the head of the Korean delegation(한국 대표단 단장), the head of a page(페이지의 상단부)

Head of the audit department educates overseas corporations.

감사 부서장은 해외 법인들을 교육합니다.

Detailed information can be found under the heading 'Register & Plan'.

자세한 정보는 '등록 및 계획' 제목 아래에 있습니다.

install

[instɔ́:l]   **v. 설치하다, 장치하다, 임명하다, 취임시키다**
명사형 installation

To encourage using electric vehicles, we've installed 600 charging ports.
전기 자동차 사용을 장려하기 위해 600개의 충전 포트를 설치했습니다.

In FY16, IFCO installed PDMS in European and US plants.
회계연도 16년에 IFCO는 유럽 및 미국 공장에 PDMS를 설치했습니다.

valuation

[væljuéiʃən]   **n. 평가, 평가액**
동사형 valuate / valuation은 재무적인 평가인 반면, evaluation★607은 성과
등 비재무적 평가를 포괄한다.

All valuation adjustments are recognized in profit or loss.
모든 평가 조정은 당기 손익으로 인식하고 있습니다.

These valuation techniques maximize the use of observable market data.
이러한 평가 기법은 관측 가능한 시장 데이터의 사용을 극대화합니다.

privacy

[práivəsi, prív-]   **n. 사생활, 사적인 자유**
반의어 publicity(홍보, 광고) / private(개인의), privately(사적으로),
privatize(민영화하다)

The data are anonymized to protect patient privacy.
그 데이터는 환자의 사생활을 보호하기 위해 익명 처리됩니다.

Most importantly, data privacy issues must be addressed.
가장 중요한 것은 데이터 개인 정보 보호 문제가 다루어져야 한다는 것입니다.

early

[ə́:rli]   **adv. 일찍, 빨리 adj. 이른, 초기의**
유의어 initial, first, ancient

Early adoption is permitted for any entity in any interim period.
임시 기간 동안 모든 법인에 대해 조기 적용이 허용됩니다.

The recapitalization will occur early during March 2016.
자본 확충은 2016년 3월 초에 이루어집니다.

software

[sɔ́(ː)ftwɛ̀ər, sɑ́ft-] **n. 소프트웨어**
연관어 hardware(하드웨어)

Apple will reportedly launch HomeKit, its own home-automation software.
Apple은 자체 홈 오토메이션 소프트웨어인 HomeKit를 출시할 것으로 알려졌습니다.

Sophisticated software is key in system completeness.
정교한 소프트웨어가 시스템 완성도의 핵심입니다.

evaluate

[ivǽljuèit] **v. 감정하다, 평가하다, 검토하다**
명사형 evaluation ★607

We evaluate what the major stakeholders require from the Group.
우리는 그룹으로부터 주요 이해 관계자가 요구하는 바를 평가합니다.

Customer satisfaction is evaluated in core markets periodically.
고객 만족도는 핵심 시장에서 정기적으로 평가됩니다.

able

[éibəl] **adj. 할 수 있는, 능력이 있는**
ability ★602, enable ★479 /유의어 capable, competent

You will be able to receive premium trend report via email.
당신은 이제 이메일로 프리미엄 트렌드 레포트를 받을 수 있습니다.

We are able to invest more in R&D, something our competitors can't do.
우리는 경쟁사가 할 수 없는 R&D에 더 많은 투자를 할 수 있습니다.

move

[muːv] **v. 이동시키다, 움직이다 n. 움직임, 나아감, 차례**
moving(움직이는, 감동시키는), movement(운동, 이동)

In the event of a natural disaster, we swiftly move to an alternate site.
자연 재해가 발생하면 신속하게 대체 장소로 이동합니다.

We believe that some 15% of retail commerce may move online.
우리는 소매업의 약 15퍼센트가 온라인으로 이동할 것이라고 믿습니다.

problem

[prάbləm, prɔ́b-] **n.** 문제, 의문, 골칫거리

유의어 issue★89, point★359, question★576, matter★520, trouble

It is no longer used on bananas after similar problems were encountered.
유사한 문제가 발생한 후에는 더 이상 바나나를 사용하지 않습니다.

If your tweets are valuable enough, then that shouldn't be a problem.
당신의 트윗이 충분히 가치 있다면 문제가 되지 않습니다.

short

[ʃɔːt] **adj.** 짧은, 가까운, 잠시, 부족한

shortage(부족, 결핍), shorten(단축하다)

PC replacement cycle was shortened from four to three years.
PC 교체주기가 4년에서 3년으로 단축되었습니다.

The short-term trade receivables have payment due dates of 45 days.
단기 매출 채권들은 45일의 지불 기한을 가지고 있습니다.

assumption

[əsʌ́mpʃən] **n.** 가정, 가설

동사형 assume(가정하다, 추측하다)

Details of the assumptions used are given in Note 16.
사용된 가정의 세부 사항은 주석 16에 제시되어 있습니다.

The assumptions on management plan are regularly reviewed.
경영 계획상의 가정들은 정기적으로 검토됩니다.

capacity

[kəpǽsəti] **n.** 재능, 능력, 이해력, 용량, 수용력

능력이라는 뜻에서는 capability가 구체적인 능력이라면 capacity는 잠재적 역량이다.

Marketing capacity was increased by partnering with Aventis.
Aventis와의 제휴로 마케팅 역량이 향상되었습니다.

It has an annual capacity of 346,000 tonnes.
연간 생산 능력은 346,000톤입니다.

strengthen

[stréŋ́kθən] **v.** 강화하다

연관어 strength(힘, 장점, 저항력) /유의어 fortify, empower, increase

The dollar has strengthened for an extended period of time.
달러는 오랜 기간 동안 강화되었습니다.

Starbucks invests in programs to strengthen local economies.
스타벅스는 지역 경제를 강화하는 프로그램에 투자합니다.

positive

[pázətiv, pɔ́z-] **adj.** 긍정적인, 자신에 찬, 확실한, 좋은, 정수의

반의어 negative★857

Net exports soared and the economy demonstrated positive dynamics.
순수출이 급증했고 경제는 긍정적인 역학 관계를 보였습니다.

Business at Environmental Science developed positively.
환경 과학의 사업은 긍정적으로 발전했습니다.

either

[íːðər, áiðər] **pre.** ~이거나, ~아니면 **adj.** 둘 중 어느 것이든 **n.** 둘 다

on either side(양편에), either or(양자택일의)

All derivatives are recorded at fair value either as assets or liabilities.
모든 파생 상품은 자산 또는 부채로서 적정 가치가 기록되고 있습니다.

The standard will be adopted using either of two methods.
표준은 두 가지 방법 중 하나를 사용하여 채택될 것입니다.

off

[ɔf] **adv.** 떨어져, 끊어져, 벗어나 **adj.** 먼, 떨어진, 빗나간, 꺼진

동사, 명사와 결합해서 다양하게 쓰인다.

A failure with our computer system kicks off a disaster recovery center.
컴퓨터 시스템에 장애가 발생하면 재해 복구 센터가 시작됩니다.

The team is off to a strong start.
팀은 출발이 좋습니다.

인사 | FMCG | 판매·유통 | 은행·금융 | 제조·화학

reasonable

[ríːzənəbəl] **adj.** 합리적인, 적당한, 사리에 맞는

reason★841 / 가격 측면에서 '적당하고 합리적'일 때도 쓰인다(reasonable price).

We believe that the audits provide a reasonable basis for our opinions.
우리는 감사가 우리의 의견에 합리적인 기반을 제공한다고 믿습니다.

The company will cover the reasonable cost of the medical.
회사가 합리적인 의료비를 부담할 것입니다.

IT·통신 | 서비스 | 판매·유통 | 인사 | FMCG

license

[láisəns] **n.** 면허, 인가, 허가, 면허증 **v.** 허용하다, 인가하다

unlicensed(무면허의) / license agreement(라이센스 계약)

Career Choice paid for Sharie to get licensed to drive an 8 wheeler.
Career Choice는 Sharie가 8륜차를 운전하기 위해 면허를 얻도록 지불했습니다.

The Indonesian government has reduced the number of business licenses.
인도네시아 정부는 비즈니스 라이센스의 수를 줄였습니다.

건설·엔지니어링 | 마케팅·미디어 | 전기·전자 | IT·통신 | 제조·화학

technical

[téknikəl] **adj.** 기술의, 기술적인, 전문의

연관어 technology★113, technique★946

This book defines technical terms and concepts.
이 책은 기술적인 용어와 개념을 정의합니다.

You must identify the technical requirements.
기술적인 요구 사항을 식별해야 합니다.

서비스 | FMCG | 건설·엔지니어링 | 은행·금융 | 인사

participant

[pɑːrtísəpənt] **n.** 참가자 **adj.** 참여하는, 참가하는

동사형 participate(참가하다)

There is no fee for U.S. trade event participants.
미국 무역 행사 참가자는 무료입니다.

However, future benefits continue to accrue for active participants.
그러나, 적극적인 참여자들에 대한 미래 혜택은 계속 쌓입니다.

advertise

[ǽdvərtàiz] **v. 광고하다, 선전하다**

명사형 advertisement(약자 ad)

Using Facebook to advertise can be invaluable.

광고를 위해 Facebook을 사용하는 것은 매우 유용할 수 있습니다.

New products are usually advertised heavily.

신상품들은 대개 대대적으로 광고됩니다.

toward

[təwɔ́:rd, tɔ:rd] **pre. ~방향으로, 쪽으로, 마주보고, 대하여**

towards와 toward를 엄격히 구별할 필요는 없다.

The pay mix is more heavily weighted towards TGP.

임금 조합은 TGP에 더 많이 가중되어 있습니다.

KY Securities facilitates tireless efforts toward transparency.

KY증권은 투명성을 위해 끊임없는 노력을 기울이고 있습니다.

tag

[tæg] **n. (인터넷)태그, 라벨, 가격표, 번호판 v. 표시하다, 따라가다**

영국권에서는 label을 선호한다. / hash tag(해시태그), price tag(가격표)

The users are unable to prevent friends from tagging their Facebook photos.

사용자는 친구들이 자신의 페이스북 사진에 태그를 붙이는 것을 막을 수 없습니다.

Items will be tagged according to the amount of coconut oil.

제품들은 코코넛 오일 양에 따라 분류될 것입니다.

incorporate

[inkɔ́:rpərèit] **v. 주식회사로 만들다, 회사로 만들다, 구체화하다**

연관어 corporation★696

Johnson & Johnson was incorporated in the State of New Jersey in 1887.

Johnson & Johnson은 1887년 뉴저지 주에서 법인화되었습니다.

We seek to incorporate biomaterials into our printing consumables.

우리는 바이오 재료를 인쇄 소모품에 혼합하려고 합니다.

건설·엔지니어링 | FMCG | 판매·유통 | 제조·화학 | 마케팅·미디어

consumption

[kənsʌ́mpʃən] **n. 소비, 소비율, 소비액**

연관어 consumer ★**140** / 동사형 consume(소비하다)

These emissions were exclusively related to electricity consumption.
이러한 배출은 전적으로 전력 소비와 관련이 있습니다.

Consumption for 2016 was based on accurate records.
2016년의 소비량은 정확한 기록에 기반하고 있습니다.

건설·엔지니어링 | 은행·금융 | 판매·유통 | FMCG | 전기·전자

bond

[bɑnd, bɔnd] **n. (재무)채권, 계약, 보증, 유대 v. 결합시키다, 접착시키다**

corporate bond(회사채), government bond(국채)

The risk-free rate referenced government bonds.
무위험 이자율은 정부 채권을 참조했습니다.

Bonds with a total nominal amount of €5.25 billion were issued in 2016.
총 명목 금액 52.5억 유로의 채권이 2016년에 발행되었습니다.

전기·전자 | 제조·화학 | 서비스 | 마케팅·미디어 | FMCG

field

[fiːld] **n. 분야, 영역, 현장, 구장, 경작지**

the field of education(교육 분야), oil field(유전), field research(현장 조사)

At present, we are especially concentrating on the field of oncology.
현재 우리는 특히 종양학 분야에 집중하고 있습니다.

Bio-fuel is a strong potential field for investments.
바이오 연료는 투자하기에 강력한 잠재력이 있는 분야입니다.

건설·엔지니어링 | 은행·금융 | 전기·전자 | FMCG | 제조·화학

association

[əsòusiéiʃən, -ʃi-] **n. 협회, 조합, 연합, 합동, 제휴**

IATA; International Air Transport Association(국제 항공 운송 협회)

CCE has supported the Belgian Football Association for over 30 years.
CCE는 30년 이상 벨기에 축구 협회를 지원해왔습니다.

Governance includes the regulators, industry associations and committees.
관리자는 규제 기관, 산업 협회 및 위원회를 포함합니다.

spend

[spend] **v.** 쓰다, 소비하다, 보내다, 지내다 **n.** 비용, 경비, 지출액

유의어 consume, waste, deplete

Average spend per customer in 2017 was $134, up 19%.

2017년 고객 한 명당 평균 지출액은 134달러로 19퍼센트 증가했습니다.

Brands like Coca-cola can spend up to 10% of their revenue on marketing.

코카콜라와 같은 브랜드는 마케팅에 수익의 10퍼센트까지 쓸 수 있습니다.

retirement

[ritáiərmənt] **n.** 은퇴, 연금 철수

동사형 retire(은퇴하다)

The normal retirement age for the Chief Executive Officer is 65 years.

CEO의 정상적인 퇴직 연령은 65세입니다.

A prorated payout as of the date of retirement will be applied.

퇴직일 기준으로 비례 지급액이 적용됩니다.

occur

[əkə́:r] **v.** (사건)일어나다, 발생하다, 존재하다

유의어 happen, take place

Much of our volunteering occurs during our annual CSR in Action Week.

우리의 자원 봉사의 대부분은 연례 CSR 행사 주간에 실시됩니다.

Equipment placements occur through leases with terms of three years.

장비 교체는 3년 기간의 임대를 통해 이루어집니다.

prepare

[pripέər] **v.** 준비하다, 대비하다

preparation(준비), prepared(준비된), preparatory(예비의)

Prepare summary WBS down to activity level.

요약 WBS를 활동 수준까지 낮춰서 준비하십시오.

The project manager should prepare the assessment agenda.

프로젝트 책임자는 평가 안건을 준비해야 합니다.

phone

[foun] **n.** 전화 **v.** 전화를 걸다, 전화하다

동사로도 쓰일 수 있다.

For the phone number of the USEAC nearest you, see Appendix A.

가장 가까운 USEAC의 전화번호는 부록 A를 참조하십시오.

The meeting room should have speakerphone equipment in it.

회의실에는 스피커 폰 장비가 있어야 합니다.

deposit

[dipázit, -pɔ́z-] **n.** 예금, 계약금, 보증금, 담보 **v.** 예금하다, 입금하다, 놓다, 두다

security deposit(보증금), deposit money(공탁금), bank deposit(은행 예금)

The temporarily excess cash balance is invested in time deposits.

일시적으로 초과된 현금 잔고는 정기 예금에 투자됩니다.

Liquid assets are held mainly in the form of term deposits.

유동 자산은 주로 정기예금 형태로 보유됩니다.

least

[liːst] **adj.** 적어도, (양이)최소한의

at the very least(적어도), in the least(조금도 ~않다)

A business offering has at least four characteristics.

사업 제안은 최소한 네 가지 특징을 가지고 있습니다.

China consumes the least charcoal among the countries on the list.

중국은 목록에 있는 국가 중 가장 적은 석탄을 소비합니다.

prevent

[privént] **v.** 막다, 예방하다

prevention(예방), preventive(예방의/예방약), preventative(예방의)

Major concerns are to prevent potential risk by monitoring employee duty.

주요 관심사는 직원 근무를 모니터링하여 잠재적 위험을 예방하는 것입니다.

We've put considerable effort into global-level risk prevention.

우리는 글로벌 수준의 위험 예방에 상당한 노력을 기울였습니다.

climate

[kláimit] **n. 기후, 기풍, 풍조, 사조**
climate change(기후 변화), business climate(기업 풍토, 사업 환경)

We have publicly available policies on climate change and recycling.
우리는 기후 변화와 재활용에 대해 대중적으로 이용 가능한 정책을 가지고 있습니다.

Make sure the climate settings are comfortable.
기후 설정이 편안한지 확인하십시오.

encourage

[enkə́:ridʒ, -kʌ́r] **v. 용기를 북돋다, 격려하다**
유의어 urge, support / 명사형 encouragement(격려, 장려)

Trees and narrow street width encourage slower vehicle speeds.
나무들과 좁은 거리 폭은 차량 속도를 느리게 조장합니다.

The school encourages staff to continue their professional development.
학교는 직원들이 전문성 개발을 계속하도록 권장합니다.

enterprise

[éntərpràiz] **n. 기업체, 사업**
government enterprise(국영기업)

Enterprises are dependent on IT – it's mission critical.
기업은 IT에 의존하고 있습니다. 이는 중요한 임무입니다.

One serves consumers and the other serves enterprises.
하나는 소비자에게 서비스를 제공하고 다른 하나는 기업에 서비스를 제공합니다.

series

[síəri:z] **n. 시리즈, 연속물**
단수, 복수 형태가 같다는 점에 주의하자.

Revecy S.E. Series is introduced to the market.
Revecy S.E. 시리즈가 시장에 출시되었습니다.

The best known of fermentation product lines is the Yakult series.
발효 제품들 중에서 가장 잘 알려진 것은 야쿠르트 시리즈입니다.

federal

[fédərəl]　**adj. 연방의, 연방정부의, 중앙정부의**

the federal government of the U.S. (미국 연방 정부 ※주정부는 state government)

VAT is a federal tax in Russia.

부가가치세(VAT)는 러시아에서는 연방세입니다.

HQ building is designed to comply with the federal FMLA.

본사 건물은 연방 FMLA를 준수하도록 설계되었습니다.

often

[ɔ́ːfən, ɔ́fən]　**adv. 자주, 흔히, 종종**

유의어 usually, frequently, regulary, commonly

Consumers can enjoy fresh(non-fried) ramen more often.

소비자들은 신선한(튀기지 않은) 라면을 더 자주 즐길 수 있습니다.

Office and warehouse facilities are often leased.

사무실과 창고 시설들은 종종 임대됩니다.

summary

[sʌ́məri]　**n. 요약, 개요, 개괄**

유의어 outline, digest

In July 2018, OCD filed a motion for summary judgment.

OCD는 2018년 7월 약식 판결을 위한 신청서를 제출했습니다.

The company has elected not to include such summary information.

회사는 그러한 요약 정보를 포함하지 않기로 결정했습니다.

etc

[etsétərə]　**adv. 등등**

라틴어 et cetera(=and other things)에서 유래

The look of the site should use brand elements(logo, colors, etc.) correctly.

사이트의 외관은 브랜드 요소(로고, 색상 등)를 올바르게 사용해야 합니다.

Be ready to respond instantly with articles, visuals, spokesperson, etc.

기사, 시각 자료, 대변인 등으로 즉시 대응할 수 있도록 준비하십시오.

raise

[reiz] **v.** 높이다, 올리다, (의문을) 제기하다, 경작하다, 재배하다
n. 승급, 인상, 상승
pay raise(급여 인상), raise capital(자금을 조달하다)

We engaged viewers online and via social media to raise awareness.
우리는 시청자들을 온라인과 소셜 미디어를 통해 참여시켜 인지도를 높였습니다.

He reports key topics raised through customer center every week.
그는 매주 고객 센터를 통해 제기된 주요 주제를 보고합니다.

intangible

[intǽndʒəbəl] **adj.** 무형의, 만질 수 없는, 모호한, 막연한
반의어 tangible / intangible asset(무형 자산)

Intangible assets consist mainly of trademarks and resource rights.
무형 자산은 주로 상표와 자원 권리로 구성됩니다.

Our philosophy respects the intangible cultural heritage of each country.
우리의 철학은 각국의 무형 문화 유산을 존중합니다.

consist

[kənsíst] **v.** 구성되다, 이루어지다
유의어 compose, comprise, constitute

Each level key can consist of one or more columns.
각 수준 키는 하나 이상의 열로 구성될 수 있습니다.

The art consists of soft skills including leadership, and credibility.
예술은 리더십과 신뢰성을 포함한 부드러운 기술로 구성됩니다.

duty

[djú:ti] **n.** 일, 의무, 관세, 세금
duty free(면세의), customs duties(관세)

The majority of customs duty rates in Singapore are ad valorem duty.
싱가폴의 관세율의 대다수는 종가세입니다.

Duty rates come between 5% and 15% of the customs value of goods.
관세율은 상품 과세 가격의 5퍼센트에서 15퍼센트 사이입니다.

payable

[péiəbl] **adj. 지불해야 하는**

account payable(지불 회계, 외상 매입금, 지급 계정)

Import VAT is payable to customs upon the importation of goods.
수입 부가가치세는 상품 수입시 세관에 납부해야 합니다.

The notes were issued at par, with interest payable semi-annually.
어음은 액면대로 발행되어 연 2회 이자가 붙었습니다.

initial

[iníʃəl] **n. 이니셜, 머리글자 adj. 초기의, 처음의**

initialize(초기화하다) / initial plan(초기 계획)

The result is 3.6pp higher than the initial commitment.
결과는 초기 약정보다 3.6pp 높습니다.

Reflect.com, P&G's initial Internet brand, is launched.
P&G의 초기 인터넷 브랜드인 Reflect.com이 출시되었습니다.

aim

[eim] **v. 목표하다, 겨누다 n. 목표, 목적, 겨냥**

유의어 purpose★250, object, goal★281, objective

Bowen will continue to aim to contribute to the happiness of people.
Bowen은 계속해서 국민들의 행복에 기여하는 것을 목표로 할 것입니다.

Homedeco's aims for 100% of wood to come from certified sources.
Homedeco의 목표는 인증된 출처로부터 목재의 100퍼센트를 얻는 것입니다.

woman

[wúmən] **n. 여자, 여성**

성별이 구분되는 명사가 연상시키는 차별 때문에 갈수록 성별과 관련된 단어
는 쓰지 않는 추세다.

44% of trainees hired in 2015 were women.
2015년에 고용된 연수생의 44퍼센트가 여성이었습니다.

Women accounted for 23% of our workforce and 33% of management.
여성이 우리 노동력의 23퍼센트와 경영진의 33퍼센트를 차지했습니다.

simple

[símpl] **adj.** 쉬운, 단순한, 간단한

simplify(간소화하다), simplicity(단순) / 유의어 single, unmixed

In fact, our example is so simple and clear.

사실, 우리의 예는 아주 단순하고 분명합니다.

Run a simple survey to find out why people are visiting your site.

간단한 설문 조사를 통해 사람들이 귀하의 사이트를 방문하는 이유를 확인하십시오.

car

[kɑːr] **n.** 차, 자동차

유의어 auto, wheels, automobile

Real buildings, streets, cars, and even people can be seen in our VR.

저희의 VR에서는 실제 건물, 거리, 자동차 및 사람까지도 볼 수 있습니다.

The car can drive for up to 800km on a single charge.

자동차는 단 한 번의 충전으로 800킬로미터까지 주행할 수 있습니다.

ordinary

[ɔ́ːrdənèri, ɔ́ːrdənəri] **adj.** 평범한, 보통의, 수수한 **n.** 보통 일

ordinary shares(보통주(株)) / extraordinary(뛰어난)

Coca-Cola HBC has only one class of shares, ordinary shares.

코카콜라 HBC는 보통 주식의 한 종류만을 보유합니다.

Ordinary travel between home and work is not compensable.

집과 직장 사이의 일상적인 이동은 보상받을 수 없습니다.

much

[mʌtʃ] **adv.** 훨씬, 상당히, 매우 **adj.** 많은

유의어 significantly(현저히), considerably(상당히), substantially(충분히)

Thank you very much for your fair and honest dealings.

공정하고 정직한 거래에 진심으로 감사드립니다.

Urban campuses are much greener.

도시의 캠퍼스는 훨씬 더 환경 친화적입니다.

scale

[skeil] n. 크기, 규모, 비율, 축적, 저울 v. 크기를 조절하다

large scale(대규모의), full scale(실물 크기의), economy of scale(규모의 경제)

Growth at such a large scale is unusual.
그러한 대규모의 성장은 이례적인 일입니다.

Online selling is also a scale business characterized by high fixed costs.
온라인 판매 역시 높은 고정 비용이 특징인 규모의 사업입니다.

confirm

[kənfə́ːrm] v. 확인하다, 승인하다

명사형 confirmation

Suppliers contractually confirm adherence to CCHBC SGPs.
공급 업체는 계약상 CCHBC SGP 준수 여부를 확인합니다.

Inform the visiting schedule get a confirmation before visiting suppliers.
공급업체를 방문하기 전에 방문 일정을 알리고 확인받으세요.

idea

[aidíːə] n. 아이디어, 생각, 의도, 계획

연관어 brain storming(브레인스토밍 : 아이디어를 모으는 기법)

We have many ideas for how to make Prime even better.
우리는 어떻게 하면 Prime을 더 좋게 만들 수 있는지에 대한 많은 아이디어를 가지고 있어요.

The idea was simple: enable choice.
아이디어는 간단했습니다 : 선택을 가능하게 합니다.

go

[gəu] v. 가다, 출발하다, 진행되다, 행동하다

be going to는 will보다도 강한 의도·계획·확신을 나타내며 캐주얼한 뉘앙스가 있다.

BK's pivotal role in South Korea goes beyond mere financial support.
한국에서 BK의 중추적인 역할은 단순한 재정적 지원을 넘어섭니다.

But you're still going to be wrong nine times out of ten.
하지만 당신은 여전히 열 번 중 아홉 번은 틀릴 겁니다.

adopt

[ədɑ́pt, ədɔ́pt] v. (의견을)채택하다, 채용하다, (아이를)입양하다
명사형 adoption(채용, 채택, 입양) / adapt(적응하다, 적용하다)

The Ministry of Finance has adopted Russian accounting standards.
재정 경제부는 러시아의 회계 기준을 채택했습니다.

The fair-trade law was adopted in November 2014.
공정거래법은 2014년 11월에 채택되었습니다.

commit

[kəmít] v. 전념하다, 적어놓다, 기록하다, 저지르다
명사형 commitment★412, committed(헌신적인)

We are committed to reducing our greenhouse gas emissions.
우리는 온실 가스 배출량을 줄이기 위해 최선을 다하고 있습니다.

Intel is firmly committed to restoring consumer rights.
Intel은 소비자의 권익 회복을 위해 최선을 다하고 있습니다.

allowance

[əláuəns] n. 수당, 지급금, 공제, 공차, 참작, 고려
동사형 allow★324 / allowance for bad debts(대손충당금)

We record the net of incentives and allowances from manufactures.
우리는 제조업자의 인센티브와 수당의 순액을 기록합니다.

When employees establish clubs, they receive an allowance for club operation.
직원이 클럽을 설립하면 클럽 운영을 위한 수당을 받게 됩니다.

premium

[prí:miəm] n. 프리미엄, 할증, 상여금, 보험료
'고급'이라는 뜻이 있지만, '보험료'의 뜻도 있으니 확인이 필요하다.

Our business approach is to sell premium hardware at breakeven prices.
우리의 사업 방식은 최고급 하드웨어를 손익분기점 가격으로 판매하는 것입니다.

The group sells and distributes premium software package.
그룹은 프리미엄 소프트웨어 패키지를 판매하고 배포합니다.

competition

[kὰmpətíʃən, kɔ̀m-] **n. 경쟁, 시합, 경쟁자**

동사형 compete / 비즈니스는 대개 경쟁하는 환경에 놓인다.

Normally, the selection is made through open competitions.

일반적으로, 선택은 공개 경쟁을 통해 이루어집니다.

Competition is also influenced strongly by advertising and marketing.

경쟁은 또한 광고와 마케팅에 의해 강하게 영향을 받습니다.

guarantee

[gǽrəntí:] **v. 보장하다, 약속하다 n. 보증, 약속, 담보**

반의어 guarantor(보증인) ※guarantee(피보증인)

The guarantees offered are for 85% of the Denmark export value.

제공되는 보증은 덴마크 수출 가격의 85퍼센트에 해당합니다.

Suppliers can operate stable cash under the POSCO's purchase guarantee.

공급업체들은 포스코의 구매보장 하에서 안정적인 현금을 유지할 수 있습니다.

campaign

[kæmpéin] **n. 캠페인**

마케팅, 정치에서 동일하게 사용하는 단어

Watch our Let's Eat campaign video by scanning the QR code below.

아래 QR코드를 스캔하여 우리의 Let's Eat 캠페인 비디오를 시청하세요.

We have made this campaign a regular part of our CSR activities in Taiwan.

우리는 이 캠페인을 대만의 CSR 활동에 정기적으로 포함시켰습니다.

exercise

[éksərsàiz] **n. 운동 v. 운동하다, 연습하다**

physical exercise(육체적 운동), exercise one's leadership(지도력을 발휘하다)

The exercises were presented with external partners.

연습은 외부 파트너와 함께 진행되었습니다.

Dimitris Lois did not exercise any options during 2015.

Dimitris Lois는 2015년 동안 어떤 선택권도 행사하지 않았습니다.

foundation

[faundéiʃən] **n.** 창립, 설립, 재단, 협회, 토대, 기본, 기초

Ford Foundation(포드 재단)

Driving profitability is the foundation underlying all of our goals.

수익성 추구는 당사의 모든 목표를 뒷받침하는 기초입니다.

Owned-inventory retail business was the foundation of Prime.

재고 소유 리테일 사업은 Prime의 기초였습니다.

permit

[pə:rmít] **v.** 허용하다, 허락하다, 허가하다 **n.** 인가증, 허가증

명사형 permission(허가, 동의)

Work permits cannot be renewed.

노동 허가증은 갱신할 수 없습니다.

Different periods are not permitted.

다른 기간은 허용되지 않습니다.

appear

[əpíər] **v.** 나타나다, 출현하다

유의어 emerge★975, arise, come out / 명사형 appearance

The Moon mark appears on all company products and correspondence.

달 마크는 모든 회사 제품 및 서신에 표시됩니다.

Hotels must satisfy the tastes of customers in terms of their appearances.

호텔은 외관면에서 고객의 취향을 충족시켜야 합니다.

remove

[rimú:v] **v.** 지우다, 제거하다

명사형 removal(제거, 철거)

Remove any barriers that prevent those actions.

그러한 조치를 막는 모든 장벽을 제거하세요.

Remove all unnecessary words on the flyer.

전단지에서 불필요한 단어를 모두 제거하십시오.

connect

[kənékt] v. 연결하다

명사형 connection★560 / 반의어 disconnect

Each sentence should connect to the next like a link in a chain.
각 문장은 체인의 링크처럼 다음 문장에 연결되어야 합니다.

We're connecting a product to shelf, site and customer.
우리는 제품을 선반, 현장 및 고객에게 연결합니다.

student

[stjú:dənt] n. 학생

유의어 learner, trainee, apprentice, beginner

Remember to always carry your student ID.
항상 학생증을 휴대하는 것을 잊지 마세요.

More than 28,000 students attended a Visiting Wizards demonstration.
28,000명 이상의 학생들이 Visiting Wizards 시연에 참석했습니다.

trend

[trend] n. 동향, 경향, 추세, 유행, 트렌드

trend analysis(추세분석), trend-spotter(유행에 민감한 사람)

Are the world's trends tailwinds for you?
세계의 트렌드가 당신에게 유리한가요?

See more about consumer and industry trends on page 6.
소비자 및 산업 동향에 대한 자세한 내용은 6페이지를 참조하십시오.

light

[lait] n. 조명 adj. 적은, 가벼운, 부담이 적은

(무게가) 가볍다와 (중요도가) 가볍다(심각하지 않다)는 뜻으로 자주 사용된다.

We did not choose that goal lightly.
우리는 그 목표를 가볍게 선택하지 않았습니다.

We have a plan to make a much lighter and more durable ship.
우리는 훨씬 가볍고 내구성이 뛰어난 선박을 만들 계획이 있습니다.

discuss

[diskʌ́s] **v.** 의논하다, 논의하다, 토론하다

명사형 discussion ★**624**

We must discuss regulation change risks when making investment decisions.

투자 결정시 규정 변경 위험을 논의해야 합니다.

I'll save that for after we discuss opening code.

오프닝 코드에 대해 논의한 후에는 그것을 저장할 것입니다.

ton

[tʌn] **n.** 톤(무게 단위)

shipping ton(적재 톤수)

We have a ton of cash that can protect your project.

우리는 당신의 프로젝트를 보호할 수 있는 엄청난 양의 현금을 가지고 있습니다.

Compared to virgin paper, each ton of recycled paper can save 17 trees.

새 종이와 비교하여, 1톤의 재활용 종이는 17그루의 나무를 구할 수 있습니다.

machine

[məʃíːn] **n.** 기계 **v.** 만들다, 제작하다

유의어 instrument, mechanism

Caterpillar has designed the world's most powerful and durable machines.

Caterpillar는 세계에서 가장 강력하고 내구성있는 기계를 설계했습니다.

Sprite is available anytime, anywhere to drink from vending machines.

Sprite는 언제 어디서나 자판기에서 마실 수 있습니다.

choose

[tʃuːz] **v.** 선택하다, 결정하다

choice ★**987**, chosen(선택된, 선발된) /유의어 decide, pick, draw

Consumers choose foods by checking the information on the labels.

소비자들은 라벨에 있는 정보를 확인하여 음식을 선택합니다.

Use the Date Range box to choose the time you wish to search for.

날짜 범위 상자를 사용하여 검색하려는 시간을 선택하십시오.

fuel

[fjúːəl] **n.** 연료, 식량 **v.** 연료를 공급하다, 에너지원을 공급하다

fossil fuel(화석 연료), fuel efficiency(연비)

We also have a continuing demand for air fuel.
우리는 또한 공기 연료에 대한 지속적인 수요가 있습니다.

In addition, we made a poster promoting fuel-reduction activities.
게다가, 우리는 연료 절감 활동을 촉진하는 포스터를 만들었습니다.

arrangement

[əréindʒmənt] **n.** 배치, 배열, 정리, 협정, 타협

동사형 arrange(배치하다, 준비하다)

Review pension arrangements across the Group.
그룹 전체의 연금 약정을 검토하십시오.

The above limits do not include the value of any buyout arrangements.
위의 제한은 모든 매수 계약의 가치를 포함하지 않습니다.

reputation

[rèpjutéiʃən] **n.** 평판, 명성

reputable(평판이 좋은), reputed(평판인, 평판이 있는), reputedly(평판에 의하면)

We risk both our reputation and our competitiveness.
우리의 명성과 경쟁력을 모두 잃을 수 있습니다.

Taypon's reputation is something we value as much as our products.
Taypon의 명성은 우리 제품만큼 가치 있게 여기는 것입니다.

implementation

[ìmpləməntéiʃən] **n.** 실시, 실행, 이행

동사형 implement★432

These implementations are based on the concept of consistency.
이러한 구현은 일관성의 개념을 기반으로 합니다.

The issue was the implementation of the Emissions Trading System.
이슈는 배출권 거래 시스템의 구현이었습니다.

diversity

[divə́:rsəti, dai-] **n. 다양, 다양성, 인종의 다양함**

형용사형 diverse

The company is proud of the diversity of its workforce.

회사는 인력의 다양성을 자랑스럽게 생각합니다.

How can we address the issue of diversity in our workforce?

어떻게 우리 사업장에서 다양성의 문제를 해결할 수 있을까요?

critical

[krítikəl] **adj. 중대한, 결정적인, 비판적인, 비평의**

'중대하다'와 '비판적'이라는 다른 뜻이 공존하고 있어 주의가 필요하다.

Customers play a critical role in developing infrastructure and products.

고객은 인프라 및 제품 개발에 중요한 역할을 합니다.

We display customer reviews critical of our products.

저희는 제품에 대해 비판적인 고객 후기를 보여드립니다.

knowledge

[nɑ́lidʒ, nɔ́l-] **n. 지식, 인식, 내용, 소식**

know★**368**, knowledgeable(박식한) / knowledge economy(지식 경제)

It also assumes some knowledge of relational database systems.

또한 관계형 데이터베이스 시스템에 대한 일부 지식을 가정합니다.

It is imperative to use the knowledge and resources of the team.

팀의 지식과 자원을 활용하는 것이 필수적입니다.

track

[træk] **v. 점검하다 n. 선로, 트랙, 통로**

fast track(급행의, 승진이 빠른), on the right track(잘 진행되는)

Do they have a track record of successful technical capabilities?

그들은 성공적인 기술 역량을 보여주는 이력을 가지고 있습니까?

Data is tracked routinely and consistently by locations.

데이터가 정기적으로 그리고 위치에 따라 일관되게 추적됩니다.

venture

[véntʃər] n. 벤처사업 v. 위험을 무릅쓰다

a joint venture(합작 투자, 합작 기업), venture capital(벤처 캐피털)

The company announces a joint venture to manufacture products in Texas.
당사는 텍사스에서 제품을 생산하기 위한 합작 투자를 발표합니다.

Joint ventures are accounted for using the equity method.
합작 투자는 지분법을 사용하여 회계 처리합니다.

south

[sauθ] n. 남쪽

southern(남부의, 남쪽의), southward(남쪽으로)

ActoVera South Africa doubles its overall business during its first year.
ActoVera 남아프리카 공화국은 첫 해에 사업 규모를 두 배로 늘립니다.

The order cemented the company's status in the South American market.
그 지시는 남미 시장에서 회사의 지위를 확고히 했습니다.

north

[nɔ:rθ] n. 북쪽

northern(북부의, 북쪽의), northward(북쪽으로)

Sales in North America advanced by 10.2% to €2,334 million.
북미 지역의 매출은 10.2퍼센트인 23억 3,400만 유로로 개선되었습니다.

WRAL is a television news station in North Carolina.
WRAL은 노스 캐롤라이나의 텔레비전 뉴스 방송국입니다.

sign

[sain] v. 서명하다, 신호하다, 계약하다 n. 신호, 게시판, 알림, 도로표지

signature(서명, 사인), signal(신호, 신호로 알리다)

You can sign up for a tour at tripadvisor.com.
tripadvisor.com에서 여행을 신청할 수 있습니다.

Others built a new welcome sign in our store.
다른 사람들은 매장에서 새로운 환영 기호를 만들었습니다.

auditor

[ɔ́ːditər] **n. 회계감사원, 감사, 방청자**
audit★152

In 1985, he joined The A Lab Company as an internal auditor.
1985년에 그는 내부 감사인으로 A Lab사에 입사했습니다.

Deloitte has acted as the Group's sole external auditor since 2013.
Deloitte는 2013년부터 그룹의 유일한 외부 감사인으로 활동해왔습니다.

generation

[dʒènəréiʃən] **n. 발생, 세대, 발전**
동사형 generate★409 / the next generation(다음 세대), power generation
(발전(發電))

The data generation page appears.
데이터 생성 페이지가 나타납니다.

We participated in D&I lab on generations.
우리는 D&I 연구소에 여러 세대에 걸쳐 참여했습니다.

criteria

[kraiti'riə] **n. 기준, 표준**
evaluation criteria(평가기준), based on the same criteria(같은 기준으로)

It was concluded that Mr. Anastassis David best met these criteria.
Anastassis David 씨가 이러한 기준을 가장 잘 충족한다고 결론지었습니다.

It is not affected by individual performance criteria.
개별 성능 기준의 영향을 받지 않습니다.

contribution

[kὰntrəbjúːʃən, kɔ̀n-] **n. 공헌, 기여, 기부, 진술, 제공**
동사형 contribute★366

There is no obligation for employee contributions.
직원의 기부에 대한 의무는 없습니다.

In the year ended 31 December 2015, our contributions totaled €46m.
2015년 12월 31일 종료된 해에 우리의 기여는 4,600만 유로였습니다.

input

[ínpùt] **n.** 입력, 투입, 기입, 기부 **v.** 입력하다, 기입하다

'투입'을 의미하는 input의 반의어는 output(출력, 결과)

Energy is an input to our production and logistics processes.

에너지는 생산과 물류 프로세스의 투입물입니다.

Models contain both judgemental and non-judgemental inputs.

모델은 판단적 입력과 비판단적 입력을 모두 포함합니다.

consideration

[kənsìdəréiʃən] **n.** 고려, 배려, 보수, 대가

동사형 consider★275 / 유의어 thought, reflection, deliberation

However, the Committee will keep this point under consideration.

그러나 위원회는 이 점을 계속 고려할 것입니다.

The Group's share of the consideration amounted to €76.5m.

대가 중 그룹의 지분은 76.5백만 유로에 달했습니다.

delivery

[dilívəri] **n.** 연설, 강연, 전달, 배달

동사형 deliver★377 / cash on delivery(착불)

Fast, reliable delivery is important to customers.

빠르고 안정적인 배송은 고객에게 중요합니다.

E Logistics is reusing 70 tons of water to wash its delivery vehicles.

E 물류는 배달 차량을 씻기 위해 70톤의 물을 재사용하고 있습니다.

goodwill

[gúdwíl] **n.** 영업권, 의지, 신용, 친선

In a business combination, goodwill is capitalized at the acquisition date.

사업 결합에서 영업권은 취득일에 자본화됩니다.

Goodwill is not amortized but tested annually for impairment.

영업권은 상각되지 않지만 매년 감액이 측정됩니다.

join

[dʒɔin] **v. 연결하다, 결합하다, 가입하다, 참가하다**

join the company(입사하다)

Mr. Martin Marcel joined the Operating Committee on 1 January 2017.

마틴 마르셀씨는 2017년 1월 1일 운영 위원회에 합류했습니다.

Sia is the 1st food company to join the UNGC in Myanmar.

Sia는 미얀마에서 UNGC에 가입한 첫 번째 식품 회사입니다.

live

[liv] **v. 살다, 생활하다 adj. 활기 있는, 살아 있는 n. 생활**

living(살아 있는), lively(활기차게), liveliness(쾌활함), relive(되돌리다)

Customers are all living with the design nowadays.

오늘날 고객들은 디자인과 함께 살고 있습니다.

Venture companies are lack of resources to live out their full potential.

벤처 회사들은 그들의 잠재력을 최대한 발휘할 자원이 부족합니다.

air

[ɛər] **n. 공기, 외견, 풍모, 방송 v. 공표하다, 방송하다**

air freight(항공화물), air pollution(대기 오염), air conditioning(냉난방), on the air(방송 중에)

In 2017, new air compressors were installed in Jordbro.

2017년에는 Jordbro에 새로운 공기 압축기가 설치되었습니다.

Air freight is not normally used.

항공 운송은 일반적으로 사용되지 않습니다.

vice

[vais] **adj. 부(副), 차석의 n. 결함, 결점 pre. 대신에, 대리로서**

형용사, 전치사, 명사일 때 뜻이 달라지니 주의해야 한다. / vice president (부사장)

Bruce Byrnes and R. Kerry Clark are elected Vice Chairman of the Board.

브루스 번스와 R. 케리 클라크가 이사회 부회장으로 선출되었습니다.

If users need to turn right, the right button will vibrate, and vice versa.

사용자가 우회전해야 하는 경우 오른쪽 버튼이 진동할 것이고, 그 반대의 경우도 마찬가지입니다.

statutory

[stǽtʃutɔ̀ːri, -təri] **adj. 법의, 법령의**
statutory interest rate(법정이율), statutory auditor(상임감사)

In many countries, these go well beyond the statutory requirements.
많은 국가에서, 이것들은 법적 요구 사항을 훨씬 넘어섭니다.

We are studying the effect of statutory corporate tax rate reduction.
우리는 법정 법인세 감면 효과를 연구하고 있습니다.

house

[haus] **v. 저장하다, 거주시키다 n. 집**
in house(사내의)

Many houses can be rented or bought by expatriates to suit their needs.
많은 주택은 필요에 맞게 국외 거주자가 임대하거나 구입할 수 있습니다.

We reinforced our speed by establishing an in-house trading system.
사내 거래 시스템을 구축하여 속도를 강화했습니다.

fact

[fækt] **n. 실제, 현실, 사실**
factual(사실의), factually(실제로), a matter of fact(사실은)

You can quickly search for facts because it has internet access.
인터넷에 연결되기 때문에 정보를 빠르게 찾을 수 있습니다.

In fact, rice is the main food for half the world's population.
사실 쌀은 세계 인구 절반의 주식입니다.

comply

[kəmplái] **v. 충족시키다, 요구에 따르다, 동의하다, 준수하다**
명사형 compliance★327

We are committed to complying with all environmental requirements.
우리는 모든 환경 요구 사항을 준수할 것을 약속합니다.

This garment does not comply with the CE certification.
이 의류는 CE 인증에 적합하지 않습니다.

turn   [təːrn] **v.** 회전하다, 돌아가게하다 **n.** 회전, 차례, 순서

turning point(전환기), turnover(총매출액, 회전율, 이직율)

A new project turned the problem of wasted food into three benefits.
새 프로젝트는 음식 낭비의 문제를 세 가지 이점으로 전환했습니다.

Inventory turns increased from 120 in Q2 to 260 in Q3.
재고는 2분기 120개에서 3분기 260개로 증가했습니다.

mortgage   [mɔ́ːrgidʒ] **n.** 주택 융자, 저당 유자 **v.** 저당잡히다

금융 업종에서 빈도가 높았다.

The portfolio is critical in the slow growth in the mortgage markets.
주택 담보 대출 시장의 느린 성장세에서 포트폴리오가 중요합니다.

The number of mortgage customers has remained constant at 1.8 million.
주택 담보 대출 고객의 수는 180만 명으로 변함이 없습니다.

today   [tədéi, tu-] **n.** 오늘 **adv.** 오늘날에는, 요즘에는

Today, there are more than 400,000 patents globally.
오늘날 전 세계적으로 40만 개가 넘는 특허가 있습니다.

Online commerce saves customers money and precious time today.
오늘날 온라인 상거래는 고객들의 돈과 귀중한 시간을 절약합니다.

element   [éləmənt, éli-] **n.** 요소, 성분, 원리, 원칙

유의어 ingredient, component★581, constituent

Variable pay is an important element of our reward philosophy.
변동 급여는 보상 철학의 중요한 요소입니다.

Investment in people is the key elements in corporate growth.
사람들에 대한 투자는 기업 성장의 핵심 요소입니다.

전기·전자 | 서비스 | 은행·금융 | 건설·엔지니어링 | IT·통신

dimension

[diménʃən, dai-] **n.** 넓이, 크기, 규모, 범위, 국면, 요소, 측정

3D=Three Dimensions / dimensional(차원의, 치수의)

It contains information across the economic and environmental dimensions.

여기에는 경제 및 환경 차원의 정보가 포함됩니다.

We interviewed individuals responsible for performance dimensions.

성과 측정의 책임이 있는 개인들을 인터뷰했습니다.

건설·엔지니어링 | 인사 | 마케팅·미디어 | IT·통신 | 서비스

depend

[dipénd] **v.** 좌우되다, 의지하다, ~에 달려 있다

depending on conditions(조건에 따라)

Participation fees depend on the country and the show.

참가비는 국가 및 프로그램에 따라 다릅니다.

Depending on the data volumes, the job may take several hours.

작업은 데이터 볼륨에 따라 몇 시간이 걸릴 수 있습니다.

IT·통신 | 은행·금융 | 건설·엔지니어링 | 제조·화학 | 전기·전자

secure

[sikjúər] **adj.** 안전한, 믿을 수 있는 **v.** 확보하다, 보장하다, 안전하게 하다

security★83, insecure(불안한)

Compass is convenient, easy to use, safe and secure.

나침반은 편리하고 사용하기 쉬우며 안전하고 믿을 수 있습니다.

In September 2016, the company secured a new 365-day credit facility.

2016년 9월에 당사는 새로운 365일 신용 편의 시설을 확보하였습니다.

서비스 | 마케팅·미디어 | 건설·엔지니어링 | 인사 | 제조·화학

force

[fɔːrs] **n.** 힘, 영향력 **v.** 강요하다, 억지로 하다

forceful(강제적인), forcibly(강제적으로), forcefully(힘차게)

Note that you are not forced to work in a top-down fashion.

당신은 하향식으로 일하도록 강요받지 않는다는 것을 유의하십시오.

The amendments will come into force at the start of 2018.

개정안들은 2018년 초에 시행될 것입니다.

rise

[raiz]　**v. 오르다, 일어나다　n. 상승**

비슷한 의미의 raise★753는 목적어가 있어야 하고 rise는 목적어 없이 사용한다.

However, the sale of instant noodles in a cup or bowl continued to rise.

하지만 컵이나 사발에 담긴 인스턴트 라면의 판매는 계속 증가했습니다.

US subsidiary saw sales rise 4.6% year on year to reach US$ 131.4 million.

미국 법인의 매출은 전년 대비 4.6퍼센트 증가한 미화 1억 3,140만 달러에 달했습니다.

disposal

[dispóuzəl]　**n. 매각, 처분, 처치**

동사형 dispose / gain or loss on disposal(처분손익)

Eco-efficient processes help cut the costs associated with disposal.

환경 효율적인 프로세스를 통해 폐기 비용을 절감할 수 있습니다.

In some of the studies, we include the disposal of products.

일부 연구에는 제품의 폐기가 포함되어 있습니다.

audience

[ɔ́:diəns]　**n. 청중, 관객, 시청자**

audience rate(시청률), total audience(총독자수)

Think about the audience every time you communicate.

의사 소통을 할 때마다 청중을 생각하세요.

Each project needs a clear view of who its target audiences are.

각 프로젝트는 대상 고객이 누구인지 명확하게 파악해야 합니다.

decline

[dikláin]　**v. 거절하다, 기울이다　n. 쇠약, 감퇴, 하락**

decline은 공손한 거절. reject, refuse는 단호한 거절

The result was followed by excruciating, painful decline.

그 결과 극심하고 고통스러운 하락이 뒤따랐습니다.

To be sure, this kind of decline would happen in slow motion.

확실히, 이런 종류의 감소는 느린 동작으로 일어날 것입니다.

put

[put] v. 두다, 놓다, 진술하다, 설명하다

put into(착수하다), put into effect(실행하다), put in for(요청하다), put off(연기하다)

We can implement the plan by putting customers first.

우리는 고객을 최우선으로 생각함으로써 계획을 실행할 수 있습니다.

Our team put a small microphone in the remote control.

우리 팀은 리모컨에 작은 마이크를 설치했습니다.

indicate

[índikèit] v. 가르키다, 보여주다, 표시하다, 증거가 되다, 말하다, 암시하다

indicator★620

No impairment was indicated from the impairment tests of 2017.

2017년 손상 시험에서는 어떠한 손상도 관찰되지 않았습니다.

A red signal indicates the project is behind schedule.

적색 신호는 프로젝트가 예정보다 지연되었음을 나타냅니다.

subsequent

[sʌ́bsikwənt] adj. 후속하는, 뒤따르는, 그 이후의

유의어 succeeding, following, next

We subsequently reduced our prices on telecom equipment.

우리는 이후에 통신 장비의 가격을 내렸습니다.

Even during his subsequent rehabilitation, he just wasn't recovering.

그의 후속 재활 기간 동안에도 그는 회복하지 못했습니다.

via

[váiə, víːə] pre. 통과하여, ~에 의해, 방법/수단으로

broadcasting via satellite(위성 방송), via air mail(항공 우편으로)

You invite your guests via e-mail.

당신은 이메일을 통해 손님들을 초대합니다.

Small-sized radio beacons transmit messages to smartphones via bluetooth.

소형 무선 신호는 블루투스를 통해 스마트 폰으로 메시지를 전송합니다.

image

[ímidʒ] **n.** 인상, 이미지, 상징, 묘사, 표현 **v.** 마음에 그리다, 상상하다

corporate image(기업 이미지), public image(대중적 이미지)

We have firmly established our brand image in the fax machine segment.
우리는 팩스기기 분야에서 우리 브랜드 이미지를 확고히 다졌습니다.

Nongshim's eco-friendly image has been elevated as a result.
그 결과 농심의 친환경적 이미지가 높아지고 있습니다.

exhibit

[igzíbit] **v.** 전시하다, 출품하다, 제시하다 **n.** 전시, 출품

exhibition(전시회) / 유의어 convention, exposition

Refer to the Exhibit Index herein.
여기의 부록 색인을 참조하십시오.

Revenue growth during the period FY 2013 to 2017 exhibits a CAGR of 43%.
2013 회계연도부터 2017년까지의 매출 증가는 43퍼센트의 성장률을 나타냅니다.

release

[rilí:s] **v.** 발표하다, 공개하다, 개봉하다, 석방하다

유의어 publish ★966, reveal, expose

The NACTO Design Guide is slated for release in 2013.
NACTO Design Guide는 2013년에 출시될 예정입니다.

The amount of phosphates released into wastewater fell by 12.6%.
폐수로 방출된 인산염의 양이 12.6퍼센트 감소했습니다.

gross

[grous] **adj.** 총, 총계의

GNP; Gross National Product(국민총생산), GDP; Gross Domestic Product(국내총생산)

Gross CAPEX is defined as payments for the purchase of plant and equipment.
총 CAPEX는 공장 및 장비 구매에 대한 지불로 정의됩니다.

If gross pay is to be adjusted as well, equal amounts as F.
총임금을 조정할 경우 F와 동일한 금액으로 맞춰주세요.

physical

[fízikəl] **adj.** 육체의, 신체적인, 물리적인

physical examination(신체검사)

The potential size of a network of physical stores is exciting.

실제 매장 네트워크의 잠재적 크기는 흥미롭습니다.

Physical books ushered in a new way of collaborating and learning.

물리학 서적들은 협력과 학습의 새로운 방법을 소개했습니다.

recommend

[rèkəménd] **v.** 권유하다, 추천하다

명사형 recommendation

We recommend that information is provided in German and English.

정보는 독일어와 영어로 제공되는 것이 좋습니다.

Our Board recommends a vote 'AGAINST' this shareholder proposal.

우리 이사회는 이번 주주 제안에 대해 '반대' 투표를 권고합니다.

task

[tæsk, tɑːsk] **n.** 임무, 과제, 숙제 **v.** 임무를 주다

TF; Task Force(특별 위원회) / 유의어 work, job, business, order

TCL is a scripting language that can automate and simplify tasks.

TCL은 작업을 자동화하고 단순화할 수 있는 스크립팅 언어입니다.

The task to be performed needs the skills of only one person.

수행해야 할 과제는 오직 한 사람의 기술을 필요로 합니다.

immediate

[imíːdiət] **adj.** 즉시, 직접적인, 근접한, 직계의

부사형 immediately

Recognize true misalignment issues early and escalate them immediately.

불일치 문제를 조기에 인식하고 즉시 그 문제들을 제기하십시오.

Refer to the immediate setting or shared experience.

즉시 설정 또는 공유 환경을 참조하십시오.

reason

[ríːzn] **n. 이유, 원인, 변명**

reasonable(합리적인), reasonably(합리적으로), reasoning(추론)

The reason cultures are so stable is because people self-select.
문화가 안정된 이유는 사람들이 스스로 선택하기 때문입니다.

The third reason is to measure reform impact.
세 번째 이유는 리폼 효과를 측정하기 위함입니다.

priority

[praiɔ́(ː)rəti, -ɑ́r-] **n. 우선순위**

prior★423, prioritize(우선시하다), prioritization(우선순위 결정하기)

Priority is given to organizations that are nationwide in membership.
회원 자격이 전국에 있는 단체에 우선권이 주어집니다.

Safety is Edison's top priority in the use of biotechnology.
안전은 생명 공학 사용에 있어 Edison의 최우선 사항입니다.

week

[wiːk] **n. 주**

weekly(주간, 매주), weekday(주중), weekend(주말)

The advertisement may be seen over a period of a week or month.
그 광고는 일주일 또는 한 달 동안 볼 수 있습니다.

Salaries must be paid in Euro at least once every two weeks.
급여는 적어도 이 주일에 한 번씩 유로화로 지불되어야 합니다.

accord

[əkɔ́ːrd] **n. 일치, 합치, 협정, 화해, 조화**

accordance★589, according(따르는, ~에 의한), accordingly(따라서)

Retail prices vary according to location.
소비자 가격은 지역에 따라 다릅니다.

Offices are organized according to sector and function.
사무실은 부서와 기능에 따라 조직됩니다.

estate

[istéit] **n.** 재산, 유산, 주택단지

유의어 holdings, land, property / real estate(부동산)

The slowdown in the growth leads to the bursts of real estate bubbles.
성장 둔화로 인해 부동산 거품이 터졌습니다.

We trade real estate for technology.
우리는 부동산을 기술과 교환합니다.

authorize

[ɔ́:θəràiz] **v.** 인가하다, 허가하다, 위임하다

authority★541, authorization(위임, 허가)

The computer systems may only be used for authorized business purposes.
컴퓨터 시스템은 공인된 사업 목적으로만 사용될 수 있습니다.

Our Board of Directors authorized a share repurchase program.
우리 이사회는 주식 환매 프로그램을 승인했습니다.

electricity

[ilèktrísəti, ì:lek-] **n.** 전기, 전력

electric★529, electrical(전기의)

Consumption of electricity was above the prior-year level.
전기 소비량은 전년도 수준을 상회했습니다.

We purchase electricity on the market through electricity exchanges.
우리는 전기 교환을 통해 시장에서 전기를 구입합니다.

opinion

[əpínjən] **n.** 의견, 견해, 전문적 의견

public opinion(여론) /유의어 view, idea, thought

They had a completely different opinion and wanted to go ahead.
그들은 전혀 다른 의견을 가지고 있었고 계속 진행하기를 원했습니다.

We continuously communicate with vendors to listen to their opinions.
우리는 벤더들의 의견을 듣기 위해 계속해서 소통합니다.

커리어, 성공, 자기관리 등에 관한 명언들 중에서도 집중과 집중력에 관한 통찰력 깊은 조언들을 찾아봤다. 큰 차이를 만드는 작은 비밀은 집중력이라고 생각한다.

That's been one of my mantras - focus and simplicity. Simple can be harder than complex: You have to work hard to get your thinking clean to make it simple.

제가 항상 반복해서 외우는 주문 중 하나는 '집중'과 '단순함'입니다. 단순함은 복잡함보다 어렵습니다. 생각을 단순하고 명료하게 만들려면 생각을 깨끗이 정리하는 노력이 필요하기 때문입니다.

- 스티브 잡스

People think focus means saying yes to the thing you've got to focus on. But that's not what it means at all. It means saying no to the hundred other good ideas that there are. Tou have to pick carefully.

많은 사람에게 집중이란 집중할 것에 '예스' 하는 것을 의미합니다. 하지만 집중이란 좋은 아이디어 수백 개에 '노'라고 말하는 것입니다. 조심스럽게 골라야 합니다.

- 스티브 잡스

If you can concentrate always on the present, you'll be a happy man.

언제나 현재에 집중할 수 있다면 행복할 것이다.

- 파울로 코엘료

The ability to focus attention on important things is a defining characteristic of intelligence.

중요한 일에 집중할 수 있는 능력이 바로 지능의 가장 결정적인 특징이다.

- 로버트 J. 쉴러

The key to realizing a dream is to focus not on success but significance-and then even the small steps and little victories along your path will take on greater meaning.

꿈을 실현하는 비결은 성공이 아니라 영향력에 집중하는 것입니다. 그러면 그 과정에서 작은 걸음과 작은 승리조차도 중요한 의미를 지닐 것입니다.

- 오프라 윈프리

until

[əntíl] pre. ~할 때까지

until과 till 동일한 의미이나 미세하게나마 until이 더 formal한 표현이다.

Up until 2015, the company completed 45 houses in Vietnam.
그 회사는 2015년까지 베트남에 45채의 주택을 완공했습니다.

Revised provisions shall remain in effect until 1 January 2017.
개정된 규정은 2017년 1월 1일까지 유효합니다.

server

[sə́:rvər] n. 서버, 시중드는 사람

컴퓨터 업계에서 빈도가 높다.

This account is pre-created in the BI server metadata repository.
이 계정은 BI 서버 메타 데이터 저장소에 미리 생성됩니다.

A presentation server administrator can change it.
프레젠테이션 서버 관리자가 변경할 수 있습니다.

variable

[vέəriəbəl] n. 변수 adj. 변동하는, 가변성의

variable interest rate(변동 금리), variable cost(변동비)

This work is being applied to increase variable cost productivity.
이 작업은 변동 비용 생산성을 높이기 위해 적용되고 있습니다.

Even small decisions often involve the interplay of hundreds of variables.
심지어 작은 결정들도 종종 수백 개 변수들의 상호 작용을 수반합니다.

expectation

[èkspektéiʃən] n. 기대, 예상, 장래성, 기대값

동사형 expect ★236 /유의어 prospect, perspective, prediction

The public's expectation is that we exist to cure.
대중의 기대는 우리가 치료하기 위해 존재한다는 것입니다.

They understand our expectations towards compliance.
그들은 규정 준수를 향한 우리의 기대를 이해합니다.

worldwide

[wə́:rldwáid] **adj/adv.** 전 세계의, 세계적으로
유의어 international, global

7 million customer reviews were added to websites worldwide.
전 세계적으로 700만 건의 고객 후기가 추가되었습니다.

It has been severely restricted in 10 countries worldwide.
그것은 전 세계의 10개국에서 심각하게 제한되어 왔습니다.

qualify

[kwάləfài, kwɔ́l-] **v.** 자격이 있다, 적임이다
qualified(자격 있는, 적임의)

GE has already designed the plan for the qualified personnel.
GE는 자격을 갖춘 직원을 위한 계획을 이미 수립했습니다.

The management qualifies for a cash-settled performance bonus scheme.
경영진은 현금으로 정산된 성과 보너스를 받을 자격이 있습니다.

continuous

[kəntínjuəs] **adj.** 지속적인, 계속적인, 끊임없는
동사형 continue★86

Significant sales growth was helped by the continuous growth of exports.
지속적인 수출 증가 덕분에 매출이 크게 증가했습니다.

2015 was another year of continuous improvement for the BSO.
2015년은 BSO의 지속적인 발전의 또 다른 해였습니다.

specify

[spésəfài] **v.** (조건을)지정하다, 명확하게 말하다
specifiable(구별할 수 있는, 명기할 수 있는)

The new rules specify situations that do not affect the residency status.
새로운 규칙은 거주 상태에 영향을 주지 않는 상황을 지정합니다.

Hanwha has specified processes covering from procurement to supply.
한화는 조달부터 공급에 이르는 프로세스를 구체화했습니다.

negative

[négətiv] **adj.** 부정의, 거부의, 소극적인 **n.** 결점, 거부, 소극성
반의어 positive★722

All of this inevitably has a negative impact on stock quotations.
이 모든 것은 불가피하게 주가에 부정적인 영향을 미칩니다.

There are benefits as well as the potential for negative impacts.
부정적인 영향의 가능성뿐만 아니라 이점도 있습니다.

buy

[bai] **v.** 사다, 구입하다
buyer(구매자), buying power(구매력)

We buy sugar, mineral waters and carbon dioxide to make our products.
우리는 제품을 만들기 위해 설탕, 미네랄 워터 및 이산화탄소를 구입합니다.

Retail is more than just selling and buying.
소매업은 단순히 팔고 사는 것 이상의 것입니다.

restructure

[ri:strʌktʃər] **v.** 개조하다, 개편하다, 개혁하다
연관어 structure★371

AI-enabled adaptive learning could restructure education.
AI가 가능하도록 적용된 학습은 교육을 재구성할 수 있습니다.

We also restructured the in-store 'tommy's shops'.
우리는 또한 매장 내 'tommy's shops'를 재구성했습니다.

provider

[prəváidər] **n.** 공급자, 부양자, 가장
유의어 supplier★147 / 동사형 provide★19

The NCA requires credit providers to register with the NCR.
NCA는 신용 제공자가 NCR에 등록할 것을 요구합니다.

It is important to register a domain name and find a web-hosting provider.
도메인 이름을 등록하고 웹 호스트 공급자를 찾는 것이 중요합니다.

agree

[əgríː] v. 동의하다, 동감하다, 일치하다
agreement★247 / 반의어 disagree

If your supervisor approves, you can agree to speak at the conference.
상급자가 승인하면 회의에서 발언하는 것에 동의할 수 있습니다.

100% of residents agreed to its closure.
거주자의 100퍼센트는 폐쇄에 동의했습니다.

big

[big] adj. 큰, 커다란
유의어 large, huge, great

Big winners pay for so many experiments.
대다수의 우승자들은 그처럼 많은 실험 비용을 지불합니다.

Compared to big cities, Lyon has fewer opportunities to enjoy art.
대도시와 비교할 때, 리옹은 예술을 즐길 수 있는 기회가 적습니다.

original

[ərídʒənəl] n. 원본 adj. 독창적인
origin(기원), originally(원래), originate(유래하다), originality(독창성) / 유의어 primary

I attach a copy of the original bank letter.
원본 은행 서류의 복사본을 첨부합니다.

In May 2016, this action was consolidated with the original action.
2016년 5월에는 이 조치를 기존 조치와 통합하였다.

domestic

[dowméstik] adj. 국내의, 가정의
domestic market(내수시장) / 반의어 foreign, overseas

Provide information on overseas and domestic trade events and activities.
해외 및 국내 무역 행사 및 활동에 관한 정보를 제공하십시오.

Our share in the domestic canned food market reached 30.8%.
국내 통조림 식품 시장에서 우리의 점유율은 30.8퍼센트에 달했습니다.

nature

[néitʃər] n. 자연, 본성, 기질

natured(~한 성질을 가진), in the nature of(~와 비슷한)

We are proud of the local nature of the new business.
우리는 신사업의 지역적 특성에 자부심을 느낍니다.

Employees must obtain approval due to the nature of the business.
직원들은 사업의 성격상 승인을 얻어야 합니다.

worker

[wə́:rkər] n. 직원, 근무자

유의어 labor(er), employee

The range of ratios is similar for both male and female workers.
비율의 범위는 남성과 여성 근로자 모두에게 유사합니다.

Not only customers but also co-workers around you are precious.
고객뿐만 아니라 주변의 동료들도 소중합니다.

display

[displéi] v. 진열하다, 전시하다 n. 컴퓨터 화면

'진열'의 뜻 외 '액정 화면'의 일반 명사로 많이 쓰인다.

Folks who see the display for the first time do a double-take.
처음으로 전시되는 것을 보는 사람들은 깜짝 놀라 다시 봅니다.

Wait until the status line displays Success.
상태표시줄에 성공이 표시될 때까지 기다립니다.

except

[iksépt] pre. 제외하고

유의어 without

There is no discussion of each risk except to get concurrence on wording.
문언에 대한 동의를 얻는 것을 제외하고는 각 위험에 대한 논의가 없습니다.

Keep the floor free of all material except POSM.
POSM을 제외한 모든 자재를 바닥에서 치워주세요.

portion

[pɔ́:rʃən]　n. 일부, 부분

유의어 share★13, piece, part

CCC undertakes a significant portion of foreign bank risk.

CCC는 외국 은행의 위험을 상당 부분 부담합니다.

Google will show only a portion of it in the search result.

Google은 검색 결과에 일부만 표시합니다.

classify

[klǽsəfài]　v. 분류하다, 기밀취급한다

classified(기밀의, 분류의) / 유의어 confidential 기밀의, 대외비의

We classify risks according to our Qualitative Risks Matrix.

우리는 질적 위험 매트릭스에 따라 위험을 분류합니다.

Other leases are classified as operating leases.

다른 임대는 운용 리스로 분류됩니다.

inventory

[ínvəntɔ̀:ri, -təri]　n. 재고, 재고품, 재고조사　v. 목록을 만들다

유의어 stock

To achieve both, there is a right amount of inventory.

이 두가지를 모두 달성하기 위해서는 적절한 양의 재고가 있어야 합니다.

We reduced inventories and account receivables to secure cash liquidity.

우리는 현금 유동성 확보를 위해 재고와 미수금을 줄였습니다.

circumstance

[sə́:rkəmstæ̀ns, -stən-]　n. 환경, 처지

유의어 condition★241, status★665, situation

Our people delivered results by mitigating unfavorable circumstances.

우리 직원들은 불리한 환경을 완화하여 결과를 전달했습니다.

The accruals are adjusted as external circumstances change.

발생액은 외부 상황이 변경됨에 따라 조정됩니다.

treasury

[tréʒəri]　n. 재무부, 컬렉션, 금고, 재고

the Department of the Treasury(미국 재무부)

The company typically settles stock-based awards with treasury shares.

회사는 일반적으로 자사주로 주식 기반 보상을 결제합니다.

The intention is to hold all treasury bills to full maturity.

의도는 모든 재무부 단기 증권을 완전한 만기까지 유지하는 것입니다.

effectiveness

[iféktivnis]　n. 효과성, 유효성

effect★385, effective★253

We monitor and analyze the effectiveness of each risk control action.

각 위험 관리 조치의 효과를 모니터링하고 분석합니다.

Highest points are excluded in an effectiveness testing.

최고점은 유효성 테스트에서 제외됩니다.

repurchase

[ri:pə́:rtʃəs]　v. 재구매하다, 다시 구입하다

연관어 purchase★233

The repurchase program has no set expiration or termination date.

재구매 프로그램에는 설정된 만료일이나 종료일이 없습니다.

We completed two-thirds of our $10 billion share repurchase program.

우리는 100억 달러 주식 환매 프로그램의 3분의 2를 완료했습니다.

safe

[seif]　adj. 안전한, 조심스러운　n. 금고

명사형 safety★166 / safe guard(무역용어 세이프가드)

Lowe's should be a safe investment in a sea of volatility.

Lowe's는 변덕의 바다에서 안전하게 투자해야 합니다.

Nexen is committed to providing a safe work environment.

Nexen은 안전한 작업 환경을 제공하기 위해 최선을 다하고 있습니다.

liquidity

[likwídəti] n. 환금성, 유동성

liquidity risk(유동성 위험), excess liquidity / surplus liquidity(과잉 유동성)

Wholesale funding remains an important part of our liquidity structure.
도매 자금 조달은 우리 유동성 구조의 중요한 부분으로 남아 있습니다.

Our conservative liquidity policies are unchanged.
우리의 보수적인 유동성 정책은 변하지 않습니다.

search

[sə:rtʃ] v. 찾다, 수색하다, 탐색하다 n. 탐색, 수색

search engine(검색 엔진) / 연관어 research★201

We have made document searches and utilization easy.
우리는 문서 검색 및 이용을 쉽게 만들었습니다.

The team has done a terrific job–the voice search actually works.
팀은 음성 검색이 실제로 작동하는 아주 훌륭한 작업을 해냈습니다.

read

[ri:d] v. 읽다, 해독하다, 이해하다

reader(독자), reading(독해), read only(읽기 전용의) / card reader(카드 단말기)

Audible makes it possible for you to read when your eyes are busy.
Audible은 여러분의 눈이 바쁠 때 읽을 수 있게 해줍니다.

We read the other information included in the report as well.
우리는 보고서에 포함된 다른 정보도 읽었습니다.

hire

[haiər] v. 고용하다

유의어 employment★431

McKnight was hired by 3M in 1907, as an assistant bookkeeper.
맥나잇은 1907년에 3M에 의해 부기 계원으로 고용되었습니다.

You should hire host/hostesses, cloakroom attendants, etc.
당신은 호텔 직원, 화물 보관소 직원 등을 고용해야 합니다.

body

[bάdi, bɔ́di] **n. 몸, 조직, 단체, 본문**

body type(본문 활자), advisory body(자문단)

About 25 percent in the body of your presentation should be key ideas.

프레젠테이션 본문의 약 25퍼센트는 핵심 아이디어여야 합니다.

If you have a body, you are an athlete already to Adidas.

만약 여러분이 몸을 가지고 있다면, Adidas에게 여러분은 이미 운동 선수입니다.

holding

[hóuldiŋ] **n. 소유물, 재산, 소유, 보유**

holding company(지주 회사) / holdings(재산, 소유주, 지주회사)

The story is strong enough to justify holding a press conference.

기자 회견을 개최하는 것을 정당화할 수 있을 정도로 강렬한 이야기입니다.

Why are you holding the conference/seminar/workshop/meeting?

컨퍼런스 / 세미나 / 워크샵 / 회의를 왜 개최하고 있습니까?

adverse

[ædvə́ːrs] **adj. 반대의, 불리한, 불운한**

adverse weather(악천후), adverse economic conditions(불리한 경제 상황)

The economic development in Brazil could have adverse effects.

브라질의 경제 발전은 역효과를 가져올 수 있습니다.

Our business may be adversely impacted by product defects.

제품 결함으로 인해 비즈니스에 악영향을 미칠 수 있습니다.

efficient

[ifíʃənt] **adj. 효율적인**

efficient(효율적인) vs effective★253(효과적인) / 반의어 inefficient

It illustrates possibilities to efficiently manage urban intersections.

그것은 도시 교차로를 효율적으로 관리할 수 있는 가능성을 보여줍니다.

Talent donation can lead to efficient social contribution activities.

재능 기부는 효율적인 사회 공헌 활동으로 이어질 수 있습니다.

innovative

[ínouvèitiv] **adj. 혁신적인, 창의력이 있는**

명사형 innovation ★**439**

Cloud monitoring is an innovative service offered by Sizmek.

클라우드 모니터링은 Sizmek이 제공하는 혁신적인 서비스입니다.

We satisfy our customers with innovative technology and superior quality.

혁신적인 기술과 우수한 품질로 고객을 만족시킵니다.

box

[bɑks, bɔks] **n. 상자 v. 권투하다**

in box(미결 서류, 메일함), post box(우편함, 사서함)

One is famous for brown boxes and the other for APIs.

하나는 갈색 상자로 유명하고 다른 하나는 API로 유명합니다.

The address of registered office is Cricket Square, P.O. Box 268.

등록된 사무실의 주소는 Cricket Square, 우편함(P.O. Box) 268입니다.

once

[wʌns] **adv. 한 번, 예전에 pre. 일단, ~할 때**

once more(한 번 더), once a day(하루에 한 번), at once(즉시)

Once a year, we offer our associates to leave paid vacation.

일년에 한 번, 우리는 직원들에게 유급 휴가를 제공합니다.

Once climate change is enforced, it's difficult to change the system.

기후 변화가 시행되면 시스템을 변경하기가 어렵습니다.

default

[difɔ́ːlt] **n. 자동선택, 체납, 불이행, 부전패**

declaration of default(채무불이행), default option(내정된 옵션)

All provisions are based on the probability of further default.

모든 조항은 추가 채무 불이행 가능성에 근거합니다.

The tech companies have turned encryption features on by default.

기술 회사들은 암호화 장치를 기본으로 설정했습니다.

branch

[bræntʃ, brɑːntʃ] **n.** (조직)지점, 지사, (나무)가지

조직의 규모와 형태에 따라 office, post, branch, subsidiary, corporation 등을 사용한다.

This service assists clients who are unable to travel to a branch.
이 서비스는 지점으로 이동할 수 없는 고객을 지원합니다.

We promoted our Shanghai branch to a subsidiary status in October 2012.
우리는 2012년 10월에 상하이 지점을 자회사로 승격시켰습니다.

vision

[víʒən] **n.** 시야, 시력, 이미지, 비전, 미래상

vision & mission, vision & goal 등이 장기적인 목표로 쓰인다.

Uphold's vision is more than just lending, payments or remittance.
Uphold의 비전은 단순한 대출, 지불 또는 송금 이상의 것입니다.

Our vision, mission and values are at the core of our corporate culture.
우리의 비전, 사명 및 가치는 우리 기업 문화의 핵심입니다.

stainless

[stéinlis] **adj.** 스테인리스, 녹슬지 않은

철강 업계에서 자주 쓰임 / stain((금속) 녹, 오염)

Type 302 stainless steel is generally the first choice.
유형 302 스테인레스 스틸이 일반적으로 첫 번째 선택입니다.

What are the advantages of having stainless springs passivated?
스테인리스 스프링을 부동화한 이점은 무엇입니까?

proxy

[prɑ́ksi, prɔ́ksi] **n.** 대리, 대리인 / 컴퓨터 서버 용어

IT&소프트웨어 업계 문서에서 높은 빈도로 추출되었다. / proxy statement 주주총회에 필요한 서류로서, 임원들의 급여계산표와 같다.

The proxy can be submitted by phone, by mail or on the internet.
대리 위임장은 전화, 우편 또는 인터넷으로 제출할 수 있습니다.

Voxel aims to become a proxy for the growth of virtual reality.
Voxel은 가상 현실의 성장을 위한 대리인이 되는 것을 목표로 합니다.

institute

[ínstətjùːt] **n.** 조직, 기관, 제정, 설립, 원리, 규칙

institution★**940** / institute 과학·교육·예술적 사업 목적의 조직·협회
institution 범위가 넓은 조직·협회

PMBOK is published and maintained by the Project Management Institute.
PMBOK는 프로젝트 관리 연구소에 의해 출판 및 유지 관리됩니다.

We have instituted a strict program of PI handling policies.
우리는 PI 처리 정책의 엄격한 프로그램을 제정했습니다.

export

[ikspɔ́ːrt, ekspɔ́ːrt] **v.** 수출하다 **n.** 수출, 수출품

반의어 import★**459** / exporter(수출업자, 수출국)

We do not export hazardous waste from or through international borders.
우리는 국경을 통과하는 유해 폐기물을 수출하지 않습니다.

It is a great pleasure to introduce the Ukraine Imports & Exports Guide.
우크라이나의 수입 및 수출 안내서를 소개하게 되어 대단히 기쁩니다.

relative

[rélətiv] **adj.** 상대적인, 비교상의, 관계 있는 **n.** 친척, 관계물

relatively(상대적으로) / 반의어 absolute(절대적인)

※ 혼동하기 쉬운 단어 related(관련된)

The result is a relatively young employee profile.
그 결과 비교적 젊은 직원들의 프로필이 만들어졌습니다.

Uphold's current valuation is low relative to other companies.
Uphold의 현재 평가는 다른 회사들에 비해 낮습니다.

few

[fjuː] **adj.** 소수의

only a few(다만 몇 안 되는)

As of January 31, only a few claims for such injuries remained pending.
1월 31일 현재, 그러한 부상에 대한 소수의 보상금만이 지연된 채 남아 있습니다.

Here are a few guidelines for spotting a PR opportunity.
다음은 홍보 기회를 발굴하기 위한 몇 가지 지침입니다.

behavior

[bihéivjər] **n. 행동, 행위, 동작**

유의어 function, operation, performance

No policy or compliance office can guarantee ethical behavior.
어떤 정책이나 컴플라이언스 사무국도 윤리적 행동을 보장할 수 없습니다.

Customers are motivated to imitate the behavior of celebrities.
고객은 유명인의 행동을 모방하도록 동기 부여됩니다.

council

[káunsəl] **n. 위원회, 협의회**

labor management consultation council(노사협의회) / UN security council(유엔 안전보장 이사회)

The development council has concentrated on water conservation.
개발위원회는 수자원 보호에 집중해왔습니다.

The Cargill Nutrition Council was founded in 1978.
Cargill 영양위원회는 1978년에 설립되었습니다.

aspect

[ǽspekt] **n. 면, 양상, 관점, 국면**

유의어 look, appearance

Quality is one of the most important aspects of project management.
품질은 프로젝트 관리의 가장 중요한 측면 중 하나입니다.

LSD operates win-win growth programs that cover all aspects of management.
LSD는 경영의 모든 측면을 포괄하는 윈-윈 성장 프로그램을 운영합니다.

always

[ɔ́:lweiz, -wiz, -wəz] **adv. 매번, 항상, 언제까지나**

유의어 at all times, all the time, invariably

Hansol will always respect customers' opinions, understand customers.
한솔은 항상 고객의 의견을 존중하고 고객을 이해합니다.

Always use a format with a verb first and then a noun.
항상 동사가 먼저 나오고 명사가 있는 형식을 사용하십시오.

certification

[sə̀ːrtəfikéiʃən] **n. 인증, 공증, 증명서**

certify(증명하다)

We received the HACCP certification in 2006 and were re-certified in 2009.
우리는 2006년에 HACCP 인증을 받았으며 2009년에 다시 인증받았습니다.

We have maintained ISO 9001 certifications in all areas of our operations.
우리는 모든 업무 분야에서 ISO 9001 인증을 유지해오고 있습니다.

beverage

[bévəridʒ] **n. 음료, 마실 것**

F&B ; Food and Beverage(식음료)

On alcoholic beverages, the tariff is 50 percent.
알코올 음료의 경우 관세는 50퍼센트입니다.

We produce and sell the world's most recognized beverage brands.
저희는 세계에서 가장 유명한 음료 브랜드를 생산하고 판매합니다.

chemical

[kémikəl] **n. 화학물 adj. 화학적인**

heavy chemical industry(중화학공업)

Cells have a memory in the form of a chemical marking of DNA.
세포는 DNA의 화학적 기록 형태로 기억을 가지고 있습니다.

Michael König studied chemical process engineering in Dortmund.
Michael König는 도르트문트에서 화학 공정 공학을 전공했습니다.

restaurant

[réstərənt, -rɑ̀ːnt, -rɔ̀nt, -rɔ̀ːŋ] **n. 식당, 음식점**

외식업계에서 사용 빈도가 높다.

Marketing team engaged consumers at popular bars, restaurants.
마케팅팀은 인기 있는 바, 레스토랑에서 소비자를 참여시켰습니다.

A restaurant selling chicken meals operates under the trademark NANDO'S.
닭고기 식사를 판매하는 레스토랑은 NANDO's 상표로 운영됩니다.

attributable

[ətríbjutəbəl] **adj.** ~에 기인하는, ~때문인
attribute(n. 특성, 속성 v. 원인으로 여기다)

The sales attributable to Roche amounted to €89 million in 2014.
Roche의 매출액은 2014년 8,900만 유로에 달했습니다.

Income attributable to copyright amounted to $19 million.
저작권으로 인한 수입은 1,900만 달러입니다.

promotion

[prəmóuʃən] **n.** 승진, 선전, 광고
promote★**540** / sales promotion(판촉), food industry promotion act(식품 산업진흥법)

Retail promotions may include external media.
소매 프로모션에는 외부 미디어가 포함될 수 있습니다.

Promotions and direct mail are a means to gain consumer awareness.
홍보와 DM은 소비자들의 인지도를 얻기 위한 수단입니다.

budget

[bʌ́dʒit] **n.** 예산 **v.** 예산을 세우다
budgetary(예산의, 예산상의), budgeter(예산 위원)

The target of the reduction in packaging materials is budgeted.
포장재 감축 목표는 예산으로 책정됩니다.

We streamline overall business management such as budget, investment.
우리는 예산, 투자 등과 같은 전반적인 비즈니스 관리를 간소화합니다.

satisfaction

[sǽtisfǽkʃən] **n.** 만족
동사형 satisfy★**945** / customer satisfaction(고객 만족)

Benefits are another factor that drives the satisfaction of our employees.
복리 후생은 직원들의 만족도를 높이는 또 다른 요인입니다.

The committee confirmed its satisfaction in all instances.
위원회는 모든 경우에 만족을 확인했습니다.

incur

[inkə́:r] **v. 초래하다, (손실을) 입다, (빚을) 지다**
유의어 generate★409, trigger, induce, engender

Acquisition costs are expensed as incurred.
취득 원가는 발생 시점에 비용으로 처리하고 있습니다.

Development expenditures are recognized as an expense as incurred.
개발 지출은 발생 시점에 비용으로 인식하고 있습니다.

amortization

[æmərtaizéifən, əmɔ̀:-] **n. (자산) 감모상각**
연관어 depreciation(감가상각) ※한국에서는 감가상각과 감모상각을 엄격
히 구분하지 않는 경향이 있다.

The amortization period is reviewed at each financial year-end.
감모상각 기간은 각 회계 연도 말에 검토됩니다.

Intangibles subject to amortization are as follows.
할부 상환 대상 무형 자산은 다음과 같습니다.

why

[wai] **adv. 왜, 무엇 때문에**
대부분의 관계부사는 명사로도 쓰일 수 있다.

Local officials struggle to explain why doing business is more challenging.
지역 공무원들은 왜 사업하기가 더 어려워지는지 설명하려고 애쓰고 있습니다.

It is unknown why contact with the electrical energy source occurred.
왜 전기 에너지원과의 접촉이 발생했는지 알 수 없습니다.

multiple

[mʌ́ltəpəl] **n. 다수, 배수**
multiple shopping complex(복합쇼핑몰)

Use simple grammatical constructions, avoiding multiple sub-clauses.
여러 가지 하위 절을 피하면서 간단한 문법적 구조를 사용하십시오.

There are opportunities for governments to act on multiple fronts.
정부가 여러 면에서 행동할 수 있는 기회가 있습니다.

recovery

[rikʌ́vəri] **n. 회복, 복구, 회복기**

동사형 recover(회복하다, 복구하다) / economic recovery(경기 회복)

The framework is linked to the recovery plan.
프레임워크가 복구 계획에 연결되어 있습니다.

The disaster recovery plans have been conducted successfully.
재해 복구 계획은 성공적으로 수행되었습니다.

session

[séʃən] **n. 회의, 회합, 시간, (의회)개회**

executive session(간부 회의). training session(훈련 기간), ordinary session(정기회)

Encourage entire team to participate in brainstorming session.
전체 팀이 브레인 스토밍 세션에 참여하도록 격려하십시오.

Globally, 98 percent of managers completed the session.
전 세계적으로 98퍼센트의 관리자들이 이 과정을 마쳤습니다.

still

[stil] **adv. 아직, 여전히, 더욱 adj. 흐리지 않는, 고요한, 조용한**

still water(정제된 물)

Indonesia still faces considerable challenges going forward.
인도네시아는 앞으로도 상당한 도전에 직면해 있습니다.

Consumers want to keep their traditions whilst still enjoying our product.
소비자는 우리 제품을 계속 즐기면서도 전통을 지키기를 원합니다.

combine

[kəmbáin] **v. 결합시키다, 연합시키다, 화합시키다**

combined(결합한), combination(조합, 결합)

We combined two important features for improved bolt connections.
향상된 볼트 연결을 위해 두 가지 중요한 기능을 결합했습니다.

China's slowdown may combine with a drop in domestic consumption.
중국의 경기 둔화는 국내 소비 감소와 결합할 수도 있습니다.

ongoing

[ɔ́ngòuiŋ] **adj. 지속되는**
유의어 current ★**116**, continuous ★**855**

The ongoing project focuses on developing health messaging.
진행 중인 프로젝트는 건강 관련 메시지를 개발하는 데 중점을 둡니다.

He requires ongoing access to capital markets to support our operations.
그는 우리의 사업을 지원하기 위해 자본 시장에 지속적으로 접근할 것을 요구합니다.

expertise

[èkspərtíːz] **n. 전문지식, 기술**
expert ★**991**

Other sites may lack the resources or expertise.
다른 사이트는 자원이나 전문 지식이 부족할 수 있습니다.

This decision helps our tier 1 suppliers build technological expertise.
이 결정은 당사의 tier 1 공급 업체가 기술 전문 지식을 구축하는 데 도움이 됩니다.

space

[speis] **n. 공간, 장소, 우주**
spacious(넓은), spatial(공간의)

Do not crowd the screen: use lots of white space.
화면이 꽉 차게 하지 말고 여백을 많이 쓰세요.

Determine available space before beginning to write.
작성을 시작하기 전에 사용 가능한 공간을 결정하십시오.

overview

[óuvəvjuː] **n. 개요, 개관, 총람**
유의어 summary ★**751**, outlook, sketch

Items highlighted in bold are discussed in the overview.
굵게 강조 표시된 항목은 개요에서 설명합니다.

An overview of supplier assessments can be found online.
공급 업체 평가의 개요는 온라인에서 확인할 수 있습니다.

disclose

[disklóuz] **n.** 드러내다, 밝히다, 적발하다

disclosure★517 / 유의어 release★835, reveal, publish

We disclose the methods and results of clinical trials.
우리는 임상 시험의 방법과 결과를 공개합니다.

All significant new facts are disclosed immediately to the general public.
모든 중요한 새로운 사실은 즉시 일반 대중에게 공개됩니다.

eligible

[élidʒəbəl] **adj.** 적당한, 자격이 있는, 적격의

eligible draft(적격어음) / 유의어 qualified(qualify★854)

The planned treatment is eligible under your policy.
계획된 치료는 귀하의 정책에 따라 적격입니다.

The company grants SARs to eligible employees of ViaWest.
회사는 ViaWest의 적격 직원에게 SARs를 부여합니다.

paper

[péipər] **n.** 종이, 신문, 논문, 서류, 증서

paper on(~에 관한 보고서)

The primary focus is to recycle paper and tins.
주요 초점은 종이와 주석을 재활용하는 것입니다.

Props include the post-it notes, easels, large paper and tape.
소품에는 포스트잇 노트, 이젤, 대형 종이 및 테이프가 포함됩니다.

answer

[ǽnsər, ά:n-] **n.** 대답 **v.** 대답하다

answer to 답하다, answer for 책임지다 / 유의어 response, reply, return

Prepare possible answers to anticipated questions.
예상되는 질문에 대한 가능한 답을 준비하십시오.

The answer is a good pointer for a key message.
대답은 핵심 메시지를 가리키는 좋은 포인터입니다.

submit

[səbmít] **v. 제출하다, 제안하다, 제시하다**

명사형 submission(제출) / 유의어 offer, present, tender

Why did you decide to submit a claim?
클레임을 제출하기로 결정한 이유는 무엇입니까?

Blueprints are submitted annually to the SARB for review.
도면은 검토를 위해 매년 SARB에 제출됩니다.

court

[kɔːrt] **n. 법원, 법정, (스포츠)코트**

supreme court(대법원), food court(푸드코트), tennis court(테니스 코트)

The court delivered its judgment and dismissed the NCR's appeal.
법원은 판결을 내리고 NCR의 항소를 기각했습니다.

The Local Court of Cologne appointed Professor Otmar as his successor.
쾰른 지방 법원은 Otmar 교수를 후계자로 임명했습니다.

stage

[steidʒ] **n. 단계, 절차, 무대, 연단**

early stage(초기 단계)

The investigation is in a preliminary stage.
그 조사는 초기 단계에 있습니다.

2016 saw the start of the second stage of the programme.
2016년에는 프로그램의 2단계가 시작되었습니다.

near

[niər] **adv. 가까이에, 근처에**

유의어 close, coming

Nearly all other direct emissions also fell in 2014.
거의 모든 다른 직접 배출량도 2014년에 감소했습니다.

Our waste indexed to net sales has decreased nearly 22.0% since 2005.
우리의 폐기물 순매도는 2005년 이후 22.0퍼센트로 감소했습니다.

thing

[θiŋ] **n. 것, 물체, 의견, 생각, 소지품**
구체적인 상황에 맞는 단어를 더 선호한다 business, issue, case, matter

That's precisely why research and development is such a big thing at 3M.
그것이 바로 연구 개발이 3M에서 중요한 일인 이유입니다.

We strive to invent things that are not only new but useful.
우리는 새로운 것뿐만 아니라 유용한 것들을 발명하려고 노력합니다.

presentation

[prèzəntéiʃən] **n. 프레젠테이션, 상연, 공연**
동사형 present★257

The company holds quarterly presentations, meetings, and workshops.
회사는 분기별 프레젠테이션, 회의 및 워크샵을 개최합니다.

Preparation is crucial for delivering a great presentation.
준비는 훌륭한 발표를 전달하는 데 중요합니다.

renewable

[rinjúːəbl] **adj. 재생할 수 있는, 재사용 가능한, 연장할 수 있는**
renew(새롭게하다, 갱신하다, 연장하다) ※renew보다 renewable의 빈도가
높았다.

Borouge did not generate any renewable energy.
Borouge는 재생 에너지를 생성하지 않았습니다.

G tower is South Korea's largest renewable energy-utilizing structure.
G 타워는 한국에서 가장 큰 신 재생 에너지 활용 건물입니다.

notice

[nóutis] **n. 통지, 고지, 공고 v. 알아차리다, 인지하다, 주목하다**
post a notice on(~에 공지 사항을 게시하다)

Medicare had received a similar notice from Paron Pharmaceutical.
Medicare는 Paron 제약사로부터 비슷한 통보를 받았습니다.

The notice must contain the information required by the bylaws.
통지서에는 내규에서 요구하는 정보가 포함되어야 합니다.

ownership

[óunərʃip]　n. 소유, 소유권, 주인의식
연관어 own ★308, owner ★666

This rule applies to both direct and indirect ownership.
이 규칙은 직접 소유권과 간접 소유권 모두에 적용됩니다.

It creates accountability and ownership of the deliverables assigned.
할당된 결과물에 대한 책임과 소유권을 창출합니다.

handle

[hǽndl]　v. 처리하다, 취급하다, 다루다　n. 손잡이, 핸들
handling(취급, 취급의), handler(취급하는 사람) ※ 차의 핸들은 (steering) wheel

NoSQL efficiently handles large volumes of different types of data.
NoSQL은 많은 양의 다른 유형의 데이터를 효율적으로 처리합니다.

Food insecurity is larger than any one group can handle.
식품 불안은 한 집단이 감당할 수 있는 것보다 더 큽니다.

earn

[ə:rn]　v. 벌다, 받다, 획득하다
earning(소득, 수익) / EBIT: Earnings Before Interest, Tax((회계용어) 이자 및 세전 이익)

It's our responsibility to earn and maintain their trust.
그들의 신뢰를 얻고 유지하는 것은 우리의 책임입니다.

The ratings of PVC makers were downgraded due to a low earning trend.
PVC 제조사들의 등급이 낮은 수익 추세 때문에 하향 조정되었습니다.

equal

[íːkwəl]　adj. 똑같은, 상당한, 평등한, 균등한　v. ~와 같다
A be equal to B((사람)A가 B를 할 만한 역량이 있는)

Awards are settled in three cash tranches spread equally over three years.
상금은 3년 동안 균등하게 분배된 3개의 현금 분할 발행분으로 정산됩니다.

Options and benefits are granted on an equal basis.
옵션과 혜택은 평등하게 부여됩니다.

recognition

[rèkəgníʃən] **n.** 인식, 인정, 승인, 표창, 보상

동사형 recognize★185 / voice/speech recognition(음성 인식), worldwide recognition(세계적인 명성)

IFRS 16 is the new standard for revenue recognition.

IFRS 16은 수익 인식을 위한 새로운 표준입니다.

This is the first cast PP grade to receive recognition in Asia and China.

이것은 아시아와 중국에서 인정 받은 최초의 주조 PP등급입니다.

collect

[kəlékt] **v.** 모으다, 수집하다, (세금을) 징수하다

collection(수집), collected(수집한), collective(집단적인), collector(집전장치, 수집가)

Never be afraid to run an experiment or to collect more data.

실험을 실행하거나 더 많은 데이터를 수집하는 것을 두려워하지 마십시오.

They arranged to collect the laptop.

그들은 노트북을 수집하기로 했습니다.

locate

[lóukeit] **v.** 위치시키다, 놓다, 찾다

명사형 location★387

Each form is located in this appendix.

각 양식은 이 부록에 있습니다.

The STEM Centre is located in the World Learning premises in Algiers.

STEM 센터는 알제리의 World Learning 구내에 위치하고 있습니다.

institution

[ìnstətjúːʃən] **n.** 기구, 조직, 시설, 제도, 관례

동사형 institute★893 / financial institution(금융기관), educational institution (교육기관)

Don't talk about institutions–talk about action, people and results.

제도에 대해 말하지 마세요–행동, 사람 그리고 결과에 대해 이야기하세요.

How can AI provide new sources of value for institutions?

AI는 어떻게 기관에 가치있는 새로운 원천을 제공할 수 있습니까?

commission

[kəmíʃən] **n.** 수수료, 커미션, 주문, 의뢰, 위원회

commissioner(감독관, 위원) / fair trade commission(공정거래위원회)

The European Commission granted approval for the treatment of gist.

유럽 위원회는 요점을 다루는 것을 승인했습니다.

The dealers receive a commission on all ancillary equipment rentals.

딜러들은 모든 보조 장비 대여에 대한 수수료를 받습니다.

examine

[igzǽmin] **v.** 조사하다

유의어 inspect, analyze★**973**, investigate

We support to examine your business as it stands.

우리는 현재 상태 그대로 귀하의 사업을 시험하는 일을 도와줍니다.

Examine important points for yourself.

중요한 사항들은 직접 점검하십시오.

print

[print] **v.** 인쇄하다, 프린트하다 **n.** 인쇄, 인화

printery(인쇄소) / print media(인쇄 매체)

Are you listing your web address on all print materials?

모든 인쇄물에 귀하의 웹 주소를 기재하고 있습니까?

Print advertisement is simple but sending a strong message.

인쇄 광고는 간단하지만 강력한 메시지를 전달합니다.

wireless

[wáiərlis] **adj.** 무선의

반의어 wired / wireless Internet(무선 인터넷)

Shaw completed the first critical step in our wireless network upgrade.

Shaw는 무선 네트워크 업그레이드의 첫 번째 중요한 단계를 완료했습니다.

The Wireless division had approximately 1.0 million RGUs.

무선 사업부는 약 100만 RGU를 보유하고 있었습니다.

satisfy

[sǽtisfài]　**v. 만족시키다, 기쁘게 하다, 채우다, 충족시키다**
명사형 satisfaction★**908**

Engaged employees are more satisfied with their work.
고용된 직원들은 그들의 일에 더 만족하고 있습니다.

98% of customers replied being 'satisfied' with the new service.
98퍼센트의 고객이 새로운 서비스에 '만족한다'고 응답했습니다.

technique

[tekníːk]　**n. 기술, 기교**
technic과 technique을 엄격히 구분할 필요는 없으며 technique의 빈도가
더 높다. / 형용사형 technical★**727**

Consider specific relaxation techniques such as meditation and yoga.
명상이나 요가 같은 특정한 이완 기술을 고려하세요.

This technique is also called a 'delayed lead'.
이 기술은 또한 지연된 리드(lead)라고도 합니다.

cycle

[sáikl]　**n. 반복, 순환, 주기　v. 순환하다, 돌다**
business / economic cycle(경기 순환), life cycle(생활 주기), fuel cycle(연
료 사이클)

The following defines a typical project life cycle.
다음은 전형적인 프로젝트 생애 주기를 정의합니다.

A hard drawn wire is best suited to very low cycle conditions.
직결 배선은 매우 낮은 사이클 조건에 가장 적합합니다.

block

[blɑk, blɔk]　**n. 방해, 구역, 구획　v. 막다, 차단하다, 봉쇄하다**
blocked(막힌), blockage(봉쇄, 반응 억제), unblock(장애물을 제거하다)

Reebok town stores can take the entire city blocks.
Reebok 타운 상점들은 도시 구역 전체를 차지할 수 있습니다.

You shouldn't feel comfortable using robots.txt to block sensitive material.
민감한 자료를 차단하기 위해 robots.txt를 사용하는 것이 편하지 않아야 합니다.

save

[seiv]　v. 저장하다, 보관하다, 저금하다, 구하다

saving(저축, 저금) / cost saving(원가절감)

We improved our plant reliability and saved 9,000,000 GJ in 2012.

우리는 공장의 신뢰성을 향상시키고 2012년에 9,000,000 GJ를 절감했습니다.

For example, are you doing anything to save the environment?

예를 들어 환경을 보존하기 위해 무엇을 하고 있습니까?

money

[mʌ́ni]　n. 돈, 자금, 비용

cash★79, fund★203, check★583, budget★907 등으로 구체적·전문적으로 구분하기 때문에 money의 빈도가 낮다.

Credit applications focus on money out.

신용 지원은 돈에 초점을 맞춥니다.

The credit book area focuses on all collections activities i.e. money in.

신용 장부 영역은 돈과 같은 모든 수금 활동에 초점을 맞춥니다.

dialogue

[dáiəlɔ̀ːg]　n. 대화, 회담, 토론

dialog는 컴퓨터 용어로 쓰이며 빈도가 높아졌으나, 대화라는 뜻으로는 dialogue를 사용한다.

We intend to intensify the dialogue with our various stakeholders.

우리는 다양한 이해 관계자들과의 대화를 강화할 계획입니다.

The warning dialogue box appears every time you click Save All.

모두 저장을 클릭할 때마다 경고 대화 상자가 나타납니다.

unique

[juːníːk]　adj. 유일한, 독특한, 특유의

유의어 sole, matchless, incomparable

All users are assigned a unique user name and password.

모든 사용자에게 고유한 사용자 이름과 암호가 할당됩니다.

What is unique about Hynex system?

Hynex 시스템은 무엇이 독특한가요?

mark　　　[mɑ:rk] **v. 표시하다, 나타내다, 보이다 n. 부호, 기호, 자국, 흔적**
　　　　　　marked(현저한), marker(표지, 표식)

Mark the bottom ones with a question mark: do you really need them?
아래에 물음표를 달아 보세요: 정말로 그것들이 필요한가요?

Picture mark and text mark form a single unit.
그림 표시와 텍스트 표시는 하나의 단위를 형성합니다.

registration　　　[rèdʒəstréiʃən] **n. 등록, 등록증**
　　　　　　동사형 register★637 / registeration으로 잘못 사용하기 쉽다.

Standard practice is to have online registration for the event.
일반적인 관행은 행사를 위해 온라인으로 등록하는 것입니다.

Pre-registration is free of charge.
사전 등록은 무료입니다.

regional　　　[rí:dʒənəl] **adj. 지역의, 지방의**
　　　　　　region★521 / regional manager(지사장)

Bank's regional offices provide information to businesses.
은행의 지역 사무소는 기업에 정보를 제공합니다.

We support public infrastructure through payments of regional taxes.
우리는 지역 세금 납부를 통해 공공 인프라를 지원합니다.

aggregate　　　[ǽgrigèit] **n. 합계, 총액 v. 모으다, 집합시키다**
　　　　　　aggregate market value(시가 총액), aggregate income tax(종합소득세)

The risks are more aggregated here than in our internal documentation.
위험은 내부 문서에서 보다 더 많이 집계됩니다.

The aggregate hours worked in March actually rose.
3월의 근무시간 총계는 실제로 늘었습니다.

variety

[vəráiəti] **n. 다양성**

형용사형 variable★**851**, various★**410**

Quality is measured in a variety of ways.

품질은 다양한 방법으로 측정됩니다.

Springs can be coiled with a variety of end configurations.

스프링은 다양한 최종 구성으로 감길 수 있습니다.

representative

[rèprizéntətiv] **n. 대표, 대리인 adj. 대표하는, 전형적인**

represent★**422** / 명사와 형용사 모두 가능한 단어이다. / sales representative (영업 대표, 판매 대리인)

They are management representatives.

그들은 경영진(경영 대표자들)입니다.

Assist the account representative with formulating a solution.

솔루션을 공식화하여 계정 담당자를 지원하십시오.

appoint

[əpɔ́int] **v. 임명하다, 임용하다, 지명하다**

명사형 appointment / 유의어 designate, nominate, assign

The project owner will appoint a project manager to control the project.

프로젝트 소유자는 프로젝트를 통제할 프로젝트 관리자를 임명합니다.

He was appointed to the JPMorgan Board of Management in September 2014.

그는 2014년 9월 JPMorgan 이사회에 임명되었습니다.

travel

[trǽvəl] **v. 여행하다 n. 여행**

business travel(출장), travel agency(여행사), travel retail(면세점)

Now people in the Metropolitan Area can travel to the east coast faster.

이제 수도권의 사람들은 동해안으로 더 빨리 여행할 수 있습니다.

Executives and managers traveled workplaces in Colombia extensively.

임원과 관리자들은 콜롬비아의 사업장들을 광범위하게 여행했습니다.

comprise

[kəmpráiz] **v.** 이루어지다, 구성되다

유의어 consist of, be composed of

Income tax expense comprises current and deferred tax.
법인세 비용은 당기 법인세와 이연 법인세로 구성되어 있습니다.

The Board of Directors comprises 9 directors.
이사회는 9명의 이사로 구성됩니다.

play

[plei] **v.** 연주하다, 다루다, 경기하다, 놀다 **n.** 활동, 연극, 연주

player(참여자, 관련자)

Vehicle speed plays a critical role in the cause and severity of crashes.
차량 속도는 충돌의 원인과 심각성에 중요한 역할을 합니다.

Our procurement staff plays an important intermediary role.
우리 조달 직원은 중요한 중개 역할을 담당합니다.

merchandise

[mə́:rtʃəndàiz] **n.** 상품 **v.** 팔다

merchandiser(머천다이저, 줄여서 MD로 많이 쓴다.)

Merchandise 'shrink' is a direct hit to your bottom line.
상품 '축소'는 수익에 직접적인 영향을 줍니다.

No merchandise accepted for return 30 days after delivery date.
배송일로부터 30일 후에 상품은 반품이 허용되지 않습니다.

although

[ɔ:lðóu] **pre.** 비록 ~이지만, ~하긴 해도

although는 though에 비해 더 격식 있고 문어적 표현으로, 실제 우선순위에
서도 높게 나타났다.

Although 3M tracks some training hours, it is not consistent globally.
3M은 교육 시간을 추적하지만 전세계적으로 일관적이지는 않습니다.

He was very satisfied although he got less than he expected.
기대보다 적은 액수를 받았음에도 불구하고 그는 매우 만족했습니다.

entry

[éntri] **n.** 입장, 입력, 기입, 등록, 참가자

entry permit(입국 허가), single entry(단식 부기), entry paper(입항신고 서류)

China, Serbia, Montenegro and Yemen have eased business entry.
중국, 세르비아, 몬테네그로와 예멘은 비즈니스 진입을 완화했습니다.

Create a separate data entry batch for year-end adjustment.
연말 조정을 위해 별도의 데이터 입력 배치를 생성하십시오.

face

[feis] **v.** 대면하다, 바라보다, 마주보다, 직면하다 **n.** 얼굴, 안면

facial(얼굴의), faceable(향하게 할 수 있는) / customer-facing(고객을 직접 응대하는)

People are frequently faced with more information than we can handle.
사람들은 종종 우리가 처리할 수있는 것보다 더 많은 정보에 직면해 있습니다.

Are there any potential threats that your project could face?
프로젝트가 직면할 수 있는 잠재적인 위협이 있습니까?

score

[skɔːr] **n.** 득점 **v.** 득점하다

credit rating score(신용평점), assessment score(평가 지수)

As in sports, once you start keeping score everyone wants to win.
스포츠에서와 마찬가지로, 일단 점수를 유지하기 시작하면 모두가 이기기를 원합니다.

They recorded the highest score in the new car assessment program.
그들은 신차 평가 프로그램에서 가장 높은 점수를 기록했습니다.

stress

[stres] **v.** 긴장시키다, 강조하다 **n.** 스트레스, 압력, 강조, 역설

stressed(스트레스가 쌓인), stressful(긴장이 많은), distress(고통, 곤란)

Target areas include diagnosing post-traumatic stress disorder and stroke.
대상 영역에는 외상 후 스트레스 장애 및 뇌졸중의 진단이 포함됩니다.

What is a safe design stress for a compression spring?
압축 스프링에 대한 안전한 설계 응력이란 무엇입니까?

normal

[nɔ́ːrməl] **adj.** 평범한, 보통의 **n.** 평균, 보통, 정상적인

유의어 ordinary, usual, standard, regular

Normally all the provisions for a contract closeout are specified in the contract.

일반적으로 계약을 종료하는 모든 조항은 계약서에 명시되어 있습니다.

This kind of process normally takes eight to ten years.

이런 종류의 과정은 보통 8년에서 10년이 걸립니다.

trademark

[treidma:rk] **n.** 상표, 특징 **v.** 상표를 등록하다

상표 옆에 붙는 ™이 trademark의 뜻, ®은 registered trademark를 의미 / the patent and trademark office(특허청)

The purchase price pertained mainly to product trademarks.

구매 가격은 주로 제품 상표와 관련이 있습니다.

We own and use various trademarks and licenses.

당사는 다양한 상표와 라이센스를 소유하고 또 사용하고 있습니다.

url

n. 인터넷 웹페이지 주소(uniform resource locator의 축약형)

Examine the landing page of the URL in your PQ rating task.

PQ 등급 과제에서 URL의 랜딩 페이지를 검사하십시오.

This is the URL through which the user interacts with the application.

이것이 사용자가 응용 프로그램과 상호 작용할 때 사용하는 URL입니다.

measurement

[méʒərmənt] **n.** 측정, 계산, 양, 치수

동사형 measure ★163

Measurement is based on anticipated cash flows.

측정은 예상되는 현금 흐름을 기준으로 합니다.

Transaction costs are included in the initial measurement.

거래 비용은 초기 측정에 포함됩니다.

analyze

[ǽnəlàiz] v. 분석하다, 조사하다, 연구하다
명사형 analysis ★374

Analyze the schedule and major milestones.
일정과 주요 이정표를 분석하십시오.

We analyze what the major stakeholders require from the Group.
주요 이해 관계자가 그룹에서 요구하는 것들을 분석합니다.

otherwise

[ʌðərwàiz] adv. 그렇지 않으면, 달리, 다른 방법으로

Otherwise, you may seem to accept his view implicitly.
그렇지 않으면 그의 견해를 암시적으로 수용하는 것처럼 보일 수 있습니다.

Otherwise, you'll struggle to gain any followers.
그렇지 않으면 당신은 어떤 팔로워도 얻기 힘들 것입니다.

emerge

[imə́ːrdʒ] v. 벗어나다, 생기다, 나타나다
emerging(떠오르는), emergence(출현), emergent(신흥의)

OPIC fosters investment in emerging markets and developing countries.
OPIC은 신흥 시장 및 개발도상국에 대한 투자를 촉진합니다.

We will emerge as a more productive company with a broader reach.
우리는 더 넓은 활동 범위의 생산적인 회사로 부상할 것입니다.

side

[said] n. 표면, 장소, 부분, 가장자리 adj. 옆의, 부차적인
side effect(부작용), side by side(나란히)

Assume the most lively, poised, expressive side of yourself.
자신의 가장 생동감 있고, 침착하며, 표현력 있는 측면을 가정해보세요.

The one-way side streets facilitate camera recording.
일방 통행로는 카메라 녹화를 용이하게 합니다.

respond

[rispánd, -spónd] **v. 응답하다, 대답하다**

유의어 answer★924, reply

As you get into your stride, the audience responds.
당신이 본격적으로 시작하면, 청중은 응답합니다.

Build capacities to analyze and respond to watershed risk.
중대한 위험을 분석하고 대응할 역량을 구축하십시오.

patient

[péiʃənt] **n. 환자 adj. 인내하는, 끈기 있는**

patience(인내), impatient(참을성 없는), inpatient(입원 환자)

This innovative solution is now being used to improve patient outcomes.
이 혁신적인 솔루션은 이제 환자 결과를 개선하는 데 사용됩니다.

Toyota is winning stakeholders' wide support for its patient response.
Toyota는 인내심 있는 대응으로 이해 관계자의 폭 넓은 지지를 얻고 있습니다.

smart

[smɑːt] **adj. 현명한**

IT업계에서 자주 쓰인다. smart phone, smart home, smart car, smart office

We thrive on innovation and offer simple, smart solutions.
우리는 혁신에 박차를 가하며 간단하고 스마트한 솔루션을 제공합니다.

We create a green world with smart technologies.
우리는 똑똑한 기술로 녹색 세상을 만듭니다.

rental

[réntl] **n. 임대 adj. 임대의**

rent(임대하다) /유의어 lease

Revenue comprises initial connection fees and monthly rentals.
수익에는 초기 연결 수수료 및 월간 임대료가 포함됩니다.

AVIS operate approximately 1,950 car rental locations worldwide.
AVIS는 전 세계적으로 약 1,950대의 자동차 렌트 지점을 운영하고 있습니다.

coverage

[kʌ́vəridʒ]　**n.** 적용 범위, 보상 범위, 시청 구역

동사 cover★342

We are for the first time publishing the coverage for the Group.

우리는 처음으로 그룹에 대한 보도를 게시합니다.

Our product was known to overseas thanks to the coverage by global media.

우리의 제품은 해외 언론의 보도로 해외에 알려졌습니다.

topic

[tɑ́pik, tɔ́p-]　**n.** 화제, 제목, 표제, 논제

유의어 question★576, subject★239, theme

The elements have no pattern except their relationship to the topic.

원리는 주제와의 관계를 제외하고 패턴이 없습니다.

They want to know more about the topic.

그들은 이 주제에 대해 더 알고 싶어 합니다.

bonus

[bóunəs]　**n.** 보너스, 상여금, 특별금　**adj.** 여분의

유의어 incentive★691, allowance★771, reward, compensation

The bonus to be paid in the 2017 financial year is included in accruals.

2017년 회계 연도에 지급될 보너스는 선급금에 포함됩니다.

The bonus distribution is typically in the first quarter of the next year.

보너스 분배는 일반적으로 내년 1/4분기에 이루어집니다.

arise

[əráiz]　**v.** 발생하다, 일어나다, 나타나다

arise는 '발생하다'는 뜻인 반면 rise★825는 '올라가다'는 뜻이 있다.

They arise when the group invests cash with other banks.

이들은 그룹이 다른 은행에 현금을 투자할 때 발생합니다.

During any project, issues/conflicts may arise.

모든 프로젝트 중에 문제 / 충돌이 발생할 수 있습니다.

proceed

[prousíːd]　v. 진전되다, 진척되다, 계속되다

procedure★447, proceeding(절차, 진행)

Proceed with entering your payroll information as usual.
평소대로 급여 정보를 입력하십시오.

A number of early-stage research projects are proceeding in parallel.
초기 단계의 많은 연구 프로젝트가 동시에 진행되고 있습니다.

interview

[íntərvjùː]　n. 인터뷰, 면접, 회견　v. 인터뷰하다, 면접하다

interviewer(인터뷰를 하는 사람), interviewee(인터뷰를 받는 사람)

Messages and proof points are the foundations of interview preparation.
메시지와 증거 점수는 면접 준비의 토대입니다.

These are your bargaining tools in setting the terms for the interview.
이들은 인터뷰 조건을 설정하는 협상 도구입니다.

choice

[tʃɔis]　n. 선택, 선택사항, 결정

동사형 choose★788

Infortrend places great emphasis on providing customers with choice.
Infortrend는 고객에게 선택권을 제공하는 데 중점을 둡니다.

Visit the homepage, select the model of your choice.
홈페이지를 방문하여 원하는 모델을 선택하세요.

extend

[iksténd]　v. 넓히다, 확대하다, 연장하다

extended(확장된), extension(확장, 내선번호), extensive(광범위한),
extent(정도, 범위)

IBK's SME service extended the scope of its loan portfolio.
기업 은행의 중소기업 서비스는 대출 포트폴리오의 범위를 확대했습니다.

We expect you to help us extend our project.
귀하가 저희의 프로젝트를 확장하는 일을 도와주실 것으로 기대하고 있습니다.

political

[pəlítikəl] **adj.** 정치의, 정치적인

politics(정치), politician(정치가), political party(정당)

Simon emphasizes the political, economic and technological analysis.

Simon은 정치, 경제 및 기술 분석을 강조합니다.

Excessive income inequality can bring about political instability.

과도한 소득 불평등은 정치적 불안정을 야기할 수 있습니다.

length

[leŋkθ] **n.** 길이

연관어 volume★**463**(부피), weight★**533**(무게) / 유의어 distance, reach, range

Our company secures the minimum length of paid maternity leave.

당사는 유급 출산 휴가의 최소 길이를 보장합니다.

Stud length must be checked as each plate is approximately .040″ thick.

스터드 길이는 각 플레이트의 두께가 약 0.04인치가 되도록 점검해야 합니다.

expert

[ékspə:rt] **n.** 전문가 **adj.** 전문의, 숙련된

유의어 professional★**612**

Berlin was considered based on the perceptions of business experts.

비즈니스 전문가들의 인식에 기반해 베를린을 고려했습니다.

Blogs are a great way to demonstrate your expertise.

블로그는 전문성을 입증하는 좋은 방법입니다.

video

[vídiòu] **n.** 비디오 **v.** 녹화하다

VOD ; Video On Demand(주문형 비디오 시스템)

We demonstrated RS app for iOS with video and photos.

우리는 비디오와 사진으로 iOS용 RS 앱을 시연했습니다.

You may make short video clips to display on your website.

당신의 웹페이지에 상영될 수 있는 짧은 비디오 영상을 만들 수도 있습니다.

rank

[ræŋk] **n.** 등급, 계급 **v.** (등급)매기다, 위치하다, 차지하다, 자리잡다

high rank(고위) ※ rank가 지위·계급 등의 유의미한 위치라면 ranking은 모든 종류의 순위

Sharing content on social media increases your search engine ranking.

소셜 미디어에서 콘텐츠를 공유하면 검색 엔진 순위가 높아집니다.

We were ranked No. 5 in electric power on global 100 companies in Forbes.

우리는 포브스가 선정한 글로벌 100대 기업의 전력 부문에서 5위를 차지했습니다.

here

[hiər] **adv.** 여기에, 이곳에

반의어 there ★ 132

Pfizer's ranking remains the same here as in 2014.

Pfizer의 순위는 2014년과 동일합니다.

Here is how we ensure our systems' quality from design to manufacturing:

다음은 설계에서 제조에 이르기까지 시스템의 품질을 보장하는 방법입니다.

whole

[houl] **adj.** 모두, 전부의, 온전한

whole은 형용사로서 일반 명사를 수식한다. all은 다른 명사를 수식할 수 있고 직접 명사로 쓰인다.

The whole transaction amount is distributed among clients.

전체 거래 금액은 고객간에 분배됩니다.

AI can shape different functions across the whole value chain.

AI는 가치 사슬 전반에 걸쳐 다양한 기능을 형성할 수 있습니다.

publish

[pʌbliʃ] **v.** 출판하다, 발행하다

유의어 issue, distribute

McKinsey published a discussion paper assessing the Chinese government.

McKinsey는 중국 정부를 평가하는 토의 자료를 발표했습니다.

First published in 1938, Guide to Exporting is now in its 10th edition.

1938년에 처음 출판 된 Guide to Exporting은 이제 10판이 되었습니다.

typical

[típikəl] **adj.** 전형적인, 특징적인, 특이한

type★242 / 유의어 representative, normal

Typical examples of movable assets are machines, inventory and furniture.
이동 자산의 전형적인 예로는 기계, 재고품 및 가구가 있습니다.

The interest rate for the guarantee is typically floating rate.
보증에 대한 이자율은 일반적으로 변동 금리입니다.

entire

[intáiər] **adj.** 전체의, 완전한, 온전한

entire inventory(전체 목록) / 유의어 complete, whole

Port quality impacts the entire supply system and even the distribution stage.
포트 품질은 전체 공급 시스템과 심지어 유통 단계에 영향을 미칩니다.

It unlocked an entirely new niche market for lenders.
그것은 대출 기관을 위한 완전히 새로운 틈새 시장을 열어주었습니다.

highlight

[hailait] **v.** 강조하다, 펜으로 표시하다 **n.** 하이라이트, 절정의 순간

유의어 emphasize

Stores utilize empty space to highlight products.
상점은 제품을 강조하기 위해 빈 공간을 사용합니다.

2017 performance highlights are following.
2017년 실적 하이라이트는 다음과 같습니다.

wheel

[hwi:l] **n.** 바퀴, (차) 핸들, 운송수단

자동차 업계에서 높은 빈도가 추출되었다.

It warns a driver by sending a mild vibration through the steering wheel.
운전대로 약한 진동을 전달하여 운전자에게 경고합니다.

Wheel and tire specifications are subject to change.
휠 및 타이어 사양은 변경될 수 있습니다.

Check List

☐☐☐	1	company
☐☐☐	2	business
☐☐☐	3	report
☐☐☐	4	use
☐☐☐	5	risk
☐☐☐	6	which
☐☐☐	7	financial
☐☐☐	8	include
☐☐☐	9	management
☐☐☐	10	value
☐☐☐	11	service
☐☐☐	12	employee
☐☐☐	13	share
☐☐☐	14	product
☐☐☐	15	all
☐☐☐	16	group
☐☐☐	17	market
☐☐☐	18	information
☐☐☐	19	provide
☐☐☐	20	customer
☐☐☐	21	new
☐☐☐	22	asset
☐☐☐	23	user
☐☐☐	24	plan
☐☐☐	25	work
☐☐☐	26	million
☐☐☐	27	total
☐☐☐	28	more
☐☐☐	29	also
☐☐☐	30	performance
☐☐☐	31	change
☐☐☐	32	rate
☐☐☐	33	result
☐☐☐	34	any
☐☐☐	35	cost
☐☐☐	36	data
☐☐☐	37	tax
☐☐☐	38	time
☐☐☐	39	such
☐☐☐	40	program
☐☐☐	41	process
☐☐☐	42	account
☐☐☐	43	through
☐☐☐	44	statement
☐☐☐	45	sale
☐☐☐	46	increase
☐☐☐	47	income
☐☐☐	48	system
☐☐☐	49	base
☐☐☐	50	net
☐☐☐	51	interest
☐☐☐	52	operate
☐☐☐	53	one
☐☐☐	54	than
☐☐☐	55	annual
☐☐☐	56	follow
☐☐☐	57	director
☐☐☐	58	committee
☐☐☐	59	when
☐☐☐	60	board
☐☐☐	61	policy
☐☐☐	62	loss
☐☐☐	63	operation
☐☐☐	64	global
☐☐☐	65	review
☐☐☐	66	people
☐☐☐	67	support
☐☐☐	68	number
☐☐☐	69	investment
☐☐☐	70	require
☐☐☐	71	relate
☐☐☐	72	project
☐☐☐	73	activity
☐☐☐	74	page
☐☐☐	75	make
☐☐☐	76	high
☐☐☐	77	over
☐☐☐	78	amount
☐☐☐	79	cash
☐☐☐	80	bank
☐☐☐	81	each
☐☐☐	82	under
☐☐☐	83	security
☐☐☐	84	note

☐☐☐	253	effective
☐☐☐	254	public
☐☐☐	255	item
☐☐☐	256	governance
☐☐☐	257	present
☐☐☐	258	apply
☐☐☐	259	practice
☐☐☐	260	source
☐☐☐	261	many
☐☐☐	262	contact
☐☐☐	263	place
☐☐☐	264	table
☐☐☐	265	site
☐☐☐	266	model
☐☐☐	267	partner
☐☐☐	268	estimate
☐☐☐	269	potential
☐☐☐	270	subsidiary
☐☐☐	271	address
☐☐☐	272	determine
☐☐☐	273	office
☐☐☐	274	trade
☐☐☐	275	consider
☐☐☐	276	before
☐☐☐	277	act
☐☐☐	278	large
☐☐☐	279	exchange
☐☐☐	280	currency
☐☐☐	281	goal
☐☐☐	282	gain
☐☐☐	283	remuneration
☐☐☐	284	award
☐☐☐	285	month
☐☐☐	286	return
☐☐☐	287	property
☐☐☐	288	range
☐☐☐	289	primary
☐☐☐	290	open
☐☐☐	291	life
☐☐☐	292	name
☐☐☐	293	compensation
☐☐☐	294	emission
☐☐☐	295	equipment
☐☐☐	296	addition
☐☐☐	297	since
☐☐☐	298	find
☐☐☐	299	particular
☐☐☐	300	regulation
☐☐☐	301	network
☐☐☐	302	economic
☐☐☐	303	sell
☐☐☐	304	role
☐☐☐	305	center
☐☐☐	306	plant
☐☐☐	307	record
☐☐☐	308	own
☐☐☐	309	carry
☐☐☐	310	decision
☐☐☐	311	same
☐☐☐	312	officer
☐☐☐	313	care
☐☐☐	314	department
☐☐☐	315	become
☐☐☐	316	detail
☐☐☐	317	power
☐☐☐	318	production
☐☐☐	319	across
☐☐☐	320	provision
☐☐☐	321	human
☐☐☐	322	unite
☐☐☐	323	debt
☐☐☐	324	allow
☐☐☐	325	website
☐☐☐	326	show
☐☐☐	327	compliance
☐☐☐	328	senior
☐☐☐	329	charge
☐☐☐	330	perform
☐☐☐	331	complete
☐☐☐	332	personal
☐☐☐	333	party
☐☐☐	334	stakeholder
☐☐☐	335	common
☐☐☐	336	list

☐☐☐	421	insurance
☐☐☐	422	represent
☐☐☐	423	prior
☐☐☐	424	without
☐☐☐	425	decrease
☐☐☐	426	call
☐☐☐	427	reduction
☐☐☐	428	hour
☐☐☐	429	learn
☐☐☐	430	feature
☐☐☐	431	employment
☐☐☐	432	implement
☐☐☐	433	add
☐☐☐	434	maintain
☐☐☐	435	however
☐☐☐	436	retail
☐☐☐	437	external
☐☐☐	438	start
☐☐☐	439	innovation
☐☐☐	440	independent
☐☐☐	441	post
☐☐☐	442	lower
☐☐☐	443	major
☐☐☐	444	chain
☐☐☐	445	serve
☐☐☐	446	progress
☐☐☐	447	procedure
☐☐☐	448	compare
☐☐☐	449	get
☐☐☐	450	expand
☐☐☐	451	defer
☐☐☐	452	commercial
☐☐☐	453	chairman
☐☐☐	454	comprehensive
☐☐☐	455	method
☐☐☐	456	factor
☐☐☐	457	below
☐☐☐	458	approximately
☐☐☐	459	import
☐☐☐	460	rule
☐☐☐	461	manufacture
☐☐☐	462	pension

☐☐☐	463	volume
☐☐☐	464	fee
☐☐☐	465	lease
☐☐☐	466	challenge
☐☐☐	467	low
☐☐☐	468	contain
☐☐☐	469	relationship
☐☐☐	470	response
☐☐☐	471	operational
☐☐☐	472	objective
☐☐☐	473	win
☐☐☐	474	top
☐☐☐	475	previous
☐☐☐	476	transfer
☐☐☐	477	waste
☐☐☐	478	now
☐☐☐	479	enable
☐☐☐	480	visit
☐☐☐	481	distribution
☐☐☐	482	platform
☐☐☐	483	select
☐☐☐	484	guide
☐☐☐	485	respective
☐☐☐	486	protection
☐☐☐	487	food
☐☐☐	488	hold
☐☐☐	489	mean
☐☐☐	490	believe
☐☐☐	491	leader
☐☐☐	492	even
☐☐☐	493	small
☐☐☐	494	around
☐☐☐	495	regular
☐☐☐	496	free
☐☐☐	497	class
☐☐☐	498	affect
☐☐☐	499	ethic
☐☐☐	500	describe
☐☐☐	501	launch
☐☐☐	502	function
☐☐☐	503	media
☐☐☐	504	enhance

□□□	505	vehicle
□□□	506	national
□□□	507	browse
□□□	508	reserve
□□□	509	size
□□□	510	leadership
□□□	511	entity
□□□	512	education
□□□	513	steel
□□□	514	regard
□□□	515	reference
□□□	516	tool
□□□	517	disclosure
□□□	518	economy
□□□	519	outside
□□□	520	matter
□□□	521	region
□□□	522	package
□□□	523	involve
□□□	524	culture
□□□	525	family
□□□	526	look
□□□	527	clear
□□□	528	run
□□□	529	electric
□□□	530	update
□□□	531	medical
□□□	532	sheet
□□□	533	weight
□□□	534	ratio
□□□	535	home
□□□	536	overall
□□□	537	produce
□□□	538	active
□□□	539	want
□□□	540	promote
□□□	541	authority
□□□	542	scope
□□□	543	firm
□□□	544	step
□□□	545	log
□□□	546	tradesman

□□□	547	principal
□□□	548	joint
□□□	549	trust
□□□	550	very
□□□	551	adjustment
□□□	552	child
□□□	553	treatment
□□□	554	core
□□□	555	article
□□□	556	figure
□□□	557	real
□□□	558	mobile
□□□	559	refer
□□□	560	connection
□□□	561	president
□□□	562	please
□□□	563	invest
□□□	564	fiscal
□□□	565	second
□□□	566	percentage
□□□	567	efficiency
□□□	568	sector
□□□	569	link
□□□	570	shop
□□□	571	receivable
□□□	572	demand
□□□	573	survey
□□□	574	message
□□□	575	partnership
□□□	576	question
□□□	577	exclude
□□□	578	study
□□□	579	enter
□□□	580	concern
□□□	581	component
□□□	582	assess
□□□	583	check
□□□	584	division
□□□	585	digital
□□□	586	next
□□□	587	wide
□□□	588	schedule

□□□	589 accordance	□□□	631 equivalent
□□□	590 channel	□□□	632 adjust
□□□	591 approve	□□□	633 back
□□□	592 outcome	□□□	634 last
□□□	593 electronic	□□□	635 internet
□□□	594 skill	□□□	636 delete
□□□	595 come	□□□	637 register
□□□	596 easy	□□□	638 successful
□□□	597 reach	□□□	639 salary
□□□	598 private	□□□	640 book
□□□	599 keep	□□□	641 another
□□□	600 among	□□□	642 offset
□□□	601 complain	□□□	643 special
□□□	602 ability	□□□	644 framework
□□□	603 relation	□□□	645 main
□□□	604 forward	□□□	646 pressure
□□□	605 green	□□□	647 infrastructure
□□□	606 actual	□□□	648 outstand
□□□	607 evaluation	□□□	649 web
□□□	608 reflect	□□□	650 say
□□□	609 write	□□□	651 query
□□□	610 protect	□□□	652 seek
□□□	611 necessary	□□□	653 engagement
□□□	612 professional	□□□	654 agency
□□□	613 fix	□□□	655 obtain
□□□	614 school	□□□	656 discount
□□□	615 description	□□□	657 course
□□□	616 acquire	□□□	658 bring
□□□	617 together	□□□	659 click
□□□	618 city	□□□	660 maximum
□□□	619 card	□□□	661 meeting
□□□	620 indicator	□□□	662 age
□□□	621 profile	□□□	663 success
□□□	622 separate	□□□	664 exposure
□□□	623 engage	□□□	665 status
□□□	624 discussion	□□□	666 owner
□□□	625 construction	□□□	667 email
□□□	626 similar	□□□	668 think
□□□	627 applicable	□□□	669 vote
□□□	628 past	□□□	670 basic
□□□	629 investor	□□□	671 guideline
□□□	630 single	□□□	672 dollar

☐☐☐	757	payable
☐☐☐	758	initial
☐☐☐	759	aim
☐☐☐	760	woman
☐☐☐	761	simple
☐☐☐	762	car
☐☐☐	763	ordinary
☐☐☐	764	much
☐☐☐	765	scale
☐☐☐	766	confirm
☐☐☐	767	idea
☐☐☐	768	go
☐☐☐	769	adopt
☐☐☐	770	commit
☐☐☐	771	allowance
☐☐☐	772	premium
☐☐☐	773	competition
☐☐☐	774	guarantee
☐☐☐	775	campaign
☐☐☐	776	exercise
☐☐☐	777	foundation
☐☐☐	778	permit
☐☐☐	779	appear
☐☐☐	780	remove
☐☐☐	781	connect
☐☐☐	782	student
☐☐☐	783	trend
☐☐☐	784	light
☐☐☐	785	discuss
☐☐☐	786	ton
☐☐☐	787	machine
☐☐☐	788	choose
☐☐☐	789	fuel
☐☐☐	790	arrangement
☐☐☐	791	reputation
☐☐☐	792	implementation
☐☐☐	793	diversity
☐☐☐	794	critical
☐☐☐	795	knowledge
☐☐☐	796	track
☐☐☐	797	venture
☐☐☐	798	south

☐☐☐	799	north
☐☐☐	800	sign
☐☐☐	801	auditor
☐☐☐	802	generation
☐☐☐	803	criteria
☐☐☐	804	contribution
☐☐☐	805	input
☐☐☐	806	consideration
☐☐☐	807	delivery
☐☐☐	808	goodwill
☐☐☐	809	join
☐☐☐	810	live
☐☐☐	811	air
☐☐☐	812	vice
☐☐☐	813	statutory
☐☐☐	814	house
☐☐☐	815	fact
☐☐☐	816	comply
☐☐☐	817	turn
☐☐☐	818	mortgage
☐☐☐	819	today
☐☐☐	820	element
☐☐☐	821	dimension
☐☐☐	822	depend
☐☐☐	823	secure
☐☐☐	824	force
☐☐☐	825	rise
☐☐☐	826	disposal
☐☐☐	827	audience
☐☐☐	828	decline
☐☐☐	829	put
☐☐☐	830	indicate
☐☐☐	831	subsequent
☐☐☐	832	via
☐☐☐	833	image
☐☐☐	834	exhibit
☐☐☐	835	release
☐☐☐	836	gross
☐☐☐	837	physical
☐☐☐	838	recommend
☐☐☐	839	task
☐☐☐	840	immediate

☐☐☐	841	reason
☐☐☐	842	priority
☐☐☐	843	week
☐☐☐	844	accord
☐☐☐	845	estate
☐☐☐	846	authorize
☐☐☐	847	electricity
☐☐☐	848	opinion
☐☐☐	849	until
☐☐☐	850	server
☐☐☐	851	variable
☐☐☐	852	expectation
☐☐☐	853	worldwide
☐☐☐	854	qualify
☐☐☐	855	continuous
☐☐☐	856	specify
☐☐☐	857	negative
☐☐☐	858	buy
☐☐☐	859	restructure
☐☐☐	860	provider
☐☐☐	861	agree
☐☐☐	862	big
☐☐☐	863	original
☐☐☐	864	domestic
☐☐☐	865	nature
☐☐☐	866	worker
☐☐☐	867	display
☐☐☐	868	except
☐☐☐	869	portion
☐☐☐	870	classify
☐☐☐	871	inventory
☐☐☐	872	circumstance
☐☐☐	873	treasury
☐☐☐	874	effectiveness
☐☐☐	875	repurchase
☐☐☐	876	safe
☐☐☐	877	liquidity
☐☐☐	878	search
☐☐☐	879	read
☐☐☐	880	hire
☐☐☐	881	body
☐☐☐	882	holding
☐☐☐	883	adverse
☐☐☐	884	efficient
☐☐☐	885	innovative
☐☐☐	886	box
☐☐☐	887	once
☐☐☐	888	default
☐☐☐	889	branch
☐☐☐	890	vision
☐☐☐	891	stainless
☐☐☐	892	proxy
☐☐☐	893	institute
☐☐☐	894	export
☐☐☐	895	relative
☐☐☐	896	few
☐☐☐	897	behavior
☐☐☐	898	council
☐☐☐	899	aspect
☐☐☐	900	always
☐☐☐	901	certification
☐☐☐	902	beverage
☐☐☐	903	chemical
☐☐☐	904	restaurant
☐☐☐	905	attributable
☐☐☐	906	promotion
☐☐☐	907	budget
☐☐☐	908	satisfaction
☐☐☐	909	incur
☐☐☐	910	amortization
☐☐☐	911	why
☐☐☐	912	multiple
☐☐☐	913	recovery
☐☐☐	914	session
☐☐☐	915	still
☐☐☐	916	combine
☐☐☐	917	ongoing
☐☐☐	918	expertise
☐☐☐	919	space
☐☐☐	920	overview
☐☐☐	921	disclose
☐☐☐	922	eligible
☐☐☐	923	paper
☐☐☐	924	answer

□□□	925	submit
□□□	926	court
□□□	927	stage
□□□	928	near
□□□	929	thing
□□□	930	presentation
□□□	931	renewable
□□□	932	notice
□□□	933	ownership
□□□	934	handle
□□□	935	earn
□□□	936	equal
□□□	937	recognition
□□□	938	collect
□□□	939	locate
□□□	940	institution
□□□	941	commission
□□□	942	examine
□□□	943	print
□□□	944	wireless
□□□	945	satisfy
□□□	946	technique
□□□	947	cycle
□□□	948	block
□□□	949	save
□□□	950	money
□□□	951	dialogue
□□□	952	unique
□□□	953	mark
□□□	954	registration
□□□	955	regional
□□□	956	aggregate
□□□	957	variety
□□□	958	representative
□□□	959	appoint
□□□	960	travel
□□□	961	comprise
□□□	962	play

□□□	963	merchandise
□□□	964	although
□□□	965	entry
□□□	966	face
□□□	967	score
□□□	968	stress
□□□	969	normal
□□□	970	trademark
□□□	971	url
□□□	972	measurement
□□□	973	analyze
□□□	974	otherwise
□□□	975	emerge
□□□	976	side
□□□	977	respond
□□□	978	patient
□□□	979	smart
□□□	980	rental
□□□	981	coverage
□□□	982	topic
□□□	983	bonus
□□□	984	arise
□□□	985	proceed
□□□	986	interview
□□□	987	choice
□□□	988	extend
□□□	989	political
□□□	990	length
□□□	991	expert
□□□	992	video
□□□	993	rank
□□□	994	here
□□□	995	whole
□□□	996	publish
□□□	997	typical
□□□	998	entire
□□□	999	highlight
□□□	1000	wheel

carbon	701	communication	186	country	143
card	619	community	217	course	657
care	313	company	1	court	926
carry	309	compare	448	cover	342
case	133	compensation	293	coverage	981
cash	79	competition	773	create	129
category	378	competitive	703	credit	114
center	305	complain	601	criteria	803
certain	222	complete	331	critical	794
certification	901	compliance	327	culture	524
chain	444	comply	816	currency	280
chairman	453	component	581	current	116
challenge	466	comprehensive	454	customer	20
change	31	comprise	961	cycle	947
channel	590	concern	580	data	36
charge	329	condition	241	date	167
check	583	conduct	174	day	168
chemical	903	confirm	766	debt	323
chief	398	connect	781	decision	310
child	552	connection	560	decline	828
choice	987	consider	275	decrease	425
choose	788	consideration	806	default	888
circumstance	872	consist	755	defer	451
city	618	consistent	702	define	351
claim	414	consolidate	178	delete	636
class	497	construction	625	deliver	377
classify	870	consumer	140	delivery	807
clear	527	consumption	733	demand	572
click	659	contact	262	department	314
client	407	contain	468	depend	822
climate	745	content	249	deposit	742
close	362	continue	86	derivative	355
code	248	continuous	855	describe	500
collect	938	contract	196	description	615
combine	916	contribute	366	design	204
come	595	contribution	804	detail	316
commercial	452	control	94	determine	272
commission	941	core	554	develop	121
commit	770	corporate	96	development	97
commitment	412	corporation	696	device	705
committee	58	cost	35	dialogue	951
common	335	council	898	difference	699

different	365	element	820	exhibit	834
digital	585	eligible	922	exist	400
dimension	821	email	667	expand	450
direct	230	emerge	975	expect	236
director	57	emission	294	expectation	852
disclose	921	employee	12	expense	151
disclosure	517	employment	431	experience	223
discount	656	enable	479	expert	991
discuss	785	encourage	746	expertise	918
discussion	624	end	87	export	894
display	867	energy	120	exposure	664
disposal	826	engage	623	extend	988
distribution	481	engagement	653	external	437
diversity	793	enhance	504	face	966
dividend	390	ensure	183	facility	219
division	584	enter	579	fact	815
do	115	enterprise	747	factor	456
document	416	entire	998	fair	104
dollar	672	entity	511	family	525
domestic	864	entry	965	feature	430
down	687	environment	159	federal	749
drive	340	equal	936	fee	464
due	157	equipment	295	few	896
during	122	equity	190	field	735
duty	756	equivalent	631	figure	556
each	81	establish	238	file	361
early	712	estate	845	finance	214
earn	935	estimate	268	financial	7
easy	596	etc	752	find	298
economic	302	ethic	499	firm	543
economy	518	evaluate	714	first	153
education	512	evaluation	607	fiscal	564
effect	385	even	492	fix	613
effective	253	event	337	flow	235
effectiveness	874	every	411	focus	173
efficiency	567	examine	942	follow	56
efficient	884	example	226	food	487
effort	360	except	868	force	824
either	723	exchange	279	foreign	234
electric	529	exclude	577	form	169
electricity	847	executive	95	forward	604
electronic	593	exercise	776	foundation	777

framework	644	hold	488	institution	940
free	496	holding	882	instrument	357
friend	419	home	535	insurance	421
fuel	789	hour	428	intangible	754
full	240	house	814	integrate	399
function	502	how	131	intend	683
fund	203	however	435	interest	51
further	348	human	321	internal	170
future	161	idea	767	international	205
gain	282	identify	244	internet	635
gas	363	image	833	interview	986
general	145	immediate	840	into	93
generate	409	impact	111	introduce	680
generation	802	impairment	404	inventory	871
get	449	implement	432	invest	563
give	231	implementation	792	investment	69
global	64	import	459	investor	629
go	768	important	347	involve	523
goal	281	improve	177	issue	89
good	224	improvement	408	item	255
goodwill	808	incentive	691	job	413
governance	256	include	8	join	809
government	349	income	47	joint	548
grant	402	incorporate	732	just	677
great	345	increase	46	keep	599
green	605	incur	909	key	188
gross	836	independent	440	know	368
group	16	index	674	knowledge	795
grow	393	indicate	830	labor	675
growth	101	indicator	620	large	278
guarantee	774	individual	246	last	634
guide	484	industrial	688	launch	501
guideline	671	industry	139	law	171
handle	934	information	18	lead	221
head	708	infrastructure	647	leader	491
health	134	initial	758	leadership	510
hedge	394	initiative	383	learn	429
help	125	innovation	439	lease	465
here	994	innovative	885	least	743
high	76	input	805	leave	369
highlight	999	install	709	legal	373
hire	880	institute	893	length	990

less	384	measurement	972	obligation	420
level	99	media	503	obtain	655
liability	109	medical	531	occur	739
license	726	meet	128	off	724
life	291	meeting	661	offer	165
light	784	member	107	office	273
like	252	merchandise	963	officer	312
limit	682	message	574	offset	642
line	344	method	455	often	750
link	569	million	26	oil	397
liquidity	877	minimum	698	once	887
list	336	mobile	558	one	53
live	810	model	266	ongoing	917
loan	136	money	950	online	386
local	192	monitor	403	only	123
locate	939	month	285	open	290
location	387	more	28	operate	52
log	545	mortgage	818	operation	63
long	220	most	146	operational	471
look	526	move	716	opinion	848
loss	62	much	764	opportunity	227
low	467	multiple	912	option	216
lower	442	must	194	order	148
ltd	389	name	292	ordinary	763
machine	787	national	506	organization	180
main	645	natural	684	original	863
maintain	434	nature	865	otherwise	974
major	443	near	928	out	110
make	75	necessary	611	outcome	592
manage	225	need	98	outside	519
management	9	negative	857	outstand	648
manager	251	net	50	over	77
manufacture	461	network	301	overall	536
many	261	new	21	overseas	673
margin	692	next	586	overview	920
mark	953	normal	969	own	308
market	17	north	799	owner	666
material	90	note	84	ownership	933
matter	520	notice	932	package	522
maximum	660	now	478	page	74
mean	489	number	68	paper	923
measure	163	objective	472	part	106

participant	728	present	257	qualify	854
particular	299	presentation	930	quality	164
partner	267	president	561	quarter	395
partnership	575	pressure	646	query	651
party	333	prevent	744	question	576
past	628	previous	475	raise	753
patient	978	price	102	range	288
pay	88	primary	289	rank	993
payable	757	principal	547	rate	32
payment	199	principle	367	ratio	534
pension	462	print	943	reach	597
people	66	prior	423	read	879
per	124	priority	842	real	557
percent	358	privacy	711	reason	841
percentage	566	private	598	reasonable	725
perform	330	problem	717	receivable	571
performance	30	procedure	447	receive	155
period	92	proceed	985	recent	695
permit	778	process	41	recognition	937
personal	332	produce	537	recognize	185
phone	741	product	14	recommend	838
physical	837	production	318	record	307
place	263	professional	612	recovery	913
plan	24	profile	621	recycle	697
plant	306	profit	212	reduce	154
platform	482	program	40	reduction	427
play	962	progress	446	refer	559
please	562	project	72	reference	515
point	356	promote	540	reflect	608
policy	61	promotion	906	regard	514
political	989	property	287	region	521
portfolio	418	protect	610	regional	955
portion	869	protection	486	register	637
position	229	provide	19	registration	954
positive	722	provider	860	regular	495
possible	381	provision	320	regulation	300
post	441	proxy	892	regulatory	379
potential	269	public	254	relate	71
power	317	publish	996	relation	603
practice	259	purchase	233	relationship	469
premium	772	purpose	250	relative	895
prepare	740	put	829	release	835

relevant	401	same	311	since	297
remain	343	satisfaction	908	single	630
remove	780	satisfy	945	site	265
remuneration	283	save	949	size	509
renewable	931	say	650	skill	594
rental	980	scale	765	small	493
report	3	schedule	588	smart	979
represent	422	school	614	social	135
representative	958	scope	542	society	679
repurchase	875	score	967	software	713
reputation	791	search	878	solution	364
request	172	second	565	some	206
require	70	section	211	source	260
requirement	187	sector	568	south	798
research	201	secure	823	space	919
reserve	508	security	83	special	643
resource	181	see	149	specific	359
respect	380	seek	652	specify	856
respective	485	segment	339	spend	737
respond	977	select	483	staff	341
response	470	sell	303	stage	927
responsibility	175	send	681	stainless	891
responsible	396	senior	328	stakeholder	334
restaurant	904	separate	622	standard	108
restructure	859	series	748	start	438
result	33	serve	445	state	130
retail	436	server	850	statement	44
retain	690	service	11	status	665
retirement	738	session	914	statutory	813
return	286	set	105	steel	513
revenue	179	several	678	step	544
review	65	share	13	still	915
right	112	shareholder	144	stock	138
rise	825	sheet	532	store	197
risk	5	shop	570	strategic	208
role	304	short	718	strategy	118
rule	460	show	326	strengthen	721
run	528	side	976	stress	968
safe	876	sign	800	strong	406
safety	166	significant	137	structure	371
salary	639	similar	626	student	782
sale	45	simple	761	study	578

subject	239	topic	982	vision	890
submit	925	total	27	visit	480
subsequent	831	toward	730	volume	463
subsidiary	270	track	796	vote	669
success	663	trade	274	want	539
successful	638	trademark	970	waste	477
such	39	tradesman	546	water	162
summary	751	train	232	way	215
supplier	147	transaction	209	web	649
supply	213	transfer	476	website	325
support	67	travel	960	week	843
survey	573	treasury	873	weight	533
sustainability	243	treatment	553	well	103
sustainable	376	trend	783	what	158
system	48	trust	549	wheel	1000
table	264	turn	817	when	59
tag	731	type	242	where	119
take	91	typical	997	whether	388
talent	676	under	82	which	6
target	195	understand	352	while	191
task	839	unique	952	who	142
tax	37	unit	182	whole	995
team	141	unite	322	why	911
technical	727	university	382	wide	587
technique	946	until	849	win	473
technology	113	update	530	wireless	944
term	100	url	971	within	127
test	193	use	4	without	424
than	54	user	23	woman	760
then	392	valuation	710	work	25
there	132	value	10	worker	866
therefore	685	variable	851	world	156
thing	929	variety	957	worldwide	853
think	668	various	410	write	609
through	43	vehicle	505		
throughout	686	venture	797		
time	38	very	550		
today	819	vest	689		
together	617	via	832		
ton	786	vice	812		
tool	516	video	992		
top	474	view	353